6
63
60
5
63
70
0 10 20 30 40 70 80 90 100 110 120 130 140 150 160 170 180
Ø 80
127
160
183
194
200
195
184
163
133
86
48
31
24
20
24
32
40

Aux Éditions Eyrolles

Collection LE GESTE ET L'OUTIL

    G. Bidou. Les bases du tournage sur bois, 2000
    G. Bidou. L'art du tournage sur bois, 2001
    Y. Benoit. Travailler le bois avec une machine combinée, 2000
    Y. Benoit, Mieux utiliser sa machine à bois combinée, 2004
    M. Burton, Placage et frisage, 2002
    C. Pye, Gravure de lettres sur bois, creux et relief, 2002
    A. Austin, Techniques de l'orfèvrerie, travail de l'argent, 2005
    P. Brunot-Fieux, L'Art de la reliure : bradel, demi-reliure, pleine peau, 2003
    J.-P. Grimaux, L'art de la sculpture sur pierre, 2004
    S. O'Keeffe, Techniques de la bijouterie, 2005

TOURNAGE SUR BOIS

    G. Bidou, Les bases du tournage sur bois, 2000-2005
    G. Bidou, L'art du tournage sur bois, 2001
    T. Boase, Bois tourné : bols et grands plats, 2001
    H. Bowen, Bijoux en bois tourné, 2002
    V. Gibert & J. Lopez, Le tourneur sur bois, 2000-2004
    P. Irons, Tournage sur bois, 2000
    M. O'Donnell, Tournage du bois vert, 2004
    D. Weldon, 580 profils de tournage / bois, plâtre, terre, 2002

Voir la présentation de ces ouvrages page 171.

Gérard Bidou

Les bases du tournage sur bois

Deuxième tirage 2005

EYROLLES

Éditions Eyrolles
61, bd Saint-Germain
75240 Paris Cedex 05
www.editions-eyrolles.com

DANGER
LE PHOTOCOPILLAGE TUE LE LIVRE

Le code de la propriété intellectuelle du 1er juin 1992 interdit en effet expressément la photocopie à usage collectif sans autorisation des ayants droit. Or, cette pratique s'est généralisée notamment dans les établissements d'enseignement, provoquant une baisse brutale des achats de livres, au point que la possibilité même pour les auteurs de créer des œuvres nouvelles et de les faire éditer correctement est aujourd'hui menacée.
En application de la loi du 11 mars 1957, il est interdit de reproduire intégralement ou partiellemnt le présent ouvrage, sur quelque support que ce soit, sans autorisation de l'Éditeur ou du Centre Français d'exploitation du droit de Copie, 20, rue des Grands-Augustins, 75006 Paris.
© Groupe Eyrolles, 2000, ISBN 2-212-02722-2

Sommaire

  1 *Avant-propos*
  3 *Conseils de sécurité*

Le tournage entre pointes

L'outillage

- 9   Le tour
- 14   Les machines accessoires
- 18   Les outils de tournage
- 22   La préparation de l'ébauche
- 25   Les gouges à dégrossir
- 30   Les bédanes
- 37   Les gouges à profiler
- 42   Les planes
- 45   Les ciseaux

Travaux courants

- 49   Le dessin coté. La terminologie des profils
- 53   Exercices d'entraînement
- 59   Les masses carrées
- 63   Le travail répétitif
- 66   Le tournage d'une pièce longue de faible section
- 72   Les perçages
- 78   Les cannelures longitudinales
- 87   Le ponçage
- 92   Bois de fil, bois de bout

Le tournage en l'air

Les mandrins de base

- 99   La queue de cochon
- 101   Le gobelet
- 103   Le plateau
- 106   L'empreinte
- 108   Les mandrins multifonctions

Le creusage

- 113   Les gouges à creuser
- 118   Les anneaux
- 122   Les crochets
- 124   Les ciseaux latéraux

Exercices d'entraînement

- 131   Verre à pied
- 135   Bonbonnière
- 142   Boîte à tiroirs
- 148   Boule juste
- 153   Urne classique

- 164   *Glossaire*
- 167   *Table des matières détaillée*
- 170   *Adresses utiles*

Avant-propos

Des nombreux métiers du bois, le tournage est l'un des rares qualifiés de métiers d'art avec la sculpture et la marqueterie. De nos jours, l'essentiel de la production relève de l'industrie, mais ce que font les machines ne représente qu'une infime partie de ce que l'artisan est capable de réaliser sur un tour.
Dans son expression manuelle, le tournage était à peu près inconnu du grand public jusqu'à ces dernières années. Avec la nouvelle génération de tourneurs, une véritable révolution a fait exploser le cadre dans lequel il se confinait. À l'inverse de leurs aînés, les jeunes pratiquent maintenant une politique d'ouverture, de coopération, que ce soit au niveau national ou international. Les rencontres et les échanges qui se multiplient favorisent la création. Conséquence logique : les expositions, les galeries, et même les musées, qui présentent des œuvres tournées sont de plus en plus nombreux aujourd'hui. Dans le domaine des arts, le tournage reconquiert la place qu'il avait perdue depuis le XVIIIe siècle, époque de son apogée.
Il est évident que l'effervescence créative s'accompagne d'une évolution des techniques, de l'outillage et des méthodes.
Bien que la tendance actuelle s'oriente vers la création libre, ce n'est là qu'un des aspects du tournage. Nous insistons, dans cet ouvrage, sur l'intérêt de connaître le style classique non seulement pour ce qu'il représente, mais surtout pour l'esprit de rigueur qu'il impose. C'est à notre sens la meilleure école.
L'approche du travail tourné ne doit susciter aucune appréhension dès lors qu'on s'y emploie de façon méthodique. Il est, bien sûr, indispensable d'acquérir quelques connaissances de base avant de mettre le tour en route. Les premiers travaux n'ont pour but que de familiariser le débutant avec le bois en rotation, les outils, leur affûtage, leurs réactions. Il ne faut surtout pas brûler les étapes, mais au contraire, revenir autant de fois que cela s'avère nécessaire sur un geste mal contrôlé. Chaque faute doit être analysée : tour arrêté, on refait le mouvement qui l'a

précédée. On observe les positions relatives de l'outil et du bois afin de comprendre quelle règle a été oubliée. Parfois le problème subsiste : on passe alors à autre chose avant d'y revenir.

Peu à peu l'assurance vient, et avec elle, l'ambition. Il faut la tempérer, s'imposer une discipline dans la progression, toujours essayer de faire au mieux sans se préoccuper du temps passé. Quelle que soit l'orientation choisie, sans rigueur, il est vain de prétendre devenir un bon tourneur. L'organisation des chapitres de ce livre balise les étapes de la progression. Ce premier volume aborde l'initiation au travail entre pointes et en l'air. Entre pointes, la pièce, généralement plus longue que large, est maintenue par ses deux extrémités entre les deux poupées du tour. Cylindrée et profilée, elle appartient à la famille des balustres : pieds de table, par exemple.

Le tournage en l'air constitue la phase suivante de l'apprentissage. La pièce affecte des formes diverses et, seule, la poupée fixe la maintient sur le tour. L'outil peut donc la profiler mais aussi intervenir frontalement, pour la creuser par exemple, comme dans le cas d'un saladier.

On commencera par des projets présentant le minimum de difficultés. L'imagination a toujours de l'avance sur les capacités opérationnelles. Il faut en être conscient, rester modeste, progresser par étapes, et tirer les enseignements de chacune d'elles. C'est là la seule façon d'éviter les déboires et, finalement, de progresser rapidement. S'ouvre alors l'ère des belles réalisations dont, maîtrise acquise, le tour devient l'instrument docile autant que complice.

Conseils de sécurité

Comme toute activité utilisant des outils tranchants, le travail au tour présente quelques dangers et il est nécessaire, avant de l'aborder, de connaître quelques principes de sécurité. On aura, au fil des pages, l'occasion de les préciser, mais quelques généralités préalables ne sont pas superflues.

Équipement de protection

Visière

Préserve l'ensemble du visage et pare les risques, même minimes de projections, surtout pendant le dégrossissage. Les petits morceaux de flache ou de bois qui se détachent peuvent présenter un danger pour les yeux.

Protège contre les étincelles lors de l'affûtage des outils. La projection des étincelles sur des verres correcteurs les altère irrémédiablement.

Pour le confort du visage, la visière protège également des projections de copeaux et de poussière désagréables.

Abrite également de la sève des bois verts fraîchement coupés que la force centrifuge projette au visage.

Masque antipoussière

Un masque simple est utile aux amateurs. Pour les professionnels, **un masque à cartouche filtrante** est indispensable. Le tournage, et surtout le ponçage, projettent des poussières qui irritent les voies respiratoires, et, à la longue, les abîment. Certaines essences sont même dangereuses pour les muqueuses : iroko, bossé, bété, palissandre, etc.

Casque antibruit

Le **bruit**, en particulier les stridences émises par le perçage ou le tournage de pièces fines, justifie le port d'un **casque antibruit**. À utiliser aussi pour bon nombre d'opérations de menuiserie : travail à la combinée, à la défonceuse, à la ponceuse, etc. Les pertes auditives irréversibles ne se mesurent malheureusement qu'après des années de pratique.

On trouve dans le commerce d'excellents ensembles casque/visière/masque antipoussière/tampons antibruits, ventilés, parfaitement efficaces et confortables. En cas de travail intensif, il est vivement conseillé d'investir bien que leur prix soit élevé.

Le tour et l'atelier

1. **Régler le tour à la bonne hauteur** évite les maux de dos et conditionne la position optimale de travail.

2. **Prévoir un éclairage** orientable à volonté est indispensable et ne doit laisser subsister aucune zone d'ombre sur l'ensemble de la pièce.

3. **Garder l'espace de travail** autour du tour, propre et net de copeaux pour permettre au tourneur d'évoluer librement autour du banc. Pour certaines opérations, il est parfois plus pratique de se placer derrière le banc plutôt que devant.

4. **Le couplage de l'interrupteur avec un disjoncteur thermique** est obligatoire en France. C'est une précaution qui évite en particulier le risque de démarrage intempestif (par effleurement involontaire du démarreur par exemple). Leurs commandes respectives sont toutes deux toujours en position zéro lorsqu'on intervient sur ou autour de la pièce montée sur le tour, par exemple pour le réglage du porte-outil, d'un accessoire, d'un mandrin ou lors de toute autre opération.
Les variateurs à démarrage progressif minimisent le risque de survitesse, car ils laissent le temps au tourneur de réagir en cas d'erreur. En leur absence, une erreur de sélection peut provoquer un accident grave.

Avant de commencer

1. Lorsqu'on doit scier un cylindre à la scie à ruban : utiliser impérativement une **boîte à scier**, une **cale parallélépipédique** ou maintenir la pièce avec un **serre-joint**.

2. **Vérifier fréquemment l'état du système de blocage** des accessoires constamment sollicités (porte-outil, éventail, poupée mobile, blocage d'arbre de contre-pointe). Ils doivent être absolument fiables.

3. **Attention aux outils mal emmanchés.** Le fer, désolidarisé du manche, peut provoquer des réactions brutales et inattendues et un engagement de l'outil.

4 **Examiner l'ébauche** avant de mettre en marche le tour afin de déceler les risques qu'elle peut présenter : une fente, un mauvais collage, peuvent provoquer l'éclatement de la pièce. Un nœud mort a de grandes chances d'être éjecté. Une protubérance importante risque de dévier l'outil. Un balourd important engendre de fortes vibrations avec risque d'éjection de la pièce.

5 **Régler et bloquer l'éventail** à la hauteur et dans la position voulues. Faire tourner la pièce à la main pour vérifier qu'elle ne le touche nulle part.

6 **Vérifier systématiquement le réglage de la vitesse** avant de lancer le tour. La vitesse de rotation est proportionnelle aux dimensions et aux caractéristiques du volume monté sur le tour. Une erreur de sélection a de plus graves conséquences avec les pièces de grandes dimensions ou les mandrins spécifiques complexes.
Si une pièce éclate ou si un ensemble se disloque, des débris peuvent être **projetés** dans le prolongement de la circonférence de révolution. En tournage entre pointes, le risque vient du fait que le tourneur est face à cette circonférence. En tournage en l'air, la circonférence de révolution est perpendiculaire au tourneur et les débris partent à sa droite et à sa gauche. Ils sont dangereux surtout pour le voisinage.
Les zones de projection, que les Anglo-Saxons appellent *Fire-Line* (ligne de feu), sont toujours dégagées lors des démonstrations en public. Bien qu'il soit utile de souligner l'éventualité de telles situations, elles sont heureusement très rares et leurs conséquences graves encore plus : l'éventail constitue un bouclier, au moins pour le tourneur, et la vitesse des pièces à risques est limitée.

En cours de travail

1 En tournage en l'air, **repousser en bout de banc** la poupée mobile et **enlever la contre-pointe** qui pourrait blesser le coude dans un travail frontal.

2 **Ne jamais mesurer un calibrage avec un compas d'épaisseur** sur un tour en rotation. Si des professionnels chevronnés peuvent à la rigueur se permettre une telle pratique, elle est, d'une façon générale dangereuse : mal présenté, le compas peut être arraché de la main et violemment projeté dans l'atelier. Ces mesures doivent se faire sur le tour arrêté ou avec un pied à coulisse.

3 **Quand on prend une mesure avec un réglet** sur une pièce en rotation, présenter le réglet en appui sur l'éventail, au ras de la pièce, sans la toucher. Aucune aspérité ne doit dépasser de la surface de celle-ci.

4   **Attention aux angles saillants**, surtout s'ils sont très fermés et forment une arête vive. Inoffensive sur un tour arrêté, celle-ci devient coupante comme un rasoir dès la mise en rotation. Il faut donc y veiller lorsqu'on travaille dans leur voisinage.

5   **Veiller aux masses carrées** dont les angles peuvent être **dangereux** pour les doigts. Chaque fois que c'est possible arrondir l'angle saillant pour éviter tout dommage si la main vient le toucher : masses carrées d'un assemblage dissociable ou d'un mandrin-matrice, angle face/chant d'une rondelle ou d'un disque, etc.

6   Plus agressifs encore que les masses carrées sont les **angles vifs des mâchoires métalliques** des mandrins à mors, surtout si elles dépassent du corps du mandrin. A ce propos, ne jamais laisser dépasser ces mâchoires au-delà du cran limite prévu par le fabricant : leur maintien perdrait sa fiabilité.

7   **Certaines pièces creuses** à « bordure naturelle » irrégulière ou déchiquetée, d'autres en bois plus ou moins pourri sont très fragiles et éclatent facilement. Pour éviter ce risque, entourer la zone d'intervention avec de l'adhésif d'emballage : par exemple l'extérieur d'une coupe pour creuser l'intérieur ou inversement.
Un point de faiblesse ou une fissure sont un risque potentiel : une ou deux gouttes de colle Cyanolite suffisent souvent à l'éliminer.
Parfois les **pièces très fragiles** sont consolidées au moyen d'entretoises en bois fixées par un point de colle Cyanolite pendant le tournage, et éliminées ensuite.

Le tournage entre pointes

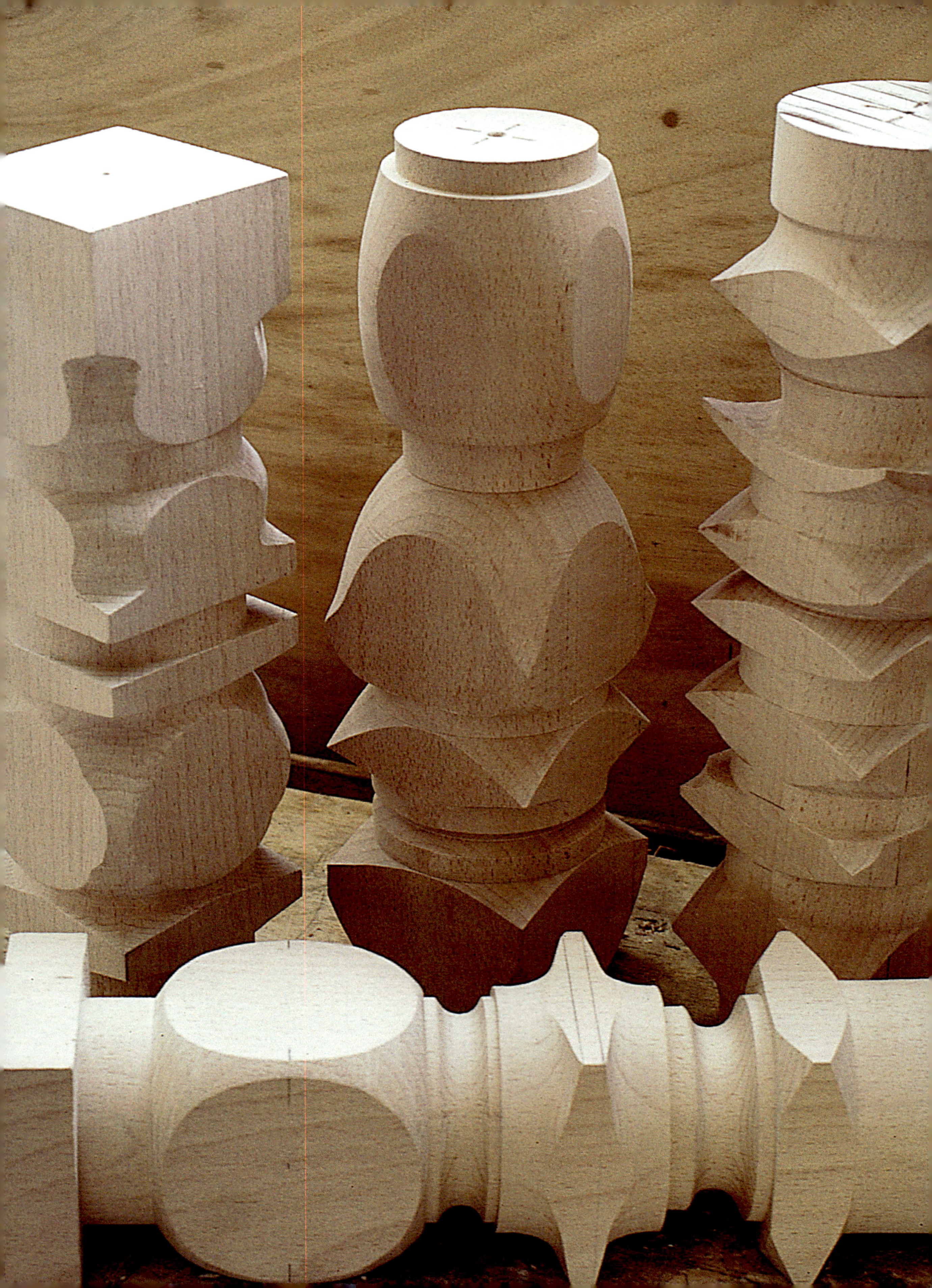

L'outillage

Le tour
La machine

Avant d'envisager l'achat d'un tour, il est préférable d'avoir des notions de tournage et surtout de connaître le genre de travail qu'on entend réaliser. Une adaptation sur perceuse, à condition que celle-ci soit équipée d'un variateur, suffit pour tourner de petites pièces, coquetiers, petits balustres, boîtes de faibles dimensions etc.

À l'opposé, certains tours à métaux peuvent convenir pour le tournage sur bois. Pour cela, il faut qu'ils permettent de se tenir tout près du banc, qu'ils aient une gamme de vitesses compatible avec le travail du bois et une hauteur de pointes suffisante. Entre ces deux extrêmes, le marché propose aujourd'hui une gamme de tours très variée.

La capacité d'un tour se définit par la hauteur de pointes, c'est-à-dire la distance entre le banc et l'axe de rotation, et la longueur entre pointes, c'est-à-dire la distance maximale entre les pointes qui tiennent les deux extrémités de la pièce.

Tour lourd à variateur Bézombes (France).

Le tournage entre pointes

Tour lourd VB 36 de construction anglaise.

Tour artisanal de très forte capacité : 600 kg, 4 vitesses.

N.B. Les spécialistes du tournage miniature utilisent des tours proportionnels aux pièces qu'ils réalisent. Ce sont pratiquement des modèles réduits qui sont tout aussi performants que les plus gros.

Un tour léger possède une hauteur de pointes de 150 à 180 mm et une longueur entre pointes comprise entre 800 mm et 1 200 mm. Une telle machine, généralement équipée d'un moteur de 0,75 CV à 1 CV, convient parfaitement au tourneur amateur et à l'artisan menuisier ou ébéniste qui, de temps en temps, est amené à fabriquer un élément tourné pour son travail. En revanche on n'hésitera pas à fixer son choix sur du matériel de très bonne qualité ; le bon marché occasionne souvent des déboires.

Le professionnel utilise, quant à lui, un tour lourd qui lui donne la possibilité de travailler des pièces importantes. Ce tour possède une hauteur de pointes de 250 à 300 mm pour une longueur entre pointes de 1 200 à 1 500 mm. Le moteur offre une puissance de 1,5 à 3 CV ; il est souvent équipé d'un poste de travail en l'air. Les mandrins complexes, lourds et volumineux, ne peuvent être montés que sur ce type de matériel.

Certains artisans font construire leur tour en fonction de leurs besoins. C'est le cas de la machine de 600 kg présentée sur la photographie ci-dessus dotée de quatre vitesses associées à un variateur et à un embrayage pneumatique. Avec sa broche de 80 mm, son cône Morse n°5 et ses 8 CV, elle entraîne en douceur des pièces de plus de 100 kg hissées par un palan.

Quelles que soient ses dimensions, un tour à bois comprend toujours les mêmes éléments.

La poupée fixe ou tête de tour

Partie gauche de la machine, elle porte l'arbre d'entraînement monté sur deux solides roulements à billes, ordinaires ou coniques, souvent étanches, prévus pour encaisser l'impact des coups de maillet dans le sens axial. À son extrémité, appelée *nez de tour* ou *broche*, l'arbre possède un alésage cylindrique destiné à recevoir les embases coniques de certains mandrins, en particulier le mandrin à griffes. Ce dispositif, appelé *système cône Morse*, permet de bloquer et de centrer simultanément par emboîtage le mandrin sur la broche. Les cônes Morse sont numérotés de 1 à 6 par tailles croissantes. L'extrémité de l'arbre est filetée pour recevoir d'autres mandrins à embase vissée. L'arbre dépasse souvent du côté gauche de la poupée fixe pour que s'adaptent des mandrins pour tournage en l'air ou un disque de freinage à main. Entre les deux roulements, prennent place des *poulies de transmission*. Le moteur est généralement solidaire de la poupée fixe sur les petits tours, ou logé dans le piétement sur les gros. Une poupée fixe bien conçue est assez longue pour espacer suffisamment les roulements et aussi étroite que possible pour ne pas occuper de place inutilement et gêner les mouvements du tourneur.

Les parties constitutives du tour.

La puissance motrice est transmise par une *courroie trapézoïdale* reliant les poulies du moteur (trois ou quatre) à celles de l'arbre

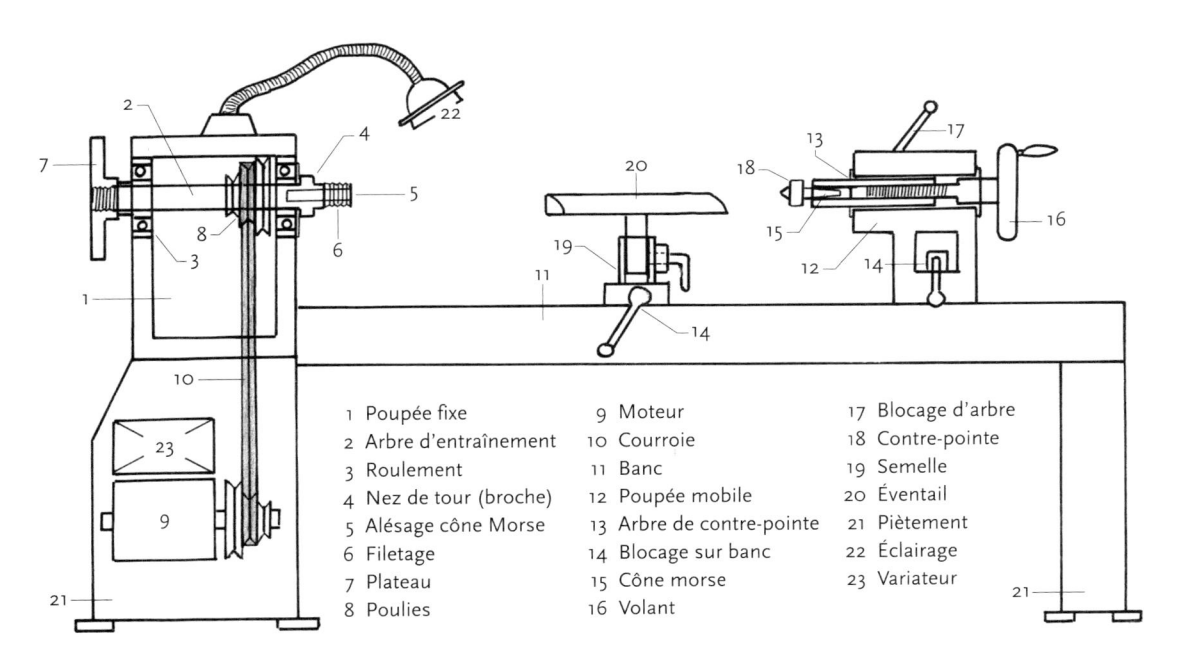

1 Poupée fixe
2 Arbre d'entraînement
3 Roulement
4 Nez de tour (broche)
5 Alésage cône Morse
6 Filetage
7 Plateau
8 Poulies
9 Moteur
10 Courroie
11 Banc
12 Poupée mobile
13 Arbre de contre-pointe
14 Blocage sur banc
15 Cône morse
16 Volant
17 Blocage d'arbre
18 Contre-pointe
19 Semelle
20 Éventail
21 Piétement
22 Éclairage
23 Variateur

Le tournage entre pointes

Équipé par son propriétaire d'un variateur électronique à démarrage progressif, ce tour australien Wood Fast peut être utilisé aux limites de ses capacités en hauteur et en longueur.

d'entraînement, soit trois ou quatre vitesses (ce qui est le minimum) pour un moteur proposant un seul régime de rotation, et six ou huit s'il en propose deux. Un bon échelonnement varie de 250 tr/min à 2 500 tr/min. Les constructeurs proposent de plus en plus souvent des variateurs mécaniques ou électroniques : c'est la solution idéale. Les plus modernes assurent un départ progressif, ce qui est important pour la sécurité et rend l'embrayage superflu.

Le banc

Solidaire de la poupée fixe, il est généralement constitué de deux segments métalliques appelés *jumelles*. Rigoureusement parallèles et rectifiés, ces segments forment un ensemble parfaitement rigide. Les plus légers sont en profilés d'aluminium, les plus lourds en acier ou en fonte. Ils sont parfois tubulaires. Le rôle du banc est de supporter en n'importe quel point de sa longueur la poupée mobile et le porte-outil. On doit le maintenir en parfait état de propreté et le lubrifier à l'aide d'huile de silicone.
Les tours qui ne possèdent pas d'adaptation à l'extérieur de la poupée fixe pour le tournage en l'air des pièces de grand dia-

Tour à banc rompu. Hors utilisation, un morceau amovible, le pont, donne sa continuité au banc.

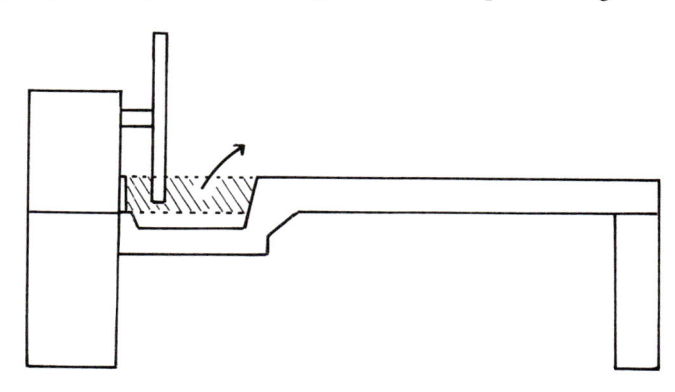

mètre possèdent parfois un banc dit *rompu*, qui permet d'augmenter la hauteur de pointes. D'autres ont une poupée fixe pivotant à 90° couplée avec un support de porte-outil. Il existe aussi des tours exclusivement conçus pour le travail en l'air, c'est-à-dire sans contre-pointe. Ils sont dépourvus de banc et se résument à une poupée fixe, à un piètement et à un porte-outil.

La poupée mobile

Elle coulisse sur le banc du tour et porte l'*arbre de contre-pointe* ou canon de contre-pointe, situé exactement dans le prolongement de l'axe de l'arbre d'entraînement de la poupée fixe. Le blocage par came excentrique est simple et d'emploi facile. L'arbre de contre-pointe est alésé au même diamètre que celui de l'arbre d'entraînement pour recevoir l'embase de la contre-pointe ou celle des autres outils à blocage par cône Morse. Il coulisse dans le corps de la poupée mobile, commandé par un volant à l'arrière de celle-ci. Un bon volant doit être grand et lourd : avec l'habitude, l'inertie inhérente au poids du volant permet des serrages précis et instantanés. Un levier de blocage latéral immobilise l'arbre de contre-pointe dans la position choisie.
On pallie un défaut léger dans l'alignement de la pointe et de la contre-pointe en plaçant une cale en carton sous la semelle de la poupée mobile, et en procédant à son réglage par essais successifs.

La contre-pointe

La pointe est conique. Son embase en cône Morse la bloque et la centre sur l'arbre de contre-pointe. Une bonne contre-pointe est montée sur roulement à billes et tourne avec la pièce. Sur certains tours légers, elle peut être fixe et avancer à l'aide d'un levier qui remplace le volant. La pièce entre pointes, maintenue par le mandrin côté poupée fixe et par la contre-pointe côté poupée mobile, tourne sur l'axe de rotation du tour, parallèlement au banc.

Le porte-outil

Il se compose de deux parties : la *semelle* et l'*éventail*.
La semelle est une plate-forme très rigide, longue et étroite. Elle comprend le long de son axe une lumière qui laisse passer le dispositif de serrage sur le banc. Comme pour la poupée mobile, la came excentrique est le système le plus pratique. Coulissant le long du banc, la semelle peut avancer ou reculer sur toute la longueur de sa lumière et en même temps tourner à 360° sur le banc. L'une des extrémités de la semelle porte un tube vertical avec un serrage à vis à mi-hauteur destiné à bloquer l'accessoire qu'on introduit dans le tube, éventail ou autre. Sur les bancs tubulaires, la semelle repose sur les jumelles par l'intermédiaire d'une plaque carrée, le *traînard*. L'éventail, communément appelé porte-outil, se place dans le tube de la semelle. Il permet l'appui de l'outil pour compenser la

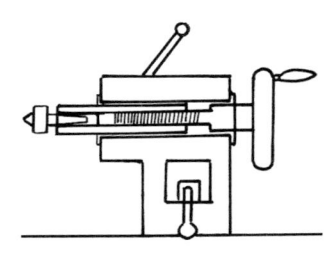

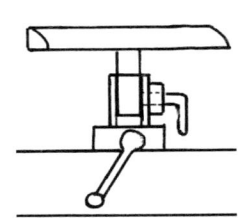

pression que le bois en rotation lui imprime. Un éventail doit être en métal et très rigide sur toute sa longueur afin d'éviter les vibrations. Préférez un éventail en quart de cercle de section concave. Certains sont ergonomiques pour améliorer le confort de la main qui s'y appuie. Constamment entretenu à la lime et à la toile émeri, il ne doit pas présenter la moindre brèche ou aspérité qui pourrait nuire au glissement de l'outil.

Le support ou piètement

L'ensemble décrit précédemment repose sur un piètement démontable et doit fonctionner sans vibration. Il peut être utile de fixer le tour au sol en interposant des amortisseurs en caoutchouc dur. Les gros tours ont des vérins de réglage d'assise. Les tours légers ont souvent un support trop faible. Il vaut mieux alors l'acheter sans son support et construire un robuste bâti en bois. Lorsqu'on le met en place, le tour est installé à une hauteur telle que le coude, avant-bras replié sur le bras collé au corps, se trouve exactement au niveau de l'axe de rotation lorsque l'opérateur est debout. Plus bas, il provoque des maux de reins, plus haut, il gêne la conduite des outils et la vision du travail. Une étagère sous le banc est pratique, mais elle ne doit pas en dépasser la largeur. Il est bon de ménager un espace afin de pouvoir passer derrière le tour. Ceci est utile dans certaines opérations de creusage, où l'on est plus à l'aise de l'autre côté du banc.

**L'éclairage sur le tour est indispensable et doit atteindre toutes les zones de travail. Une ou deux lampes articulées le garantissent.
Un fond amovible, clair ou foncé, placé derrière la pièce, améliore nettement la vision de celle-ci au cours du travail.**

Les machines accessoires

Le touret à meuler

Un touret ordinaire de 150 mm de diamètre, à deux meules convient. Ses meules tournent vers le bas. La plupart des tourets sont vendus avec des *meules corindon* (grises), qu'il vaut mieux remplacer par des *meules émeri* (blanches) de grain moyen (80, 100 ou 120). Ce type de meule convient à l'affûtage de tous les outils à bois, en acier fondu comme en HSS. Un grain trop fin rend l'affûtage plus long et tend à surchauffer l'outil. Trop gros, il donne un tranchant irrégulier et beaucoup d'ébarbures. Pour travailler certains bois très abrasifs, on utilise des outils dotés de pastilles en carbure de tungstène, affûtés avec une *meule au carborundum* (verte). La *meule à eau en grès* donne de bons résultats et ne chauffe pas l'outil. Cependant, elle rend l'affûtage beaucoup trop long et s'use vite. Elle convient pour les outils fragiles, comme ceux des sculpteurs.
Le chant et les faces de la meule, perpendiculaires entre eux, sont plats et doivent le rester. Les arêtes peuvent s'arrondir sans inconvénient. Cela facilite même l'affûtage des gouges à biseau long. En revanche, le chant ne doit en aucun cas être concave. On veillera donc à utiliser toute sa surface pour l'user régulièrement.

L'outillage

On peut cependant le rectifier avec un *diabolo*, meule montée sur un axe tenu entre les mains.

La seconde meule peut être une *meule assiette*, très étroite, destinée à affûter certains ciseaux. Une meule neuve, à l'achat, doit être sondée et émettre un son cristallin.

Le touret est équipé d'un guide d'angle, ou tablette d'appui. Pour le tournage, il vaut mieux un guide très large afin d'autoriser le guidage de n'importe quel outil. Le pivot d'orientation ne doit pas contenir de crans et doit permettre une modulation de l'angle à volonté, sans difficultés.

À côté du touret, on place un récipient d'eau dans lequel on refroidit l'outil en cours d'affûtage.

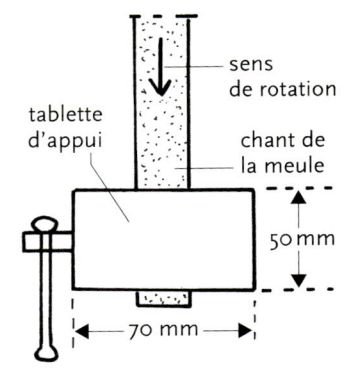

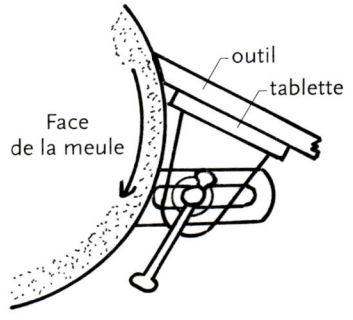

> **Il est vivement recommandé de porter des lunettes lors de cette opération.**

Les pierres à démorfiler

Après l'affûtage, le tranchant présente des ébarbures, ou *morfil*, laissées par la meule nettement perceptibles sous le doigt. Abrasif doux, la pierre supprime le morfil pour laisser un fil vif, donc coupant. Il existe plusieurs types de pierres :

▶ **Les pierres à huile**, rectangulaires et de couleur brune. Les deux arêtes arrondies séparant les faces plates ont des rayons de courbure différents pour s'adapter aux creux des diverses gouges. Elles sont lubrifiées à l'huile minérale. Avant leur première utilisation, on les laisse tremper quelques jours dans l'huile.

▶ **Les pierres à eau**, de formes diverses et de couleur grise, sont aussi pratiques et efficaces. Elles restent dans l'eau entre deux utilisations et ont l'avantage de ne pas graisser les doigts.

▶ **Les pierres diamantées**, plates ou coniques, sont très efficaces mais coûtent cher. Elles aussi s'emploient mouillées.

> **Les pierres ravivent le tranchant entre deux affûtages.**

La tablette d'appui du touret.

Les feutres à polir

Ils enlèvent les stries du biseau et donnent un fil comparable à celui d'un rasoir. Ils remplacent le stapp en cuir imbibé d'huile minérale qu'on utilisait autrefois. Il existe des tourets portefeutre. À défaut, une perceuse immobilisée sur un établi fera l'affaire. On chauffe le feutre avec l'envers d'un papier abrasif avant de lui appliquer de la pâte à polir. Contrairement au touret, le feutre tourne vers le haut. L'outil est posé, manœuvré et enlevé bien à plat afin que le biseau seul, et surtout pas le tranchant, soit poli.

Le feutre à polir n'est pas indispensable, mais il donne au biseau un fini incomparable.

Différentes pierres à démorfiler à huile, à eau et au diamant.

La scie circulaire

Utile pour couper des plateaux bruts de scierie, cette scie s'emploie cependant avec précaution. Il faut poser le bois à scier sur quatre chevrons pour lui éviter de basculer en fin de coupe et de coincer la lame. Les dents doivent dépasser de la coupe d'une hauteur égale à la profondeur de leur échancrure. Pour un plateau très épais, on scie recto verso en deux passes d'égale profondeur, en avance lente et bien rectiligne. Si le régime moteur baisse, on peut lever et abaisser alternativement la scie en pivotant sur l'avant du guide et en avançant très lentement. On la met en route avant d'attaquer le bois et on garde le carter de protection.

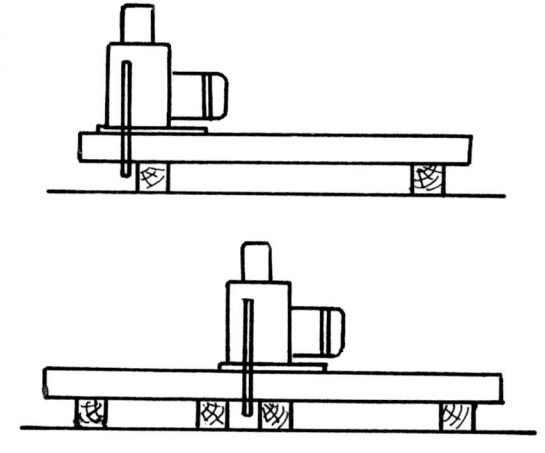

Emplacement des chevrons pour le sciage d'un plateau à la scie circulaire.

La tronçonneuse

Beaucoup de tourneurs en possèdent une, notamment ceux qui se procurent leur bois eux-mêmes. Elle est pratique pour dégrossir les ébauches directement extraites d'une bille.

La scie à ruban

Indispensable pour la coupe de tous les débits, le délignage, le tronçonnage, la préparation des ébauches. Il est préférable qu'elle soit de grandes dimensions (volant de 500 à 700 mm). Pour éviter aux mains d'approcher trop près de la lame (le ruban), les petites pièces sont guidées à l'aide de poussoirs. Le carter de protection de la lame doit dégager seulement la partie de la lame qui travaille. Pour sectionner un cylindre, il est absolument nécessaire de le caler. En effet, la pièce est ronde, elle n'a donc qu'une ligne d'appui sur la table et elle tourne sur elle-même lorsque la lame l'attaque. La lame se tord ou même casse, pouvant causer des blessures. Il faut donc accoler le cylindre à un tasseau de section carrée et amener l'ensemble solidement maintenu vers la lame. La pièce a ainsi deux lignes d'appui perpendiculaires entre elles, et ne peut donc plus tourner. Cette précaution est obligatoire, aussi bien pour un sciage parallèle à l'axe de la pièce que pour son tronçonnage. On peut aussi bloquer la pièce avec un serre-joint, en maintenant l'ensemble bien en appui sur la table. L'idéal est de fabriquer une boîte à scier adaptable à tout cylindre.

La boîte à scier les cylindres.

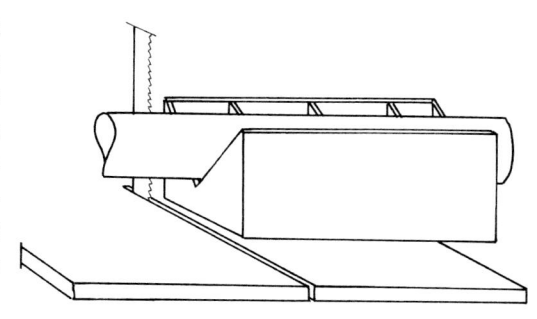

Avant d'être tournée, une pièce est généralement amenée à peu près au rond (épannelée) à la scie à ruban : ébauche de saladier, de coupe, etc. Dans ce cas, les deux mains doivent rester du même côté de la lame et hors de son trajet. En effet, en fin de passe, la pièce ne rencontre plus la résistance de la lame, et avance donc brusquement, ce qui peut s'avérer très dangereux. On réduit ce risque avec un ruban bien affûté et une pression plus légère en fin de passe.

La dégauchisseuse raboteuse

Elle est très utile en général, et indispensable au tourneur pratiquant les collages. Elle permet de corroyer des pièces de bois, c'est-à-dire de dresser rigoureusement les faces aux dimensions voulues. Deux faces consécutives sont dressées à la dégauchisseuse, la raboteuse dressant les deux autres faces parallèles aux précédentes, et à l'épaisseur voulue. Les petites pièces sont guidées avec des poussoirs. Quant aux très petites, elles sont bloquées dans une encoche à leurs dimensions, pratiquée sur une planche plus longue. C'est cet ensemble qui passe sur la machine. Le bois de bout, bloqué dans un cadre si la pièce est petite, peut être corroyé avec précaution, en passes très fines et très lentes avec des fers bien affûtés. En sortie de coupe, cependant, la pièce présente de petits éclats à son extrémité.

La toupie

Elle permet de profiler, feuillurer, rainer, scier horizontalement, etc. Elle est très utile au tourneur d'artisanat souvent amené à effectuer diverses opérations de menuiserie. En tournage, on l'utilise souvent pour moulurer ou rainurer la périphérie d'une pièce carrée incluse dans un ensemble tourné et pour effectuer des travaux de cannelage sur une pièce tournée. Elle rend également service pour la construction de mandrins spécifiques ou de montages spéciaux, et parfois pour les collages. Le tourneur amateur qui n'en a pas un usage intensif, peut lui substituer une défonceuse.

La défonceuse

Toupie portative, la défonceuse sert aux petits travaux de fraisage, défonçage, rainurage et profilage. Les constructeurs proposent des adaptations sur table qui en font une petite toupie souvent suffisante pour le tourneur. Elle la remplace d'ailleurs dans la réalisation des cannelures longitudinales sur des pièces tournées, en défonceuse fixe ou montée sur un chariot de fraisage.

Les perceuses

Deux types de perceuses sont nécessaires au tourneur :
- **La perceuse ordinaire**, qui assure tous les perçages courants et reçoit maintes adaptations : disques rotatifs de ponçage, plateaux de lustrage, de polissage, brosses, mèches à défoncer, scies cloche, etc.

- **La perceuse d'établi**, qui doit disposer d'un mandrin de 16 mm, d'une table s'orientant dans toutes les directions et d'un étau. Elle est complémentaire de la perceuse ordinaire pour les travaux précis et difficiles.

La ponceuse orbitale

La plupart des tourneurs l'ont adoptée. Les petites ponceuses de ce type, tenues dans la paume de la main, facilitent le ponçage des pièces de grandes dimensions et ne laissent pas de rayures.

La scie sauteuse

Elle est pratique pour chantourner les pièces de bois d'une épaisseur inférieure à 50 mm : planches, ébauches, découpes à l'intérieur d'une planche, etc. Les lames prévues pour le contreplaqué ou les agglomérés, abrasifs, permettent d'économiser celle de la scie à ruban.

Les outils de tournage

Les outils de façonnage

Il faut tout d'abord proscrire les outils bon marché vendus en assortiment, et se fournir chez les revendeurs spécialisés. Plusieurs marques, notamment anglaises et américaines, proposent une grande variété d'outils adaptés à tous les travaux tournés. La plupart sont en acier rapide (HSS), quelques-uns en acier fondu. D'autres comportent des pastilles en carbure de tungstène pour les bois très siliceux et abrasifs.

Les outils en acier fondu sont de moins en moins utilisés, mais conviennent tout à fait aux tourneurs qui n'ont pas une production importante. Il en existe d'excellents : renforcés, lourds et longs, ils sont de conception traditionnelle. Relativement peu onéreux, ils demandent en contre-partie des affûtages plus fréquents et chauffent facilement.

Les outils en acier rapide remportent, cependant, les suffrages de la majorité des tourneurs. Leur prix élevé se justifie par leurs performances : tenue de coupe entre deux affûtages, donc longévité, résistance à l'échauffement, à l'abrasion. Les alliages qui les composent et la trempe sont calculés de façon à atténuer une dureté qui les rendrait trop cassants. Malheureusement ils sont parfois, pour des raisons de prix de revient, un peu sous-dimensionnés donc plus petits, moins rigides, et moins agréables à conduire.

La différence entre acier fondu et acier rapide se voit à l'affûtage des outils :

- l'acier fondu, plus tendre, se meule plus vite en produisant des étincelles abondantes, jaunes, terminées en éclatements étoilés,

L'outillage

▶ l'acier rapide est plus long à entamer ; les étincelles sont rares, de couleur rouge, et se terminent en boules.

L'outil de tournage se décompose en plusieurs parties possédant leur propre terminologie.

Les parties constitutives d'un outil ordinaire.

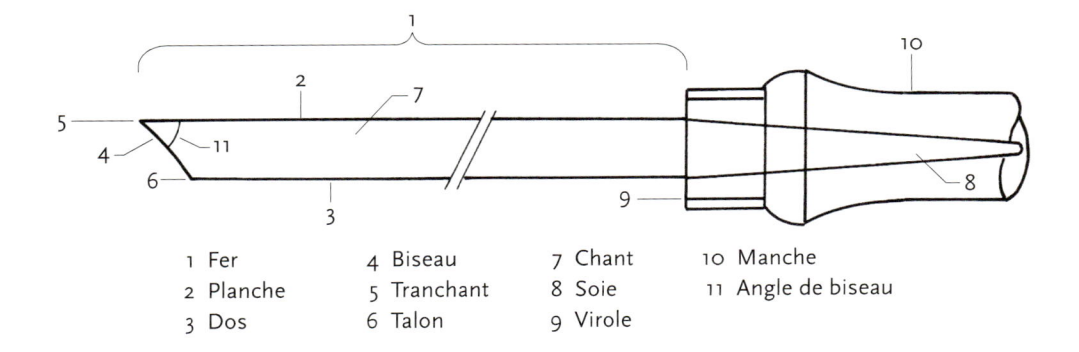

1 Fer	4 Biseau	7 Chant	10 Manche
2 Planche	5 Tranchant	8 Soie	11 Angle de biseau
3 Dos	6 Talon	9 Virole	

▶ **Le fer** est l'ensemble de l'outil à l'exception du manche.
▶ **La planche** constitue le dessus de l'outil ; sur les gouges, elle comporte une cannelure.
▶ **Le dos** est la partie qu'on appuie sur l'éventail.
▶ **Le biseau**, secteur meulé, se situe entre dos et planche.
▶ **L'angle de biseau** est l'angle formé par la planche et le biseau.
▶ **Le tranchant**, au sommet du biseau, attaque le bois.
▶ **Le talon**, à l'opposé du tranchant, forme l'autre extrémité du biseau.
▶ **Les chants** sont les parties latérales du fer.
▶ **La soie** est la partie triangulaire de section carrée qui s'enfonce dans le manche. Sur les outils de section cylindrique, elle ne se distingue pas du fer.
▶ **La virole**, tube métallique de 20 mm de long environ, cercle le manche et l'empêche de fendre à l'emplanture du fer.
▶ **Le manche** traditionnel est en bois dur, d'un diamètre compris entre 25 et 30 mm pour s'adapter de façon optimale à la main. Sa forme importe peu et répond au goût de chacun. En revanche, sa longueur n'est pas arbitraire et dépend de la vocation de l'outil. Un manche long tenu par son extrémité permet un meilleur contrôle lorsque le

Deux types de manches : métalliques à rallonge, en bois à poignées doubles.

Le tournage entre pointes

tranchant travaille loin de l'appui sur l'éventail et que cette distance crée un porte-à-faux important. Dans les prises de copeaux énergiques, un manche long permet un maintien entre le bras et le corps. Inversement, certains petits outils prévus pour faire des saignées, des grains d'orge, des gorges sur des pièces de très faibles dimensions, ont des manches très courts qui tiennent dans la main.

Dans certains travaux de creusage très profond à travers une ouverture étroite, il est impossible d'introduire un éventail : on utilise alors des manches dont la longueur peut avoisiner 1,5 m.

Sous l'influence américaine, les manches ont beaucoup évolué au cours de ces dernières années. On s'est aperçu qu'un manche long et lourd favorisait la précision. On en fabrique donc en tube d'acier, gainés de caoutchouc mousse ou de plastique. À leurs extrémités sont sertis des manchons. L'un reçoit l'outil fixé par deux vis Allen, l'autre permet de monter de la même façon une rallonge de manche. Sa longueur est donc modulable et il peut servir pour différents outils. Les outils sont vendus non affûtés. Chaque tourneur, selon ses méthodes et ses goûts, façonne le biseau à sa convenance.

Ces manches permettent de travailler très loin de l'appui sur l'éventail.

Les instruments de mesure

Les instruments de mesure nécessaires sont les suivants :

La panoplie des instruments de mesure se compose de ces outils...

1. réglet
2. pieds à coulisses, pied d'ajusteur
3. compas à pointes sèches
4. compas d'épaisseur
5. compas d'alésage
6. compas de charpente
7. calibre d'épaisseur
8. maître à danser

L'outillage

- **Le réglet (1)** est une petite règle graduée en millimètres en acier inoxydable et longue de 300 mm. On s'en sert continuellement.
- **Le pied à coulisse (2)** mesure les petits diamètres avec une parfaite précision. Très sollicité, il doit être robuste et d'excellente qualité. Il n'est pas superflu d'en posséder deux. Il en existe munis de branches longues, pied d'ajusteur, (jusqu'à 150 mm), très utiles lors du tournage de pièces de grand diamètre, calibrage d'empreintes, etc.
- **Le compas à pointes sèches (3)** permet d'effectuer des tracés, de reporter des mesures, de pratiquer des repères de moulures sur la pièce en rotation.
- **Le compas d'épaisseur (4)** possède deux pointes se faisant face et tournées vers l'intérieur. On l'utilise pour mesurer l'épaisseur d'un débit ou des diamètres extérieurs se trouvant hors de portée du pied à coulisse. Il est dangereux de s'en servir sur la pièce en rotation. Deux compas d'épaisseur sont nécessaires pour mesurer les diamètres moyens et grands.
- **Le compas d'alésage (5)** possède des pointes tournées vers l'extérieur pour mesurer les diamètres intérieurs.
- **Le compas de charpente (6)** équipé d'un crayon permet tous les traçages. Il laisse une marque plus visible que le compas à pointes sèches et surtout n'altère pas le bois en y laissant un sillon. Deux compas de 150 mm et de 300 mm d'ouverture sont nécessaires. D'une façon générale, les compas à réglage micrométrique par tige filetée et curseur tournant sont les plus pratiques et les plus précis.
- **Le calibre d'épaisseur (7)** possède quatre branches, symétriques ou asymétriques par rapport à son axe, qui se terminent en pointes se faisant face. Les pointes, d'un côté de l'axe, pincent la paroi d'une pièce. On mesure l'écart entre les pointes de l'autre côté de l'axe pour connaître l'épaisseur de la paroi.
- **Le maître à danser (8)** est un compas mixte de calibrage et d'alésage.

9. comparateur
10. équerre de centrage
11. équerre (de menuisier)
12. équerre à coulisse
13. crayon de traçage
14. crayon de débit
15. mètre
16. matériel de dessin
17. 3 traces-courbes

... et de ceux-ci.

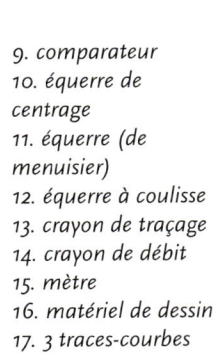

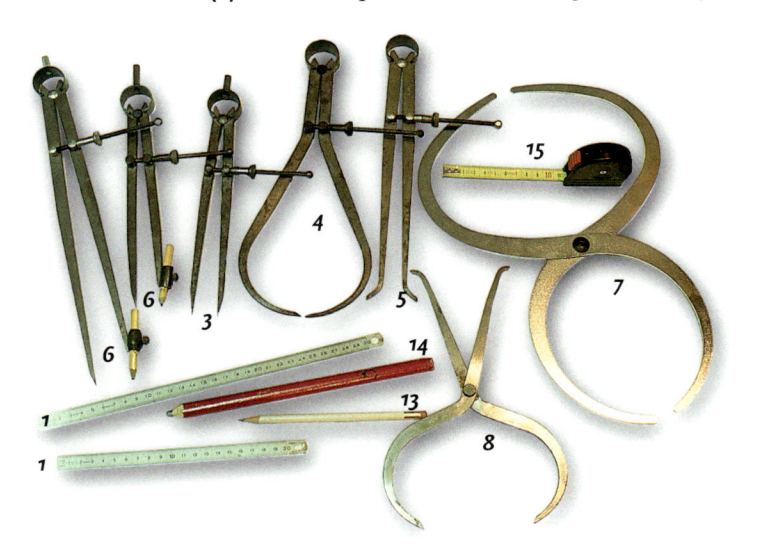

Il donne simultanément la mesure du calibrage et de l'alésage correspondant, ou inversement. On l'utilise pour comparer les diamètres mâle et femelle de deux pièces destinées à être emboîtées par feuillure ou tourillon.
- **Le comparateur (9)** possède une série d'aiguilles métalliques parallèles et jointives coulissant individuellement sur un cadre central. En appuyant le comparateur sur une pièce, chaque aiguille touche un point de sa surface. L'alignement des aiguilles reproduit le profil de la pièce.
- **L'équerre de centrage (10)** permet de retrouver le centre d'une pièce tournée. Il en existe de plusieurs types. L'équerre en plastique en est un. Ses branches sont reliées par une plate-forme carrée. Une lumière au niveau de leur bissectrice permet le traçage. Posée en deux endroits quelconques du cercle formant la base du cylindre, l'intersection des deux bissectrices tracées au crayon en indique le centre. L'équerre peut aussi centrer un carrelet corroyé.
- **Le trusquin** est un instrument servant à tracer des lignes parallèles à une surface dressée. Il permet de déterminer le centre d'un polygone quelconque, la base d'un carrelet ou d'un cylindre de façon très précise.
- **Les calibres**, découpés dans de la tôle, permettent de contrôler des diamètres, sans pied à coulisse. Il est bon d'en posséder plusieurs, taillés à des dimensions courantes (8, 10, 20, 30, 40 mm par exemple). Pour un diamètre donné, le calibre mesure un demi-millimètre en plus qui disparaîtra à la passe de finition et au ponçage : on obtient ainsi le diamètre exact. Certains tourneurs utilisent des clés plates de mécanicien comme calibres.
- **Les crayons** : un crayon de charpentier est nécessaire pour les débits. Pendant le tournage, on utilise un crayon HB pour marquer de façon visible et précise des repères ou les limites de moulures sur les pièces. Pour lui garantir une mine toujours parfaitement pointue, un taille-crayon l'accompagne.

Pour réaliser des plans de travail, le minimum requis compte règles, équerre, rapporteur, compas, gomme et crayons. Un jeu de trois trace-courbes ou *pistolets* de dessinateur, permet un traçage précis des contours curvilignes.

La préparation de l'ébauche
Le mandrin à griffes

Communément appelé griffe, le mandrin à griffes assure le centrage et l'entraînement d'une pièce entre pointes. Il en existe de différents modèles, de 15 à 35 mm de diamètre. Une pointe conique dépassant nettement la hauteur des griffes donne le centrage, les griffes assurent l'entraînement. Sur certains mandrins, la pointe est amovible afin d'être éventuellement rectifiée ou changée. Les griffes rayonnent autour de la pointe, généralement fraisées dans la masse. Elles présentent une arête tranchante qu'il faut entretenir dans cet état. La face d'entraînement est plate, la face opposée est biseautée pour permettre l'affûtage.

La plupart des mandrins ont 4 griffes, certains 6, d'autres seulement 2. Le mandrin à 2 griffes sert, en général, à saisir les pièces dont l'extrémité n'est pas affranchie perpendiculairement à l'axe. Le mandrin à griffes est le plus souvent monté sur l'arbre d'entraînement selon le système du cône Morse. Il est quelquefois vissé sur le filetage de l'arbre.

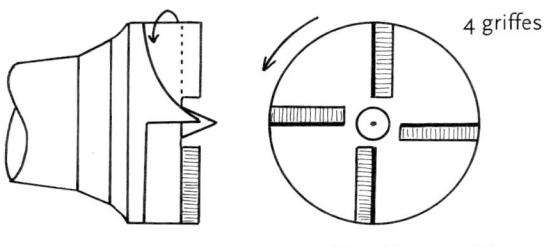

Mandrin à 4 griffes.

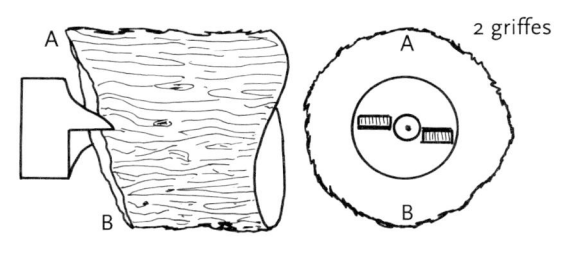

Mandrin à 2 griffes.

L'ébauche

Presque tous les bois peuvent être tournés, mais selon leurs caractéristiques, la manière de les travailler varie. Bois durs, bois tendres, grain fin, grain grossier, fil droit, fil enchevêtré (loupes ou ronces), bois sec, bois vert, etc. Les premières pièces tournées doivent l'être dans un bois facile. De plus, les résultats n'étant pas forcément excellents au début, on portera son choix sur un bois peu onéreux. Des bois mi-durs, à grain moyen ou fin, homogènes, tels que le hêtre ou le sycomore, réunissent ces qualités et conviennent parfaitement.

Les premières pièces peuvent être des rondins issus de branches ou de petits troncs, ou mieux, des carrelets prélevés dans des plots de scierie, de 60 à 80 mm de diamètre (ou de côté) et de 200 à 300 mm de long. Ces dimensions conviennent pour apprendre à travailler en bois de fil, c'est-à-dire l'outil perpendiculaire au fil du bois. Elles suffisent pour s'entraîner à profiler les moulures de base, puis pour réaliser les premières pièces. Les rondins de bois vert fendront très probablement. Il faut les surveiller au cours du travail. Quels qu'ils soient, les débits sont soigneusement examinés avant d'être montés sur le tour. On élimine ceux qui présentent un défaut majeur : nœud mort, flache instable, fente au niveau d'un point de saisie, fente diagonale, etc.

Le morceau de bois prêt à être tourné s'appelle l'ébauche. L'ébauche est normalement un peu plus longue que la pièce définitive pour pouvoir être coupée sur le tour.

Il n'est pas nécessaire d'enlever les arêtes d'un carrelet. La gouge à dégrossir le fait rapidement.

1. Vous avez choisi votre ébauche. Centrez-la avant de la mettre en place sur le tour. Le centre de ses bases se repère à l'œil pour un rondin, par l'intersection des diagonales pour un carrelet. Marquez-le au crayon.

2. Prenez le mandrin à griffes. Centrez-le d'un côté et enfoncez-le dans l'ébauche au maillet de façon à imprimer nettement la marque de la pointe et des griffes dans le bois. De l'autre côté, correspondant à la contre-pointe, un léger coup suffit.

3. Bloquez ensuite le mandrin dans l'alésage de l'arbre d'entraînement par l'intermédiaire de son embase conique. Il va travailler en tandem avec la contre-pointe. La pièce est saisie entre pointes, c'est-à-dire que le tournage est parallèle à l'axe de rotation.

4. Vous avez centré la pièce sur le mandrin, les griffes sont dans leurs empreintes. Amenez la poupée mobile près de l'autre extrémité et bloquez-la sur le banc. Enfoncez la contre-pointe avec le volant ou le levier de façon que la pièce soit fermement maintenue entre la contre-pointe et le mandrin. Bloquez à son tour la contre-pointe. Si elle est conduite par un levier direct, aidez sa pénétration par un coup de maillet sec. Si elle est fixe, graissez un peu l'endroit où elle pénètre dans le bois. Sinon, l'échauffement produit par la rotation brûle le bois. Le frottement émet très vite un sifflement caractéristique.
Outre ce désagrément, la carbonisation altère le bois, et la cuvette dans laquelle se loge la contre-pointe s'agrandit, surtout dans les bois tendres. Il faut donc resserrer la pièce de temps en temps.

5. Une fois l'ébauche mise en place, sélectionnez la vitesse de rotation de l'arbre d'entraînement. Elle dépend essentiellement du diamètre de la pièce. En effet, la vitesse à prendre en considération est la vitesse à la périphérie de la pièce, ou vitesse linéaire. Elle croît en même temps que le rayon. Théoriquement, la vitesse linéaire, celle du défilement du bois devant l'outil, se situe dans une fourchette de 10 à 20 m/s. À titre d'exemple, une pièce de 500 mm de diamètre doit tourner aux environs de 700 t/m. Une pièce de 200 mm de long et de 70 mm de diamètre tourne sans inconvénient à 3 000 t/m. D'autres paramètres interviennent aussi : le poids, la longueur, la configuration de l'ébauche etc.

Même pour les petites pièces, si vous débutez, ne dépassez pas une vitesse de 1 500 t/m. À vitesse trop faible, l'outil ne donne pas son plein rendement et le travail est plus long. Trop élevée, elle génère des risques d'accident. Vous apprendrez assez vite à apprécier la vitesse qui convient. D'ailleurs, elle n'est pas rigoureuse à 100 tours près (sauf dans des cas particuliers de travaux sur de très grandes

L'outillage

pièces ou sur mandrins complexes), d'autant plus qu'une pièce a très rarement le même diamètre sur toute sa longueur.

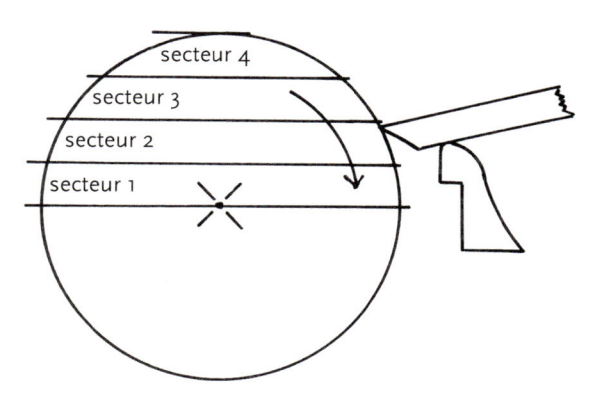

6 Vous avez réglé la vitesse. Présentez l'éventail sur la semelle et bloquez-le parallèlement à la pièce à une dizaine de millimètres. Choisissez la hauteur de façon que l'outil attaque le bois, au-dessus de l'axe, dans le secteur 2 du cylindre, jamais en dessous de l'axe.

7 Avant la mise en route, faites tourner la pièce à la main pour vous assurer qu'elle n'accroche pas l'éventail.

Hauteur moyenne du contact outil/bois.

La bonne position

▶ **L'axe de rotation** du tour doit se présenter au niveau de votre coude : s'il est trop bas, rehaussez le tour ; s'il est trop haut, utilisez un caillebotis.

▶ **Vous devez travailler le plus près possible de la pièce**, les avant-bras pliés : le gauche à 90° par rapport au bras, le droit à 45°. Ces angles varient un peu en cours de travail. Votre corps accompagne le mouvement des mains ; vous passez d'une jambe sur l'autre et vous vous déplacez le long de la pièce. À cet égard, vous devez toujours tenir la zone d'évolution nette de copeaux.

Enfin, sachez qu'on met habituellement la partie la plus lourde de l'ébauche côté poupée fixe et que l'usinage commence par le côté contre-pointe. En effet, il faut toujours garder le maximum de bois entre le point d'entraînement et la partie travaillée. Vous tournez le diamètre le plus étroit de la pièce en dernier.

Il est vivement recommandé de mettre une visière de protection, au moins pour le dégrossissage.

Les gouges à dégrossir

Description

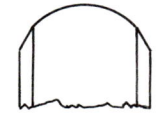

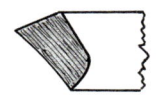

Outil de débit, la gouge à dégrossir est faite pour amener l'ébauche au rond et donner sa forme générale à la pièce. Elle permet d'enlever très vite beaucoup de bois. C'est un instrument lourd, rigide, doté d'un manche long permettant un bon maintien. Sa largeur varie de 25 à 40 mm.

On trouve sur le marché deux sortes de gouges. Les **méplates**, traditionnelles, et les **rondes** d'origine anglaise, qui tendent à supplanter les méplates. Le tranchant de la gouge méplate décrit un arc de cercle à grand rayon.

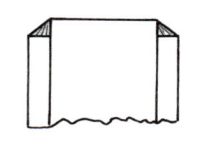

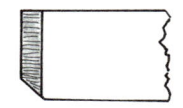

Les gouges à dégrossir : à gauche, la gouge méplate ; à droite, la gouge ronde

25

Le tournage entre pointes

Le raccord du biseau avec les chants, les *oreilles*, se trouve en arrière du tranchant et permet donc d'amorcer les profilages sans risquer d'accrocher les bords des profils concaves. Le tranchant de la gouge ronde, lui, est droit. La gouge ronde est moins facile à manœuvrer dans les rayons courts, mais son rendement est excellent. L'une comme l'autre ont un angle de biseau de l'ordre de 45°.

Affûtage

1 La table du touret est réglée à 45°. La main droite tient l'outil au niveau du départ du manche. Le pouce de la main gauche appuie sur le bord gauche de la cannelure, l'index prend appui sous la table.

2 Dirigez le mouvement avec la main droite, le pouce gauche contrôle ce mouvement et la pression sur la meule.

Pour la gouge ronde, faites rouler l'outil d'un chant sur l'autre, en passes lentes et régulières, bien en appui sur la tablette et en appuyant modérément sur la meule.
Pour la gouge méplate, combinez le mouvement de rotation de l'outil sur lui-même avec un mouvement droite/gauche, gauche/droite du manche. En effet, il faut simultanément suivre l'arrondi du biseau et celui du tranchant. Les passes se font sans à-coups, d'un bord à l'autre, en synchronisant bien les deux mouvements.
Dans un cas comme dans l'autre, évitez de décoller le dos de la table du touret, sinon le biseau aura des facettes.

3 Lorsque les étincelles commencent à filer dans la cannelure, l'affûtage se termine. Tout le biseau est meulé.

4 Concentrez-vous sur la forme du tranchant qui doit rester régulière. Passez votre doigt dans la cannelure : vous sentez le morfil. Pour le supprimer, tenez l'outil verticalement de la main gauche à hauteur des yeux. La pierre, en appui de toute sa longueur dans la cannelure, enlève le morfil côté planche. Passez ensuite la pierre, bien en appui sur le tranchant et sur le talon en un mouvement circulaire d'un bout à l'autre du tranchant. La meule étant ronde, elle donne un profil concave au biseau. La pierre ne touche pas le milieu du biseau, un liseré clair régulier d'environ un demi-millimètre souligne donc le talon et le tranchant. Faites une dernière passe côté cannelure, de l'intérieur vers l'extérieur. Vous pouvez éventuellement finir au polissoir.

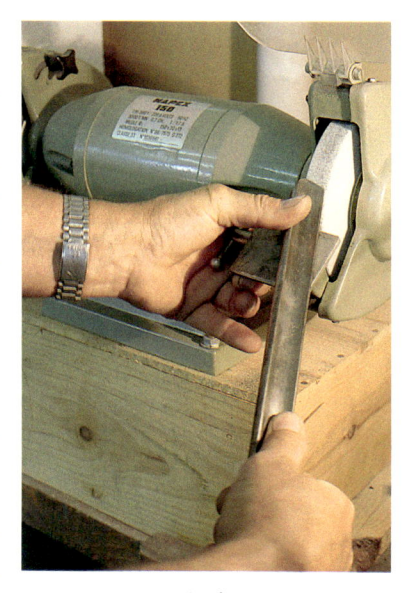

Fin d'une passe d'affûtage d'une gouge à dégrossir méplate.

Principes d'utilisation

La gouge à dégrossir est le premier outil du travail au tour. Son utilisation met en évidence les règles fondamentales propres à toutes les gouges. Il convient de les connaître et de comprendre le rapport qui s'établit entre le bois et l'outil. Hormis dans des cas particuliers, les gouges, outils de coupe, tranchent le bois ; elles ne le raclent pas. Elles laissent une surface lisse.

Le point de talonnage

On définit ainsi la partie du biseau qui s'appuie sur le bois pendant la coupe. Selon le profil qu'on usine et la longueur du biseau, le point de talonnage se situe à une distance variable entre le tranchant et le talon. Si on présente la gouge à l'horizontale, seul le tranchant touche le bois qui est davantage gratté que coupé. Pour que l'outil coupe, il faut baisser le manche de façon que le biseau s'appuie sur le bois. On fait varier le point de talonnage en levant et en baissant le manche :

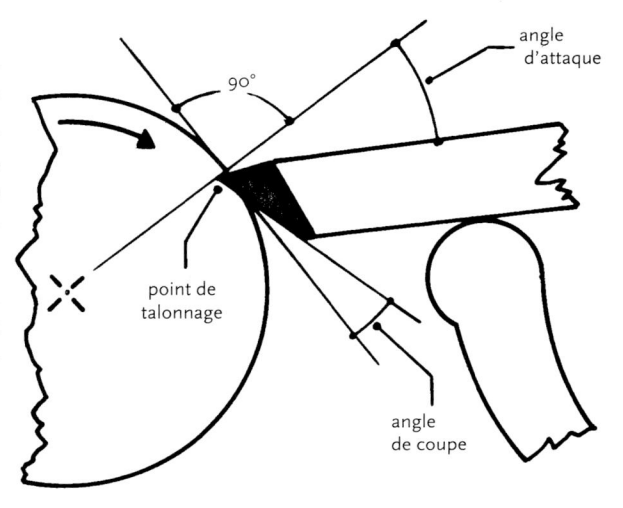

▶ **En le tenant haut,** on mord davantage dans le bois ; trop haut l'outil passe de la coupe au grattage.

▶ **En le tenant bas,** on réduit la prise de copeaux ; trop bas, le tranchant perd le contact avec le bois.

Le point de talonnage, l'angle d'attaque et l'angle de coupe.

L'angle d'attaque

Si on présente la planche de l'outil dans le prolongement du rayon de la pièce entre pointes, l'angle d'attaque est nul. En baissant le manche, on vient progressivement appuyer le biseau sur le bois : on ouvre l'angle d'attaque. L'ouverture de l'angle d'attaque détermine donc le point de talonnage : très ouvert, on talonne bas ; moins ouvert, on talonne plus haut. Le dosage de l'ouverture dépend de la quantité de bois que l'on veut enlever. On se rend vite compte du point de talonnage optimal où l'outil donne son meilleur rendement. Le point de talonnage et l'angle d'attaque sont interdépendants.

L'angle de coupe

Corollairement on appelle *angle de coupe* l'angle formé par le biseau et une droite théorique perpendiculaire au rayon. En levant ou en baissant le manche, on ouvre ou on ferme l'angle de coupe.

L'angle de glisse

Quand l'outil est présenté l'axe perpendiculaire à celui de la pièce, c'est l'extrémité du tranchant qui travaille : il attaque le fil à 90°. Le tranchage de la fibre est plus progressif, plus doux, si on attaque le fil du bois en biais. L'axe de l'outil forme un angle plus ou moins aigu avec l'axe de rotation : c'est *l'angle de glisse*. Son dosage combiné avec celui de l'angle d'attaque, donne son meilleur rendement à l'outil.

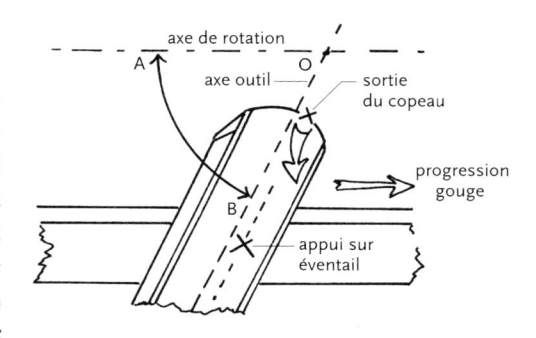

L'angle de glisse AOB.

La diagonale

Tout *coup de maître* à la gouge (c'est-à-dire tout engagement de l'outil), résulte d'une mise en diagonale. Pour éviter la mise en diagonale, la ligne allant du point d'appui de la gouge sur l'éventail à la partie du tranchant en contact avec le bois, doit toujours être parallèle ou se confondre avec l'axe de l'outil. La transgression de ce principe provoque immanquablement le basculement de la gouge.

Ainsi si l'on appuie la gouge dos à plat sur l'éventail et qu'on vient toucher le bois avec le centre du tranchant, le copeau se forme normalement. La ligne allant du point d'appui sur l'éventail au point de contact du tranchant sur le bois se confond avec l'axe de l'outil.

Si maintenant, en gardant le même point d'appui sur l'éventail, on touche le bois avec le côté du tranchant, la ligne allant du point d'appui au point de contact est oblique (ou en diagonale) par rapport à l'axe de l'outil. Le dos de la gouge étant rond, la pression du bois en rotation sur le point de contact tranchant/bois fait brutalement basculer la gouge, par effet de porte-à-faux.

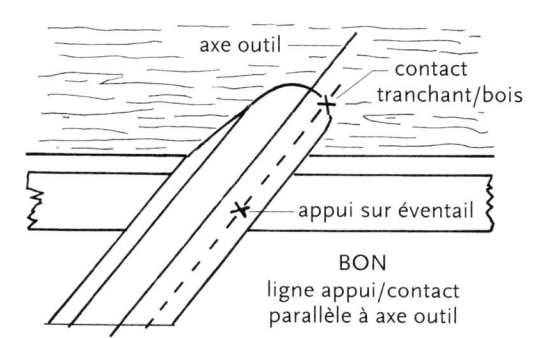

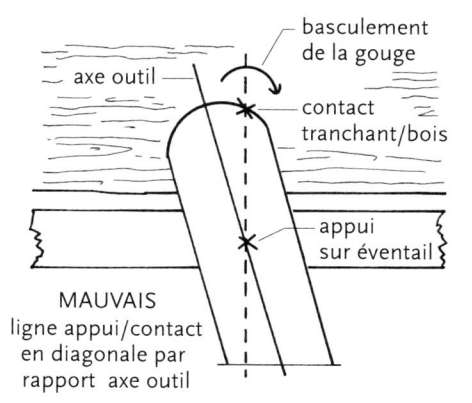

Parallèle et diagonale.

Exercices

Initié aux principes fondamentaux du maniement des gouges, on peut aborder le **dégrossissage d'une ébauche**. Choisissez une ébauche d'environ 250 mm sur 80 mm de côté ou de diamètre : un rondin ou un carrelet par exemple.

L'outillage

Cylindre droit

1. Pour commencer, fixez une vitesse de rotation d'environ 1 200 t/min. De la main droite, tenez le manche près de son extrémité. La main gauche, fermée sur la planche, appuie le dos sur l'éventail et conduit l'outil. Le côté de la paume et du petit doigt prennent appui sur l'éventail. Le tranchant va toucher le bois au-dessus de l'axe de rotation. La distance éventail/bois est d'environ 10 mm.

2. Gouge sur l'éventail, manche baissé, angle d'attaque ouvert (donc angle de coupe fermé) pour attaquer avec un point de talonnage bas, venez doucement en contact avec le bois. Un bruit saccadé signale que vous attaquez les arêtes ou les irrégularités de la surface.

3. Faites glisser l'outil vers la droite, puis vers la gauche. Les saccades sont plus rapides au fur et à mesure que vous approchez du rond. Le bruit devient régulier quand l'ébauche est ronde. Elle est dite cylindrée.

4. Cherchez ensuite l'angle de glisse en faisant une passe en direction de la poupée mobile. Présentez l'outil en biais par rapport à l'axe de rotation. Inclinez-le légèrement sur le chant droit. Le copeau sort à droite de son axe. Si vous regardez son point d'appui sur l'éventail, il est dans l'alignement du point de coupe, l'alignement étant parallèle à l'axe de l'outil. Faites varier le secteur de travail du tranchant en roulant plus ou moins l'outil et, en même temps, dosez votre prise de copeau en jouant sur l'ouverture de l'angle d'attaque.
En passes à droite et à gauche, essayez de réaliser le cylindre le plus droit possible.

Il est recommandé de mettre des lunettes.

Lorsqu'on a beaucoup de bois à enlever, on peut utiliser après le cylindrage une procédure rapide en **cannelures parallèles**.

1. Présentez l'outil presque sur le chant et, avec un angle d'attaque plutôt fermé, roulez-le presque jusqu'à l'axe du dos, dans un mouvement de cuillère. Recommencez à côté et ainsi de suite.

2. Régularisez ensuite la surface en tenant cette fois la gouge dans la position décrite pour le dégrossissage d'une ébauche, comme ci-dessus.

Cylindre convexe

Il y a plus de bois à enlever aux extrémités qu'au centre. Exécutez les premières passes près des extrémités, les suivantes un peu en arrière et ainsi de suite. Les dernières passes partiront du milieu de la pièce vers les extrémités. En tournage de bois de fil, on travaille du grand diamètre vers le petit pour coucher le fil.

Convexe

Les passes sont toujours parallèles à la forme à obtenir.

Cylindre concave

Le maximum de bois étant à enlever au centre, commencez par creuser le milieu de la pièce, puis les unes après les autres, les passes s'écarteront du milieu, à l'inverse du cylindre convexe.

Au début, les yeux contrôlent le travail de l'outil. Avec l'habitude, le geste devient réflexe et l'on porte son regard sur le haut de la pièce pour en voir le profil.

Concave

Placer un panneau de couleur contrastant avec celle du bois derrière la pièce pour améliorer la vision.

Les bédanes

Description

La section d'un bédane classique s'inscrit soit dans un rectangle, soit dans un trapèze isocèle, la grande base correspondant au côté planche de l'outil. Le manche du bédane est long pour assurer un bon maintien entre le coude et le corps lors des travaux de défonçage, et une précision optimale pour les travaux plus fins. Il n'a qu'un seul biseau.

Le bédane anglais, de section rectangulaire, en possède deux opposés à 90°. On appelle souvent ce dernier *grain d'orge* à tort, car le grain d'orge est un ciseau. Hormis cette différence, bédane classique et bédane anglais ont la même fonction.

La largeur varie de 2 à 20 mm. La rectitude des angles droits entre le tranchant et les chants, rigoureusement indispensable, fait préférer l'acier rapide à l'acier fondu pour ce type d'outil.

Ces différents bédanes couvrent tous les besoins.
1. 15 mm section rectangulaire
2. 10 mm section rectangulaire
3. 10mm section trapézoïdale
4. 2 mm section rectangulaire
5. 4 mm section rectangulaire
6. 5 mm section trapézoïdale

L'outillage

La section trapézoïdale a l'avantage, lorsqu'on creuse une cannelure, de réduire au minimum la surface de contact de l'outil avec le bois. Détalonnés, les chants ne touchent pas le bois ce qui permet une meilleure évacuation de la chaleur.

Un bédane étroit doit compenser sa faible largeur par une hauteur plus importante pour garantir sa rigidité, donc son bon contrôle. Les bédanes de 2 ou 3 mm se tordent facilement et demandent à être conduits en douceur.

Affûtage

L'angle de biseau est d'environ 45°. On règle la tablette du touret à l'angle voulu. La main droite maintient le fer, la gauche garde le dos du fer bien à plat sur la tablette : l'index est sous la tablette et le pouce sur la planche, juste derrière le tranchant. La pression sur la meule est légère. Elle est aussi assurée par la main gauche, le pouce faisant aller et venir le biseau d'un bord à l'autre de la meule. L'axe de l'outil reste perpendiculaire à celui de la meule et le dos doit être constamment en contact avec la tablette pour éviter les facettes sur le biseau. L'affûtage est terminé lorsque les étincelles jaillissent par-dessus la planche. On doit obtenir un tranchant rectiligne, perpendiculaire aux chants, et un angle trièdre planche/biseau/chant parfait. Le morfil est enlevé à la pierre, et éventuellement au polissoir. À la pierre, le biseau doit présenter sous le tranchant, d'un angle à l'autre, un liseré brillant, fin et régulier.

Principes d'utilisation

Les emplois de cet outil sont très variés : calibrage de cylindres, rainurage, feuillurage, tenonnage, défonçage, alésage, rectification, dressage de plans perpendiculaires à l'axe, moulurage convexe.

Le bédane n'est pas, comme la gouge, un outil de coupe, mais plutôt de déroulage, plus adapté au bois de fil ou de travers qu'au bois de bout. Quelle que soit la façon dont on l'utilise, et contrairement à la gouge, on ne talonne pas avec le bédane. Seul le tranchant est en contact avec le bois. Appuyé soit sur son dos, soit sur sa planche, l'angle formé par cette partie de l'outil et le bois constitue l'angle de coupe.

Les deux techniques de maintien suivantes ont chacune leurs adeptes.

Biseau en bas

Le dos de l'outil appuie sur l'éventail. Entre pointes, l'éventail est placé de façon que l'outil attaque le bois dans le secteur 2-3. Manche légèrement relevé, l'outil plonge vers l'axe, jamais dessous, en suivant le rayon de la pièce. L'angle de coupe se situe aux environs de 30°.

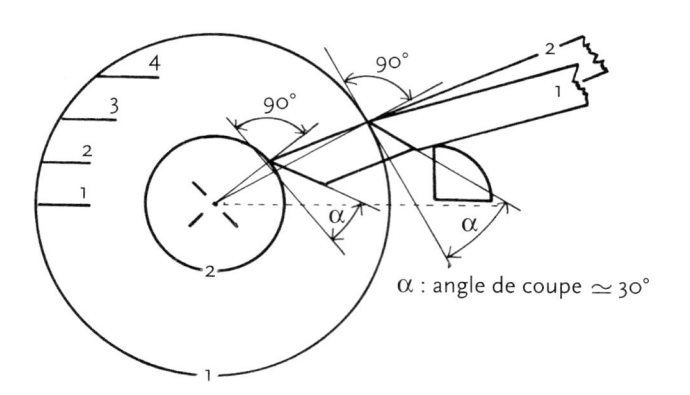

Calibrage biseau en bas.

α : angle de coupe ≃ 30°

Lorsque le bédane sert à creuser une cannelure, il doit avoir une largeur inférieure à celle de la cannelure. En travaillant alternativement contre l'une ou l'autre paroi, on évite l'échauffement des angles (et le détrempage consécutif dans le cas d'un outil en acier fondu). Un bédane dont les angles sont émoussés est inutilisable. Dans le maniement du bédane, la main droite tient l'extrémité du manche et dose l'impulsion. La main gauche, fermée sur le fer, appuie celui-ci sur l'éventail et dirige l'outil. On peut aussi maintenir le fer entre le pouce et l'index, le dos de la main étant alors en appui sur l'éventail. L'amorce de la coupe doit être très douce pour réduire les ébarbures sur les bords de la cannelure.

Si la pièce est de faible section, la pression radiale du tranchant peut engendrer une vibration qu'il faut annuler. L'outil est alors présenté de biais. La progression se fait latéralement : l'angle droit pousse le copeau vers la droite, l'angle gauche vers la gauche. Seuls l'angle et une partie du tranchant dégagent le bois en direction de la poupée fixe ou de la poupée mobile, qui encaissent la pression. En même temps, on roule l'outil sur son arête dos/chant gauche pour une passe à gauche, dos/chant droit pour une passe à droite. Ces passes latérales, rapidement enchaînées d'une paroi à l'autre de la cannelure, s'appellent *passes en huit*, le mouvement de l'outil décrivant un huit horizontal. Le fond de la cannelure est ensuite rectifié en mettant tout le tranchant en contact avec le bois, en une ou deux passes légères.

Passes en huit.

En bois de bout, face à la fibre, le bédane a tendance à brouter et à refuser le bois. Les passes latérales contournent cette difficulté et permettent d'accomplir le travail.

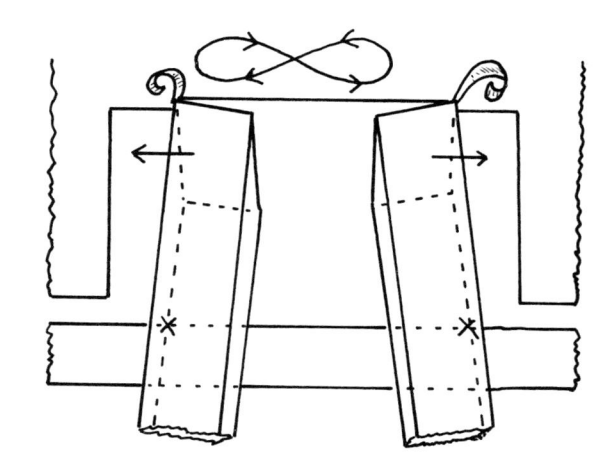

Biseau en haut

C'est la planche de l'outil qui appuie sur l'éventail. Cette technique confère au bédane une plus grande polyvalence. L'éventail est réglé plus haut et l'outil attaque le bois dans le secteur 4 du cylindre, manche légèrement abaissé. Il plonge vers l'axe selon un rayon presque vertical. L'angle de coupe est un peu moins ouvert qu'en travaillant biseau en bas (20° environ).

Ainsi tenu, le bédane permet d'exécuter, outre les travaux de calibrage, des profils en chanfreins ou des courbes convexes, de calibrer efficacement des pièces longues et de faible section, de rectifier facilement des surfaces cylindriques.

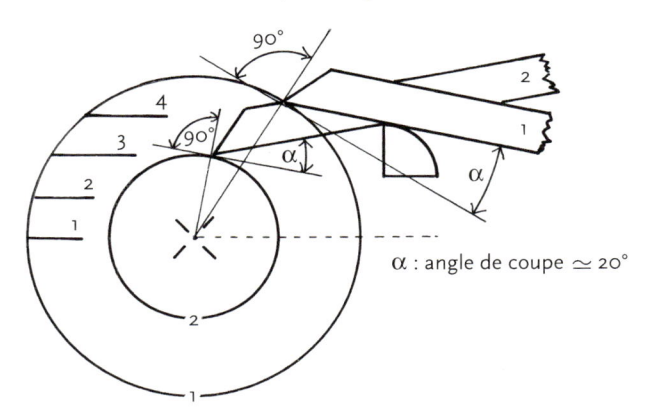

Calibrage biseau en haut.

α : angle de coupe $\simeq$ 20°

Pour profiler un quart-de-rond à droite, le point de départ de la moulure est parallèle à l'axe de rotation. Le point d'arrivée lui est perpendiculaire.

1 Mettez l'outil, planche à plat sur l'éventail, et entamez le bois avec tout son tranchant.

Profilage convexe, biseau en haut.

2 Au fur et à mesure de la progression vers le point d'arrivée, perpendiculaire à l'axe, roulez l'outil sur son arête planche/chant droit. En fin de passe, vous avez complètement basculé l'outil sur

son chant droit, et seul son angle droit touche le bois. Le copeau s'est progressivement déplacé vers la droite du tranchant entre le début et la fin de la passe.

Cette technique permet de réaliser rapidement des tores. Cependant, elle est difficile à maîtriser : la synchronisation de la progression et du basculement ne tolère aucune erreur et demande beaucoup d'habitude.

Pour un quart-de-rond à gauche, c'est bien sûr l'inverse qui se produit.

Bédane en plane

Pour calibrer une pièce longue et mince :

1. Tenez le bédane comme une plane, dans le secteur 4 du cylindre, biseau en haut, tranchant à 45° de l'axe de la pièce, angle de coupe très réduit.

2. De la main gauche, soutenez la pièce à l'opposé du tranchant. De la main droite, poussez l'outil en l'appuyant sur le pouce de la main gauche pour le guider. L'outil et la main gauche progressent en même temps. Cette méthode, dite *bédane en plane*, sert aussi pour rectifier la surface d'un cylindre quelconque en tenant l'outil normalement, des deux mains.

Bédane en ciseau

Enfin pour **arrondir parfaitement** et facilement une surface convexe, comme un petit tore (ou *baguette*), vous pouvez racler le bois avec l'arête biseau/chant.

Raclage d'une surface convexe par la technique du bédane en ciseau.

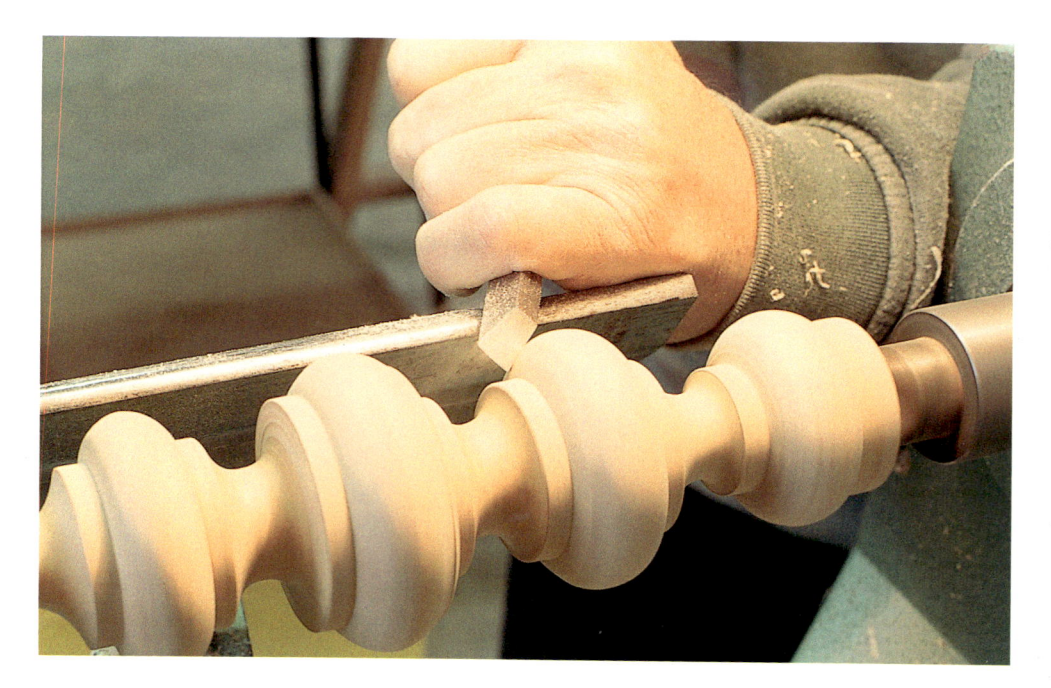

L'outil, biseau en haut, appuyé sur l'éventail par son arête planche/chant, va et vient sur l'arrondi du tore. Son arête biseau/chant gauche racle le versant droit, l'autre arête, biseau/chant droit, racle le versant gauche. En roulant l'outil sur l'éventail, vous dosez la prise d'un copeau très fin, en duvet, et vous effacez toutes les irrégularités d'une surface convexe à rayon court. C'est la technique du *bédane en ciseau*.

Exercices

Cylindre à cannelures droites

1   Préparez et montez une ébauche de 250 x 80 x 80 mm.

2   Réglez la vitesse à 1 500 tr/min environ.

3   Mettez au rond au diamètre 70. Réglet posé sur l'éventail contre le cylindre, tour arrêté, tracez un point en face de chaque limite de cannelure. Allongez ensuite chaque repère sur 3 ou 4 centimètres, crayon appuyé sur l'éventail, en tournant la pièce à la main. Enfin, tour en rotation, appliquez le crayon successivement sur chaque repère pour obtenir un traçage précis et bien visible. Utilisez toujours un crayon bien taillé.

4   Notez qu'aux deux tiers de la longueur, tous les diamètres sont inférieurs à 70 mm. Il n'est pas nécessaire de marquer les repères intermédiaires dans cette zone avant de l'avoir amenée à un diamètre de 55 mm. Le réglet étant trop long pour noter une cote de longueur à l'intérieur d'une cannelure, prenez un petit morceau de bristol sur lequel vous inscrivez la cote. Présentez-le contre la paroi et marquez le repère au crayon. Pour la paroi opposée, inversez le bristol.

Plan coté du cylindre à cannelures droites.

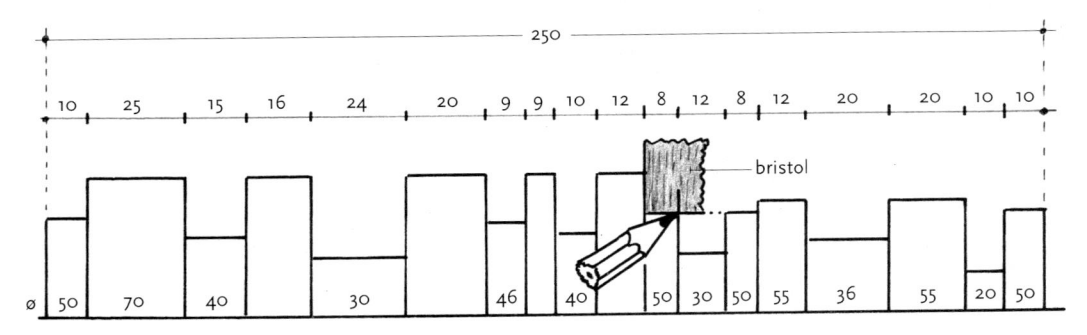

5   Vérifiez les diamètres au pied à coulisse (ou au calibre). Avec un peu d'habitude, la mesure se prend sans arrêter le tour : de la main gauche présentez l'instrument préalablement réglé à la cote plus un demi-millimètre, bien perpendiculaire à l'axe de la pièce,

sans le forcer. La main droite tient le bédane par le fer, le pouce ou l'index appuyé juste derrière le tranchant. Le demi-millimètre supplémentaire disparaît lors de la rectification et du ponçage.

6 Pour chaque cannelure, attaquez le bois d'un côté, en laissant le trait visible, puis de l'autre. Procédez ainsi en marches d'escalier jusqu'au diamètre voulu.

7 Rectifiez ensuite les coupes exactement sur le trait. Pour obtenir une coupe nette, présentez le bédane sur le chant, descendez en décollant à peine le tranchant du bois. Seules la pointe et une faible partie du tranchant sectionnent la fibre. Le résultat est comparable à celui obtenu avec une plane.

Cylindres à chanfreins et à tores

Les cannelures droites terminées, entraînez-vous, biseau en haut, à façonner des chanfreins et des tores par passes successives et continues, en commençant par écrêter les angles qui sont les zones où il y a le plus de bois à enlever. Faites toujours des passes parallèles à la surface à obtenir. Prenez votre temps et veillez à garder le poignet très souple. Si vous accrochez plusieurs fois de suite, détendez-vous et recommencez plus tard.

Le tronquoir

Le tronquoir est une variante du bédane exclusivement destinée à couper une pièce sur le tour. Il est étroit (5 à 6 mm) pour éviter une saignée inutilement large et par conséquent, une perte de bois. En contre-partie et pour garantir sa rigidité, ses chants sont très hauts. La section d'une pièce sur le tour se fait en une seule passe. Pour éviter l'échauffement, l'outil est toujours en acier rapide. De plus, il présente un tranchant détalonné : la section trapézoïdale évacue mieux la chaleur, car les chants ne frottent pas sur le bois.
Il existe deux types de tronquoirs :

▶ Pour l'un, **la section du biseau est en forme de trapèze** et le dos comporte une cannelure en gorge qui s'appuie sur l'éventail.

Deux types de tronquoirs de profil et de face.

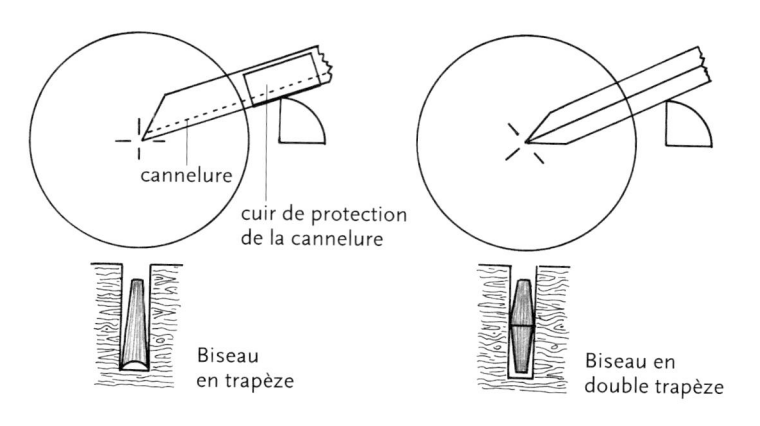

▶ Pour l'autre, **la section du biseau est en double trapèze**. Dos et planche sont identiques. Le mode d'utilisation est le même et les rendements se valent.

Pratique, sans être indispensable, le tronquoir peut être remplacé par le bédane ou la plane.

Les gouges à profiler
Description

Outil de profilage et de moulurage, la gouge à profiler est faite pour usiner, moulurer et donner sa forme définitive à la pièce. Elle permet de dresser parfaitement des surfaces aussi bien rectilignes que courbes. Elle n'est pas destinée à enlever beaucoup de bois, mais à le travailler avec précision. Les largeurs courantes s'échelonnent entre 5 et 16 mm.

Il existe deux types de gouges :
▶ la section en U traditionnelle,
▶ la section ronde, d'origine anglaise, usinée dans un barreau d'acier cylindrique. Elle est de plus en plus utilisée.

À gauche, gouges modernes de section ronde ; à droite, gouges traditionnelles en U. La grosse gouge est une méplate mixte servant à dégrossir et à profiler les grands rayons.

Le tranchant d'une gouge affecte la forme d'une **ogive arrondie** plus ou moins allongée et l'angle de biseau varie entre 25 et 45°. Affûté en ogive allongée et avec un biseau fermé, l'outil peut pénétrer plus profondément entre deux profils resserrés.

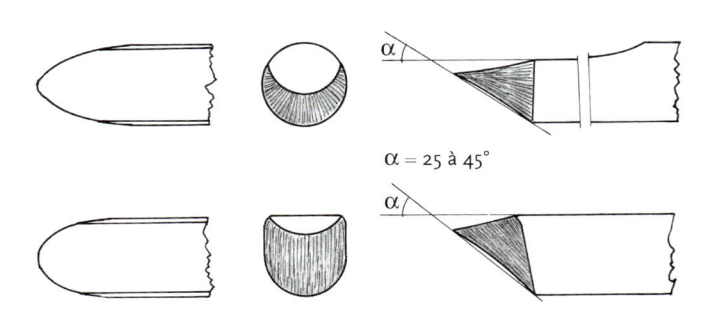

$\alpha = 25$ à $45°$

Forme de l'ogive et du biseau d'une gouge ronde et d'une gouge en U.

Affûtage

L'affûtage diffère un peu d'un type de gouge à l'autre. La tablette du touret est réglée à l'angle voulu. La prise en main de l'outil est identique à celle de la gouge à dégrossir.

Gouge en U

Son affûtage est comparable à celui de la gouge à dégrossir méplate : on coordonne le mouvement de rotation de l'outil sur lui-même avec le déplacement du manche à droite et à gauche. Cependant, le rayon de courbure du tranchant étant beaucoup plus court et le retour du biseau sur les chants plus prononcé, l'axe de l'outil forme un angle très fermé avec celui de la meule. L'ampleur du mouvement droite/gauche/ gauche/droite et la longueur du manche rendent l'opération malaisée. Pour réduire l'amplitude du mouvement, il est possible d'affûter la gouge en trois temps. L'opération est facilitée si les angles faces/chants de la meule sont arrondis. Pour affûter le côté gauche du biseau, la gouge est présentée sur l'angle droit de la meule, le dos en appui sur la tablette du touret. On présente à la meule le côté gauche du biseau en faisant légèrement rouler l'outil sur lui-même pour garder tout le biseau en contact avec la meule. On procède de la même manière pour le côté droit. Pour la partie centrale, on maintient l'outil en appui sur la tablette, au centre de celle-ci, manche perpendiculaire à l'axe de la meule et, par petites passes droite/gauche gauche/droite, on le fait rouler pour raccorder les deux côtés du biseau, tout en finissant la mise en forme du tranchant.

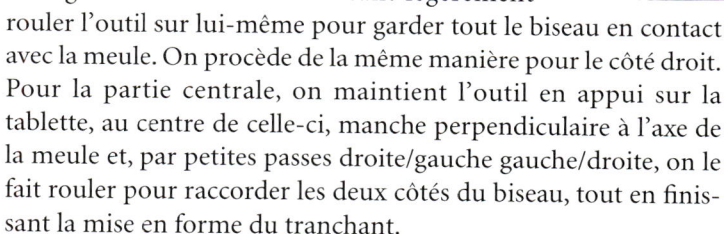

Fin de passe d'affûtage d'une gouge en U sur l'angle face/chant de la meule.

Gouge ronde

Au départ, le dos de la gouge est à plat sur la tablette d'appui, manche perpendiculaire à l'axe de la meule. On fait rouler l'outil à droite et à gauche en remontant sur le chant de la meule pour affûter les côtés du biseau. L'outil décolle alors de la tablette du touret, restant en appui seulement sur l'arête inférieure de celle-ci.

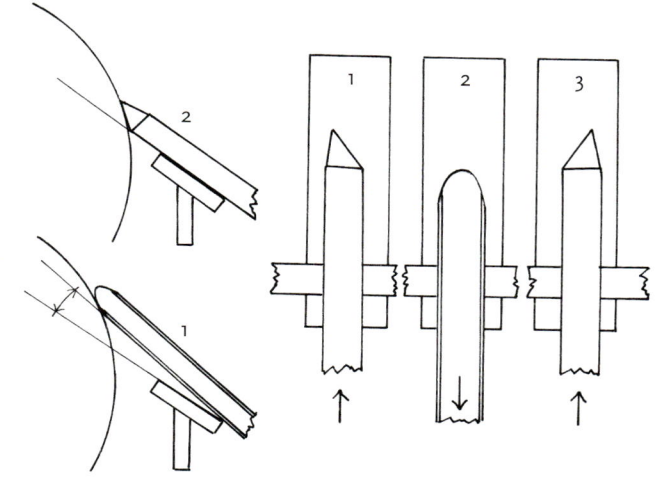

Affûtage de la gouge ronde sur le chant de la meule.

Au cours de l'affûtage, les passes doivent être lentes et régulières. La pression sur la meule est modérée : elle correspond à celle qu'on exerce sur un stylo-bille en écrivant. Lorsque les étincelles jaillissent sur la planche de l'outil, l'affûtage se termine.

Le démorfilage est effectué de la même façon que pour la gouge à dégrossir. Le polissoir lui donne un fini parfait.

Principes d'utilisation

Les règles d'utilisation énoncées à propos des gouges à dégrossir s'appliquent aux gouges à profiler. Destinées à profiler les détails d'une pièce avec précision, leur maniement doit être dosé avec un maximum de sensibilité. Le travail en bois de fil s'effectue toujours du grand diamètre vers le petit. Le corps accompagne le mouvement des bras qui restent le plus pliés possible.

Le premier travail est de se familiariser avec les courbes convexes et concaves. Il faut donc s'entraîner à exécuter des *tores*, jonction de deux quarts-de-rond, et des *gorges*, jonction de deux congés. Quart-de-rond et congé combinent toutes les formes de courbes quelles qu'elles soient.

D'une façon schématique, quand le profil à tourner est parallèle à l'axe de rotation, la gouge est pratiquement dos sur l'éventail. Quand le profil est perpendiculaire à l'axe de rotation, la gouge est chant sur l'éventail. Selon la courbe à obtenir, la position de l'outil varie entre le dos et le chant dans une rotation sur lui-même comprise entre 0 et 90°.

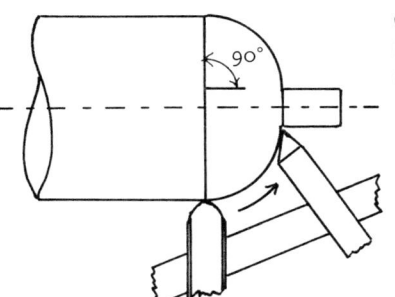

QUART-DE-ROND
Point de départ // axe pièce
Point d'arrivée ⊥ axe pièce

La gouge passe du dos au chant dans une rotation de 0 à 90°

Le manche monte et accompagne la forme du profil

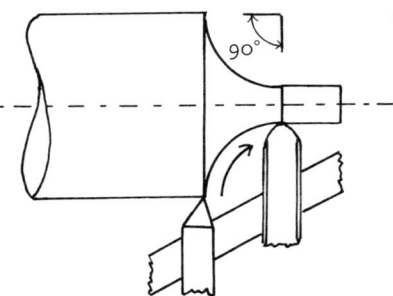

CONGÉ
Point de départ ⊥ axe pièce
Point d'arrivée // axe pièce

La gouge passe du chant au dos dans une rotation de 90 à 0°

Le manche descend et reste sensiblement ⊥ à l'axe de tournage

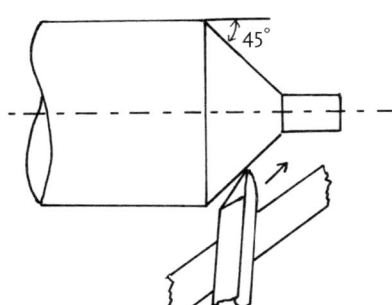

CHANFREIN
Points de départ et d'arrivée à 45° de l'axe pièce

La gouge reste entre dos et chant du début à la fin

Les positions de la gouge au cours du façonnage.

Les tores.

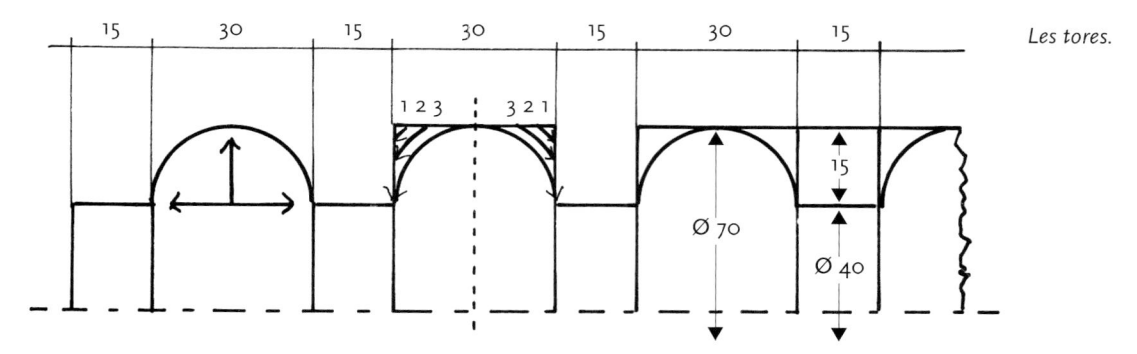

Exercices

Cylindre à tores

Le tore est un demi-cercle convexe parfait.

1. Mettez sur le tour une ébauche d'environ 200 x 70 mm.

2. Après cylindrage, tracez sur la pièce les repères de longueur des tores (30 mm) espacés de 15 mm. Le tore étant un demi-cercle, sa hauteur est de 15 mm.

3. Calibrez au bédane entre les repères de chaque futur tore des cannelures de 15 x 15 mm.

4. La conduite de la gouge en U et de la gouge ronde est la même. Posez l'outil dos sur l'éventail, en talonnant. Réglez l'angle d'attaque en relevant le manche.

5. Amorcez un mouvement de rotation de l'outil sur lui-même en descendant vers le fond de la cannelure et en levant le manche. À l'arrivée, la gouge est chant sur l'éventail.
   Pour garder le point de talonnage constant, faites suivre au biseau le profil que vous usinez : ceci implique que, dans le même temps, vous orientiez le manche de l'outil vers la droite pour un quart-de-rond à droite, et vers la gauche pour un quart-de-rond à gauche.

6. Faites des passes parallèles au profil à obtenir. La première arrondit seulement l'angle. La dernière part du milieu du tore et se prolonge jusqu'au fond de la cannelure.

Cylindre à gorges

La gorge est la figure inverse du tore : c'est un demi-cercle concave parfait.

1. Sur une ébauche cylindrée, marquez les repères de chaque gorge.

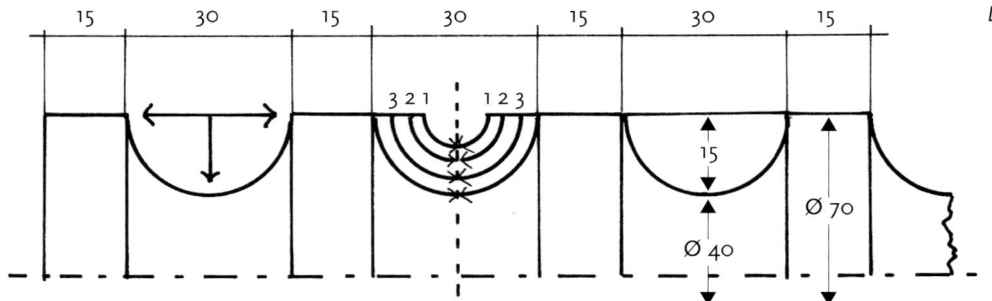

Les gorges.

2 Présentez l'outil perpendiculaire à l'axe de la pièce exactement sur le chant, manche relevé. Touchez le bois avec l'extrémité du tranchant en relevant un peu plus le manche. Vous marquez ainsi un sillon qui cale le biseau et l'empêche de reculer. Si la gouge n'est pas exactement sur le chant, au moment du contact, l'outil sera rejeté latéralement par effet de diagonale.

3 Sitôt le sillon tracé, descendez vers le fond en roulant l'outil sur lui-même dès le début de la progression. En même temps, baissez le manche pour garder le point de talonnage. À l'arrivée, c'est-à-dire au centre de la gorge, la gouge est dos sur l'éventail, son axe sensiblement perpendiculaire à celui de la pièce. Procédez par passes successives parallèles à la forme à obtenir, alternativement d'un côté puis de l'autre, les dernières partant des repères tracés.

Cylindre à cannelures mixtes

1 Vous pouvez préparer une ébauche sur laquelle vous alternez les tores et les gorges en les séparant par des petits plats qu'on appelle *listels*. Laissez un peu de place sur l'ébauche pour y faire deux ou trois cannelures en V.

2 Pour réaliser ces cannelures, démarrez avec la gouge manche un peu relevé, fer posé à 45° sur l'éventail, et gardez cet angle jusqu'au fond. Le copeau sort à droite de l'axe de l'outil sur le versant gauche et inversement. Si la cannelure est étroite, pour éviter que le bord de la gouge ne touche le versant opposé, relevez un peu plus le manche en arrivant au fond, talonnez très bas, angle de coupe fermé, et finissez outil sur chant. Seule l'extrémité du tranchant marquera l'angle séparant les deux versants.

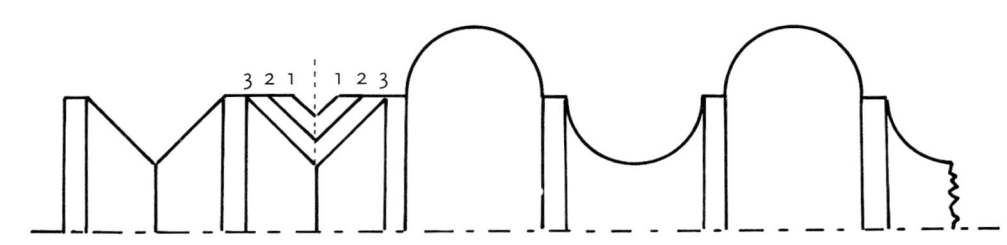

Exercices de profilages mixtes.

3 Enfin, pour rectifier le bois de bout sur les faces extrêmes perpendiculaires à l'axe de la pièce, sectionnez proprement la fibre ligneuse avec la gouge, tenue sur chant, talonnant très bas et plongeant vers l'axe.

Les planes

Description

Les planes sont des outils plats ou légèrement bombés de 10 à 30 mm de large à un tranchant et deux biseaux. Dos et planche se confondent donc. Il en existe de deux sortes :
- **Les planes traditionnelles** de section rectangulaire.
- **Les planes anglaises**, de plus en plus utilisées, dites *planes ovales*. Leur section est une ellipse très allongée.

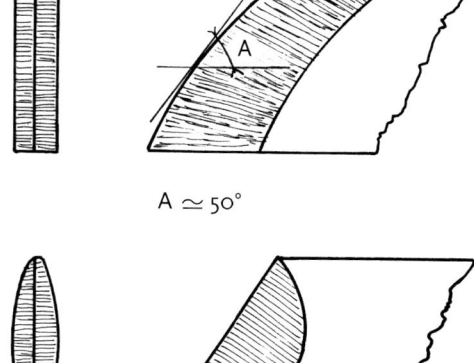

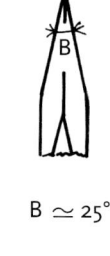

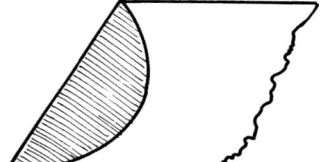

Le tranchant d'une plane est oblique, de 50 à 60° par rapport à l'axe de l'outil. Il est normalement rectiligne, parfois légèrement arrondi. L'angle de biseau est très fermé, de 20 à 25°. C'est un outil de coupe aux fonctions variées : avec son tranchant, la plane rectifie les surfaces et offre un fini qui rend le ponçage inutile. Avec les angles, surtout l'angle aigu, on peut sectionner, rectifier le bois de bout d'une surface perpendiculaire à l'axe de la pièce, tailler des cannelures en V étroites et profondes, approfondir et affiner la jonction de deux moulures convexes, marquer des sillons ou des angles rentrants le long d'un profil mouluré, etc. Certains s'en servent pour exécuter des moulures convexes.

A ≃ 50°

B ≃ 25°

Plane plate et plane bombée.

Affûtage

La tablette du touret est réglée à l'angle voulu. On appuie chaque face à tour de rôle pour obtenir des biseaux symétriques. Il suffit de faire aller et venir l'outil sur la table, index gauche sous la table, pouce gauche sur l'outil, la main droite guidant le manche. Le tranchant oblique doit rester parallèle à l'axe de la meule. Lorsque les étincelles jaillissent au-dessus du biseau, l'affûtage se termine. Les dernières passes sont très peu appuyées pour éviter de brûler le métal fragilisé par sa faible épaisseur. Il est très recommandé de posséder une plane en acier rapide. Le tranchant fin et l'angle aigu, très sollicités, demandent des affûtages trop fréquents avec un outil en acier fondu. Le démorfilage et le polissage éventuels n'appellent pas de remarques particulières.

L'outillage

Principes d'utilisation

Le tranchant

L'opération de planage demande concentration et précision pour être menée à bien sur une longue surface. Elle a pour but de rectifier la surface d'un cylindre droit, convexe ou concave si le creux a un grand rayon. Elle sert aussi, surtout chez les Anglo-Saxons, à profiler des quarts-de-rond et des tores.

Pour planer, l'éventail est placé assez haut pour que l'outil travaille dans le secteur 4 du cylindre. La plane est posée biseau contre le bois. Son tranchant oblique lui donne l'angle de glisse

Les passes de plane sont très légères.

favorable pour couper la fibre en biais confortablement, c'est-à-dire en gardant les bras pliés et l'outil près du corps. En soulevant légèrement le manche, on trouve l'angle d'attaque convenable. La plane glisse sur l'éventail, posée sur son arête. La **plane bombée** présentant une arête arrondie facilite le travail. La **plane rectangulaire**, avec son arête angulaire, bute parfois sur les irrégularités de l'éventail. Un léger copeau se dégage pendant la progression dans un bruit feutré, sans à-coups. La difficulté est de bien doser l'angle d'attaque. La fourchette d'ouverture est très faible et la moindre erreur fait basculer l'outil brutalement ce qui crée de gros dommages sur la pièce. Bien menée, en caressant le bois dans le sens du fil, la plane laisse une surface parfaitement lisse. La conduite de la plane pour exécuter un tore ou un quart-de-rond est tout à fait comparable à celle du bédane tenu biseau vers le haut. Sa maîtrise demande alors beaucoup de pratique.

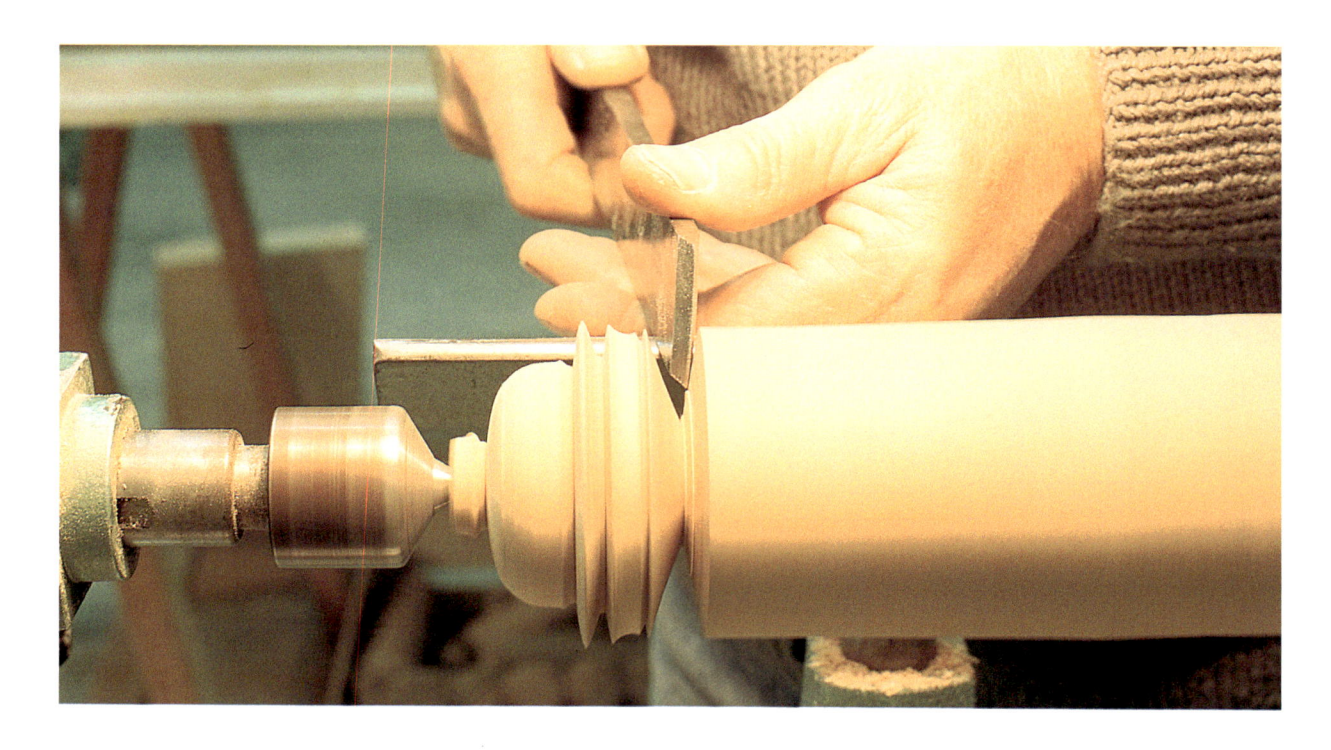

Les angles

Dans l'utilisation de ses angles, la plane se manie posée sur le chant, en appui sur l'éventail réglé au niveau habituel (attaque du bois dans le secteur 2 ou 3 du cylindre). On utilise de préférence l'angle aigu. En effet, vu de dessus, l'angle aigu apparaît en avant de l'angle obtus, qui le surplombe, et reste bien visible.

Pour ouvrir une cannelure en V, l'outil est légèrement incliné sur la gauche pour le versant gauche, et inversement. L'outil plonge vers l'axe en levant le manche. C'est la pointe de la plane et une très faible partie du tranchant qui sectionnent le bois, la partie correspondante du biseau talonnant sur le bois. Tout le reste du biseau est légèrement décollé du bois, tout en restant le plus près possible de lui. Les passes doivent se limiter à des couches fines.

Seule la plane permet de réaliser des angles rentrants raccordant deux moulures très rapprochées et très profondes où aucun autre outil ne peut pénétrer. De plus, elle laisse la surface tranchée parfaitement lisse. On s'en sert aussi pour faire de petits sillons décoratifs en grains d'orge ou des saignées qu'on brûle parfois avec un fil de fer tendu à l'intérieur.

Lorsqu'une pièce est terminée et poncée, on précise l'angle rentrant qui sépare deux moulures en y présentant en bissectrice l'angle aigu de la plane. D'un geste bref et peu appuyé, on crée une séparation bien nette.

Enfin, la plane peut remplacer le tronquoir pour couper une pièce sur le tour en creusant un sillon par passes droites et

C'est l'épaisseur de l'angle de biseau de la plane qui donne à la pointe sa limite de profondeur de pénétration. Ici descente du versant gauche de la cannelure.

gauches. La plane dresse parfaitement les surfaces perpendiculaires à l'axe, donc en bois de bout, dans un travail quelconque entre pointes. Elle fait là le même travail que le bédane présenté sur chant.

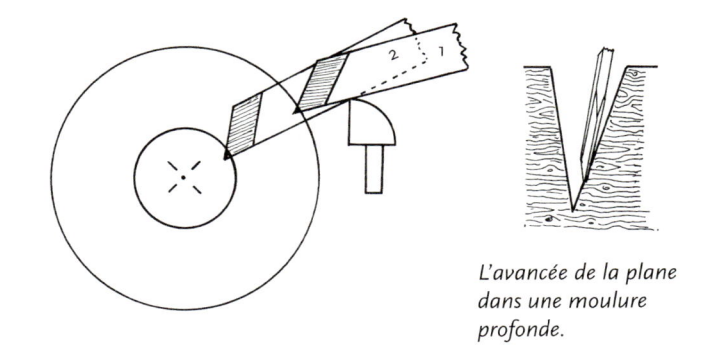

L'avancée de la plane dans une moulure profonde.

Les ciseaux

Description

Les ciseaux sont des outils plats, de section rectangulaire, dont le tranchant peut avoir toutes sortes de formes. Ils possèdent un biseau et sont destinés à racler le bois, non à le couper. Il y a quelques années, on ne trouvait que des ciseaux à tranchant droit que chaque tourneur façonnait à son goût. Aujourd'hui, les fournisseurs proposent différentes formes, mais il n'est pas rare d'avoir à en créer pour un travail particulier. Le ciseau n'est pas destiné à usiner des profils. Sa fonction essentielle est de rectifier les surfaces ou d'achever des profilages ; on s'en sert aussi pour creuser quand les autres outils ne conviennent pas. Huit ciseaux suffisent pour assurer pratiquement tous les travaux courants.

Cette panoplie de ciseaux couvre l'essentiel des besoins.
1. *quart-de-rond droit*
2. *quart-de-rond gauche*
3. *doigt droit*
4. *doigt gauche*
5. *grain d'orge*
6. *demi-rond large*
7. *demi-rond étroit*
8. *demi-rond*
9. *contre coudé*
10. *quart-de-rond échancré*
11. *rond échancré*

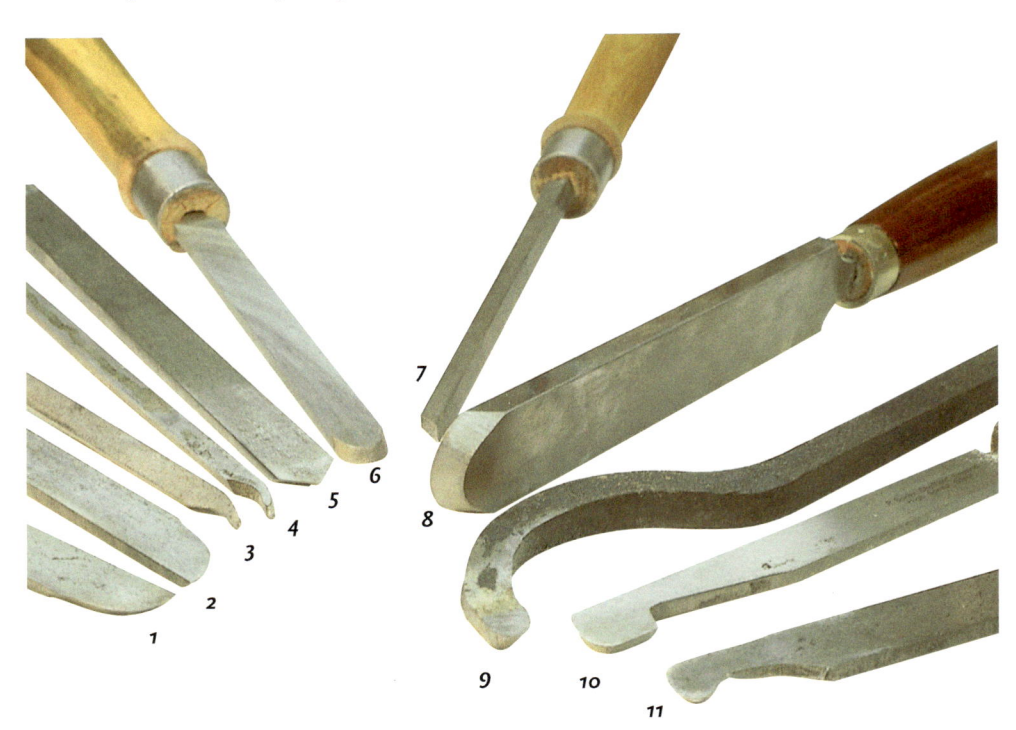

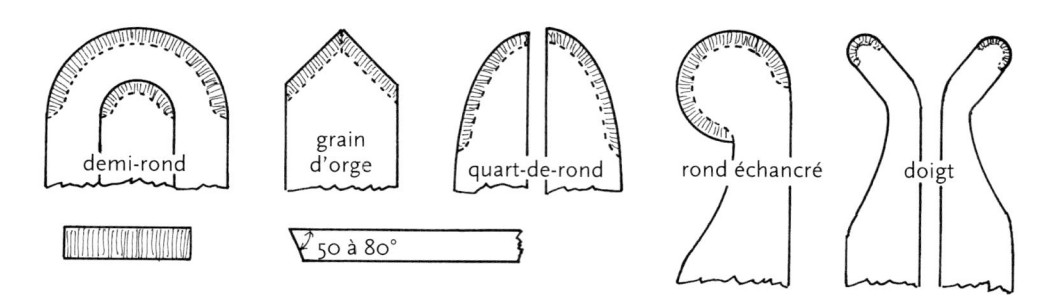

La forme des ciseaux les plus courants.

Les ciseaux demi-ronds

Un large et un étroit (20 et 40 mm par exemple) s'adaptent à toutes les courbes concaves, de la jonction du fond et des bords d'une boîte jusqu'à l'intérieur d'un grand saladier.

Le grain d'orge

De 20 à 30 mm de large, le grain d'orge présente un tranchant en V qui permet de dresser facilement, sans déplier le bras, les surfaces parallèles ou perpendiculaires à l'axe de rotation, droites ou en courbes convexes. Il ne faut pas confondre cet outil avec le bédane anglais qui présente deux biseaux opposés en V et que l'on appelle aussi fréquemment qu'improprement grain d'orge.

Les ciseaux quarts-de-rond

Il convient d'en posséder un gauche et un droit, de 20 à 25 mm de large. Ils sont adaptés aux profils courbes concaves. L'appellation quart-de-rond n'est pas tout à fait juste, car le rayon de courbure n'est pas constant. Le rayon, court au départ d'un des chants, augmente au fur et à mesure qu'on approche du chant opposé. Ainsi façonné, il s'adapte aux courbes de rayons variés. Le tranchant, au départ perpendiculaire au chant, permet de commencer une passe au ras d'une moulure saillante. Les ciseaux quarts-de-rond du commerce ont en général un rayon de courbure constant qu'il est facile de rectifier pour les améliorer.

Le ciseau rond échancré

Aux trois quarts rond, il est prévu pour travailler surtout latéralement. Sa forme lui permet de rectifier des parties inaccessibles aux autres outils telles que le retour de la forme intérieure concave d'un objet creux dont l'ouverture est plus étroite que le diamètre intérieur.

Exemple d'utilisation combinée d'un ciseau rond échancré et d'un ciseau demi-rond.

L'outillage

Les ciseaux doigts

On façonne soi-même un gauche et un droit dans des ciseaux de 20 mm. Ils sont complémentaires du ciseau rond échancré. Leur petit tranchant demi-rond et coudé par rapport à l'axe de l'outil leur permet d'accéder à des zones difficiles, comme la partie concave d'un collet en gouttière.

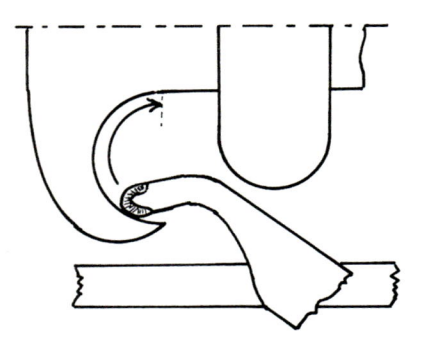

Exemple d'utilisation d'un ciseau doigt.

Affûtage

L'angle de biseau d'un ciseau est très ouvert : de 50 à 80°. Bien en appui sur la table, l'affûtage est assez facile pour les ciseaux demi-ronds ou les grains d'orge, plus difficile pour certaines formes de tranchants. On utilise alors la meule assiette, une lime, un tiers-point ou des fraises montées sur flexible. L'affûtage est facilité lorsqu'on dispose d'une tablette de touret bien dimensionnée.
Certains tourneurs qui travaillent avec des ciseaux en acier rapide les laissent bruts de meule mais le plus souvent, on démorfile le tranchant. Parfois, on retourne le fil, bien que l'acier HSS de haute qualité ne rende pas cette opération indispensable. Les ciseaux en acier fondu en revanche sont plus performants avec un fil retourné, comme le font les ébénistes avec les fers de toupie. Le démorfilage terminé par un dernier coup de pierre sur la planche, on retourne le fil avec un affiloir. C'est un outil de section triangulaire comme un tiers-point, lisse et en acier très dur. Le ciseau est immobilisé entre les mordaches d'un étau, et l'affiloir présenté contre le biseau. On décolle l'affiloir de quelques degrés (2 à 5°) et on le tire tout le long du tranchant, très régulièrement, en l'appuyant fortement.
Les ciseaux étroits sont parfois façonnés dans de vieux bédanes pour offrir plus de rigidité. Leur faible largeur est compensée par une plus grande hauteur. S'ils doivent être très étroits, on part d'un bédane plus large dont on meule seulement l'extrémité à la largeur voulue.
On trouve maintenant des ciseaux à pastilles interchangeables. De différentes formes, ces pastilles se vissent au bout du segment porteur avec une vis Allen. Un seul segment emmanché sert ainsi à plusieurs utilisations. Outre l'économie, le système offre l'avantage de pouvoir orienter à volonté la pastille par rapport au segment porteur et au profil à rectifier.

Ne jamais utiliser de vieilles limes pour fabriquer des ciseaux : l'acier est trop cassant.

Principes d'utilisation

Le ciseau travaille à la même hauteur que les autres outils. Il est présenté sur l'éventail biseau vers le bas, manche horizontal ou légèrement relevé, jamais baissé. Il travaille à plat, en passes

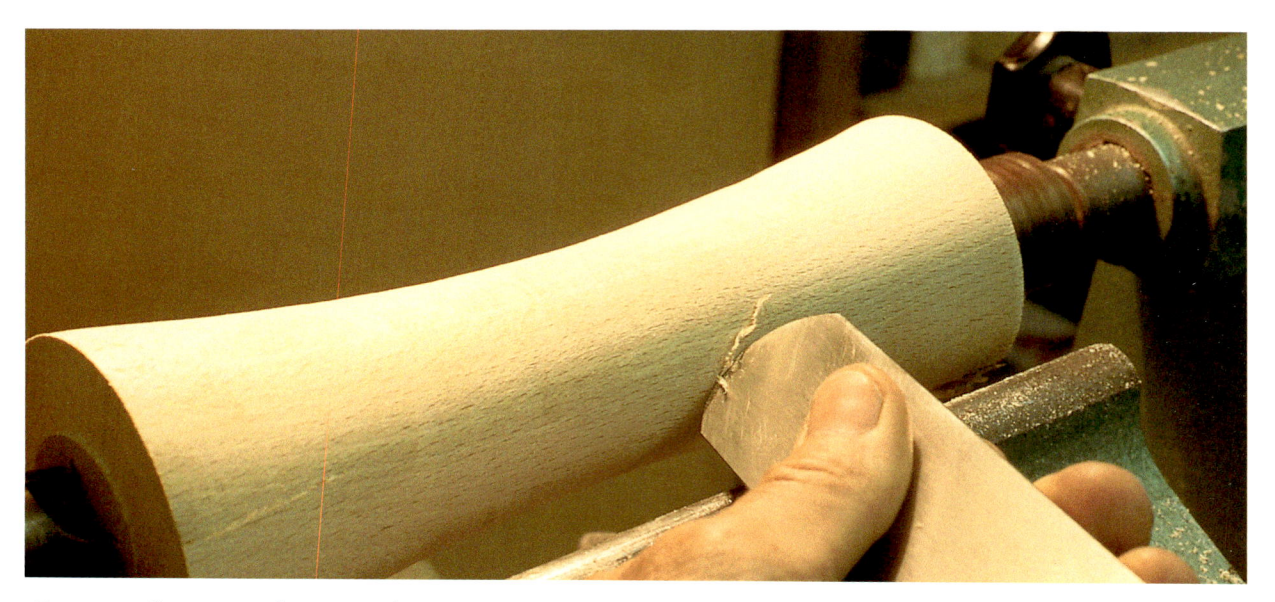

Ciseau travaillant en shear-scraping.

légères à droite ou à gauche, en fil aussi bien qu'en contre-fil, dégageant un copeau en duvet. Il ne coupe pas mais racle le bois, comme le fait un racloir d'ébéniste. Son manche long, calé sous l'avant-bras ou tenu par son extrémité permet d'éviter les embardées vers le bas lorsque la prise de copeau est trop appuyée ou que la distance tranchant/éventail est importante.

Une technique que les Anglo-Saxons appellent le *shear-scraping*, consiste à appuyer le ciseau non pas à plat sur l'éventail, mais sur son arête dos/chant. Le tranchant se présente donc en biais par rapport au fil du bois, créant un angle de glisse qu'on peut faire varier à volonté. Cette technique améliore le travail de l'outil et se révèle assez performante dans le raclage des bois difficiles.

Travaux courants

Le dessin coté. La terminologie des profils
Le dessin de la forme

Avant d'envisager la création artistique libre, il est utile, pour ne pas dire indispensable, de connaître les bases du dessin classique dont les critères nous ont été transmis de génération en génération. Un certain nombre de moulures et de profils existent, dont les formes et les combinaisons se sont peu à peu codifiées à partir du Moyen Âge. Ils sont à l'origine des meubles et des objets fonctionnels ou décoratifs qui se sont intégrés dans notre environnement quotidien. De nombreux livres décrivent l'appareillage de ces diverses formes. Leur évolution au cours des siècles a déterminé le *style classique*. Tout comme les autres méthodes de transformation du bois, le tournage a suivi cette évolution. Lorsqu'on aborde cette discipline, il est nécessaire de se familiariser avec ce que les Anciens nous ont légué et de s'exercer à reproduire ce qu'ils firent avant nous.

À moins de travailler intuitivement, créer la forme d'une pièce demande un dessin préalable quelle qu'en soit l'inspiration. L'axe de symétrie de la pièce est le point de départ du schéma. Les différents profils déterminent ensuite le volume autour de cet axe. On peut alors en étudier l'équilibre, le rapport des formes et les corriger. L'adjonction d'ombres donne une meilleure idée de la réalité. La meilleure

Un dessin ombré, en suggérant la pièce dans l'espace, donne la notion de volume.

Le tournage entre pointes

façon d'apprendre à les matérialiser est de poser devant soi un objet, en veillant à ce que la source de lumière soit latérale et en hauteur. On observe alors les parties qui reçoivent la lumière et, à l'opposé, celles qui restent dans l'ombre. On remarque les zones plus ou moins éclairées et la projection des ombres des parties saillantes sur le reste de la pièce. Au crayon, on reporte sur le papier ce que l'œil perçoit en nuançant les dégradés avec un fusain. L'impression de relief ainsi créée permet de visualiser l'objet en trois dimensions.

Le débutant a souvent tendance à dessiner des juxtapositions de moulures présentant des différences de diamètre importantes. Sur le papier, la pièce paraît élégante. À la réalisation, ces différences sont flagrantes : la pièce manque d'équilibre. Les petits diamètres le sont généralement trop par rapport aux grands, la ligne est étriquée. La pratique alliée à la recherche constante de l'esthétique, l'observation attentive des pièces tournées par des professionnels, la lecture de livres ou de revues d'art permettent d'acquérir petit à petit le sens des proportions et des formes.

Le plan de travail

Dès qu'elle comporte quelques moulures, et à plus forte raison si son profil est très varié, la pièce nécessite un plan de travail pour son exécution. La présentation du plan est soumise à quelques règles simples et logiques, auxquelles il convient de se conformer pour le lire facilement et éviter les erreurs d'interprétation.

Une pièce simple ne demande pas un dessin à l'échelle. Une esquisse qui indique les dimensions suffit. En revanche, pour une pièce compliquée, il est pratiquement indispensable de le faire. Une vue globale, précise, à une échelle quelconque pourvu qu'elle soit lisible, en améliore la perception visuelle et facilite donc l'exécution du travail.

Présentation du plan de travail (pied de table basse Louis XVI).

Le plan de travail présente la pièce telle qu'elle sera sur le tour et d'un seul côté puisque l'axe de rotation est également l'axe de symétrie.

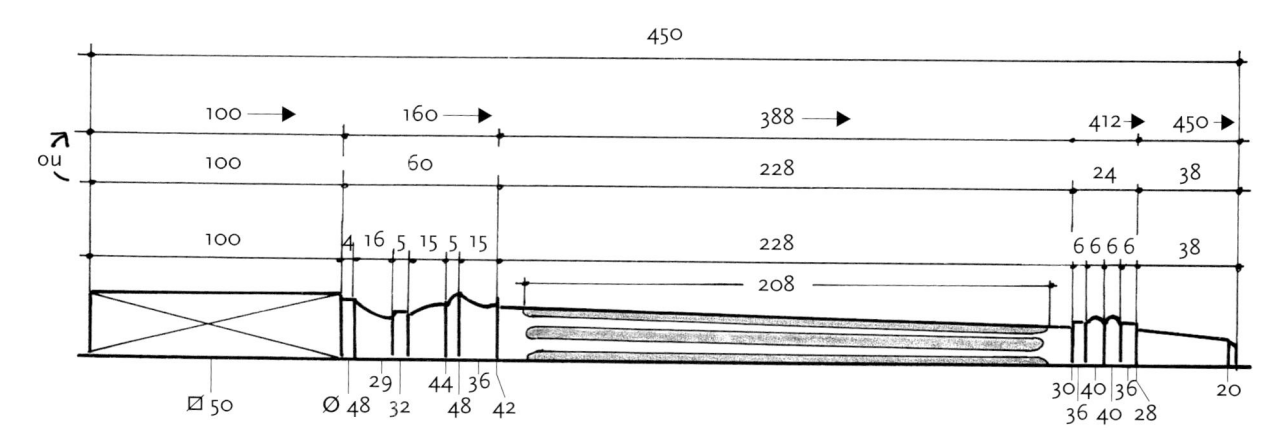

Travaux courants

1. Dessinez la partie destinée à être saisie côté poupée fixe, logiquement la partie la plus lourde, toujours à gauche. L'extrémité droite correspond à la contre-pointe.

2. Dessinez le profil de la pièce (en principe au-dessus de l'axe). Raccordez à l'axe de symétrie chaque angle, rentrant ou saillant, marquant le changement de moulure.

3. Au-dessus du profil de la pièce, parallèlement à son axe, tracez une première ligne portant tous les points de changement de moulures raccordés au profil de la pièce par un trait vertical. La distance entre deux points est toujours indiquée en millimètres, le millimètre étant l'unité de mesure en tournage.

4. Si la pièce est simple, tracez une deuxième ligne portant la longueur totale au-dessus de la première. Si la pièce est plus compliquée, divisez la deuxième ligne en plusieurs secteurs couvrant chacun un groupe de moulures.

5. Prévoyez éventuellement une troisième ligne pour indiquer les mesures cumulées à l'extrémité de chaque secteur. Cette cotation s'accompagne d'une flèche qui indique le point de cumul. Enfin, une dernière ligne précise la longueur totale.

6. Inscrivez les diamètres sous l'axe de symétrie par une flèche aux endroits où il est nécessaire de les connaître : aux changements de moulures, là où ils sont les plus petits et les plus grands, et en certains points repères d'une courbe combinée (celle d'une doucine, d'une scotie, d'un pilon ou d'une flamme, par exemple). Dans ce cas, il est nécessaire de coter le point de la longueur où le diamètre est donné. Quand les cotes de diamètre sont trop rapprochées, décalez-les l'une par rapport à l'autre.

7. Indiquez les parties laissées carrées (socle d'une pièce, masse carrée d'un pied) par deux diagonales ou par un carré traversé d'une diagonale devant la cote millimétrée.

Lorsqu'un détail ne porte pas de cote sur un plan de travail, elle est laissée à l'appréciation personnelle.

Ce système de cotation réduit au maximum les risques d'erreurs. Il peut être aménagé en fonction de la pièce à réaliser si d'autres mesures sont nécessaires (voir page 153).

Pour travailler avec une meilleure visibilité, il est conseillé de placer derrière la pièce une planche de contreplaqué recouverte d'une feuille de bristol de couleur contrastée pour que la pièce se détache bien. On accroche le plan de travail avec une pince sur ce contreplaqué, face au regard.

Le tournage entre pointes

Les principaux profils

Il est indispensable au tourneur professionnel d'en connaître le nom et la forme, comme il est intéressant pour lui de connaître les différents styles de mobilier et, bien entendu, les applications du tournage à travers ces styles. Des siècles de tournage ont standardisé ces profils que l'on retrouve constamment dans les pièces classiques. Sur ces pièces, les moulures sont en contraste et l'ensemble du profilage souvent tourmenté (style Henry II par exemple). Leur réalisation demande une bonne maîtrise de tous les outils et constitue le meilleur des entraînements.

Les différents profils classiques.

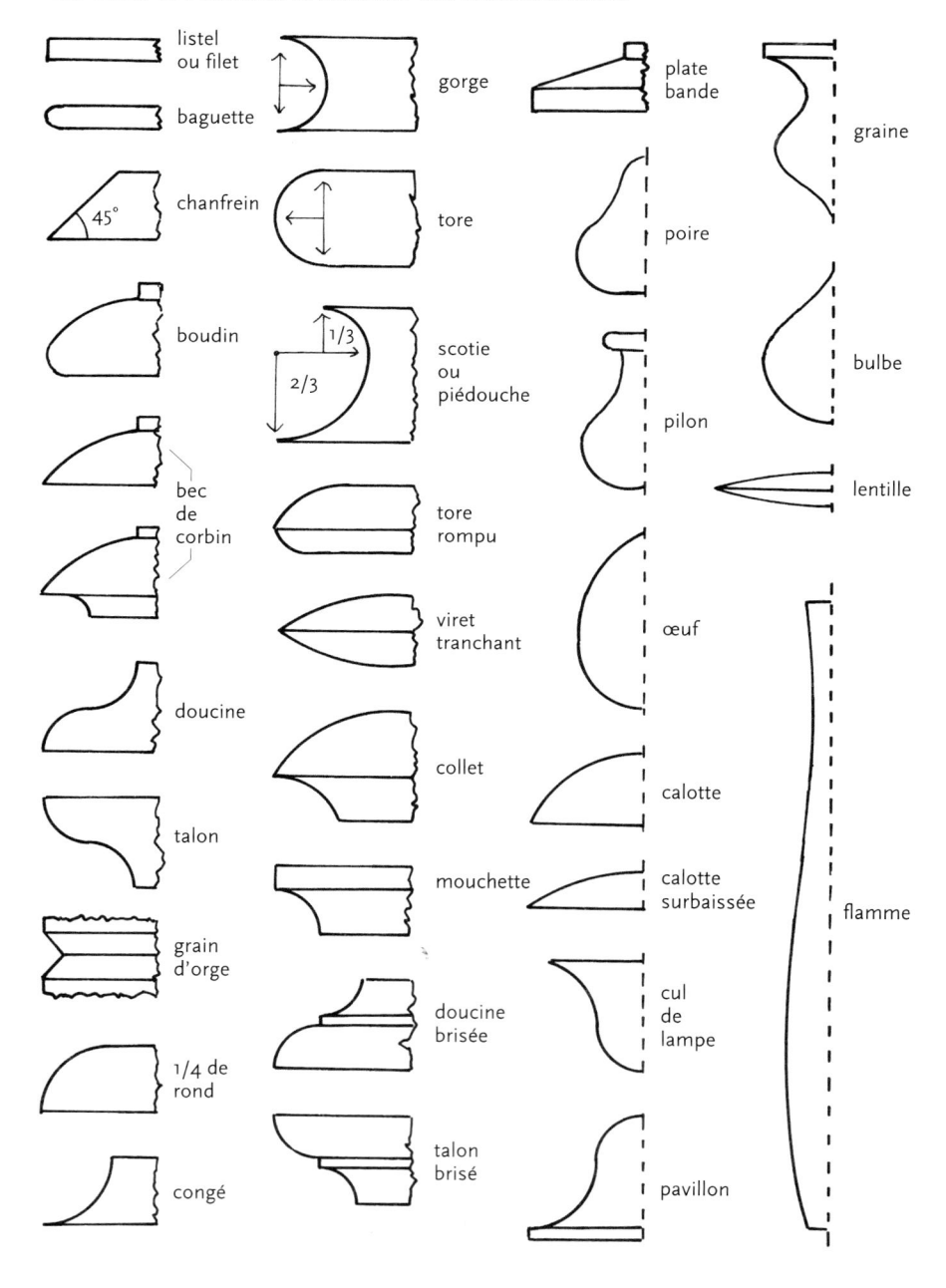

- listel ou filet
- baguette
- gorge
- plate bande
- graine
- chanfrein 45°
- tore
- poire
- boudin
- scotie ou piédouche
- pilon
- bulbe
- bec de corbin
- tore rompu
- lentille
- viret tranchant
- œuf
- doucine
- collet
- calotte
- talon
- mouchette
- calotte surbaissée
- grain d'orge
- doucine brisée
- cul de lampe
- 1/4 de rond
- talon brisé
- flamme
- congé
- pavillon

Travaux courants

Le nombre d'or et ses applications en tournage sur bois est expliqué plus précisément dans notre ouvrage L'Art du tournage sur bois, *paru dans la même collection, Eyrolles, 2001.*

Les formes contemporaines, très dépouillées, résultent plutôt de subtiles combinaisons de courbes et de droites. Leur simplicité n'est qu'apparente. Comme les pièces traditionnelles, elles obéissent à des règles et exigent une parfaite rigueur d'exécution. Dans ce sens, la connaissance du tournage classique en facilite considérablement la maîtrise.

Pour dessiner un balustre, une quille, un chandelier, un pied de lampe, un vase, on recourt souvent à la règle des trois cinquièmes issue du nombre d'or.

Dans l'organisation d'un profil, il faut éviter les disproportions : on accorde les listels aux gorges et aux tores qu'ils encadrent. Une baguette (petit tore) souligne volontiers l'embouchure ou la ceinture d'une coupelle. Le pied en scotie d'un vase Renaissance se marie avec la doucine de la vasque, etc. On essaie de respecter une unité de forme et d'observer comment telles moulures placées à tels endroits peuvent préparer un élancement ou rompre l'uniformité d'une ligne dépouillée. Bien entendu, il n'est rien de plus subjectif que le goût, et la notion d'esthétique fait l'objet de toutes les interprétations.

Exemple de composition classique (Gérard Bidou).

Exercices d'entraînement

Nous avons présenté le fonctionnement des outils, leurs différents emplois, leur maniement et leurs risques. Le débutant peut désormais exécuter ses premières pièces. Celles-ci doivent rester simples, mais préfigurer les situations qu'il rencontrera à l'avenir. Ici comme ailleurs, brûler les étapes ne peut en définitive que retarder la progression. Rigueur et précision sont parmi les premières qualités d'un tourneur. Il est indispensable d'apprendre à maîtriser parfaitement chaque geste de base, et à travailler à la cote, c'est-à-dire en respectant non seulement les formes mais aussi les dimensions imposées par le plan. La vitesse d'exécution n'importe pas, seule la justesse compte.

Balustre-pilon

1 Coupez l'ébauche avec une marge de sécurité de 20 mm environ côté griffe, 10 mm côté contre-pointe. Réglez la vitesse du tour à 1 500 tr/min.

Le tournage entre pointes

Plan coté du balustre-pilon.

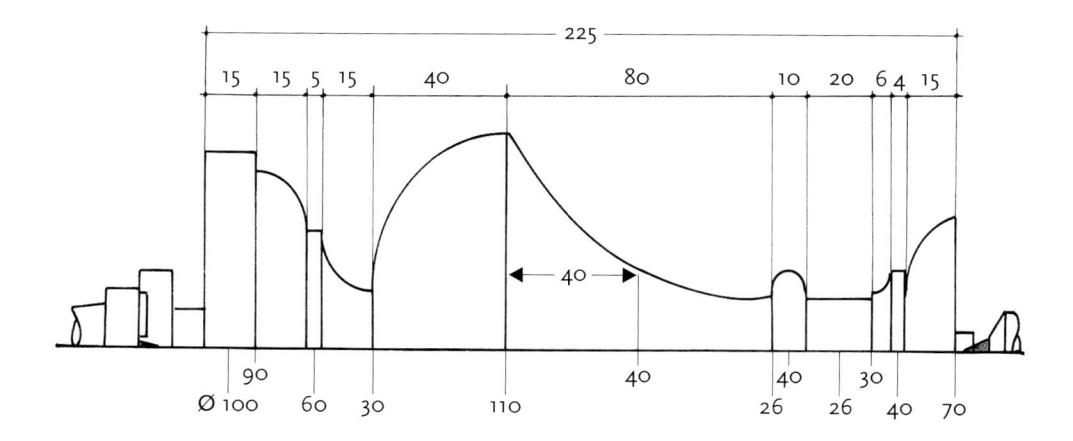

2 Cylindrez l'ébauche jusqu'à son diamètre maximal, 110 mm. Lors de l'usinage, on laisse un demi-millimètre de plus que le diamètre définitif. Cette surdimension disparaît à la rectification et au ponçage. Le cylindre calibré au diamètre maximal de la pièce est dit *cylindre capable*.

3 Tracez au crayon les extrémités de la pièce et son diamètre maximal à la jonction des courbes concaves et convexes du pilon.

4 Au bédane, calibrez le secteur 1 à un diamètre de 70 mm. Tracez la limite du quart-de-rond supérieur (15 mm de l'extrémité), puis calibrez le secteur 2 à 40 mm de diamètre. Même chose pour le secteur 3, limité par la baguette et le congé, à 26 mm de diamètre. Ces calibrages vous donnent des repères : avec une gouge à profiler de 6 ou 8 mm, il suffit de façonner les secteurs 4 : quart-de-rond, congé, courbe concave du pilon en utilisant le repère intermédiaire et enfin, baguette. La jonction entre le quart-de-rond et le listel en haut de la pièce nécessite l'utilisation de la plane.

5 Suivez la même procédure pour exécuter la partie antérieure : calibrage au bédane du secteur 5, du 6, puis du 7. Au cours de cette opération, veillez à ne pas entamer le bois qui constituera la partie inférieure convexe du pilon.

6 Les calibrages terminés, façonnez les secteurs courbes 8 et 9 à la gouge à profiler, les quarts-de-rond d'abord, le congé ensuite.

7 Calibrez les extrémités 10 et 11 en dernier. Il est possible de sectionner sur le tour (comme on le verra plus loin), mais pour l'instant, contentez-vous de réduire à 10 mm de diamètre et de couper les surlongueurs au ciseau de menuisier, hors tour.

8 Avant de sectionner la pièce, rectifiez les faces extrêmes, bédane ou gouge sur chant, pour laisser une surface coupée et propre. Côté base, la surface est rectifiée légèrement concave. Cela s'appelle *dégraisser* ou *donner du maigre*. Ainsi, la pièce debout portera sur sa périphérie en lui assurant la meilleure stabilité.

Processus chronologique de l'usinage : calibrages, puis profilages.

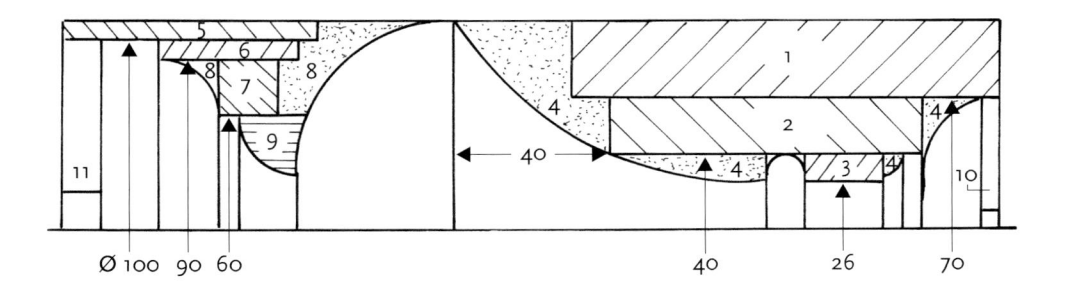

Le processus d'usinage qui vient d'être décrit, en respectant une progression chronologique méthodique, permet d'éviter les tâtonnements, les erreurs et les pertes de temps. Il est applicable, dans son esprit, à n'importe quelle pièce tournée.

Rouleau à pâtisserie

Les dimensions sont laissées à l'appréciation de chacun, ce qui permettra de juger si les cotes choisies correspondent à ce que l'on voulait obtenir. Seul est indiqué l'emplacement où les cotes doivent figurer.

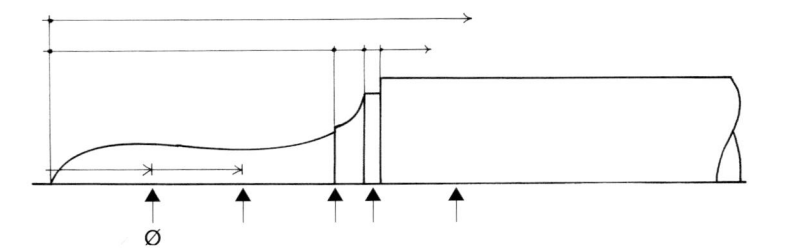

Rouleau à pâtisserie.

Cylindrez l'ébauche au cylindre capable à 1 200 tr/min pour une pièce de 400 mm de long par 70 mm de diamètre. Le processus d'exécution est le même que pour le balustre-pilon. Le rouleau proprement dit est un bon exercice de planage. Les deux poignées, identiques, sont façonnées en même temps. Efforcez-vous de visualiser leur profil tout au long de votre travail.

Colonnette à profil sinusoïdal

L'observation du plan en haut de la page suivante montre qu'il s'agit d'un enchaînement de doucines. Apparemment facile à réaliser, la pièce demande cependant une logique de travail que la figure de la page suivante permet de comprendre.

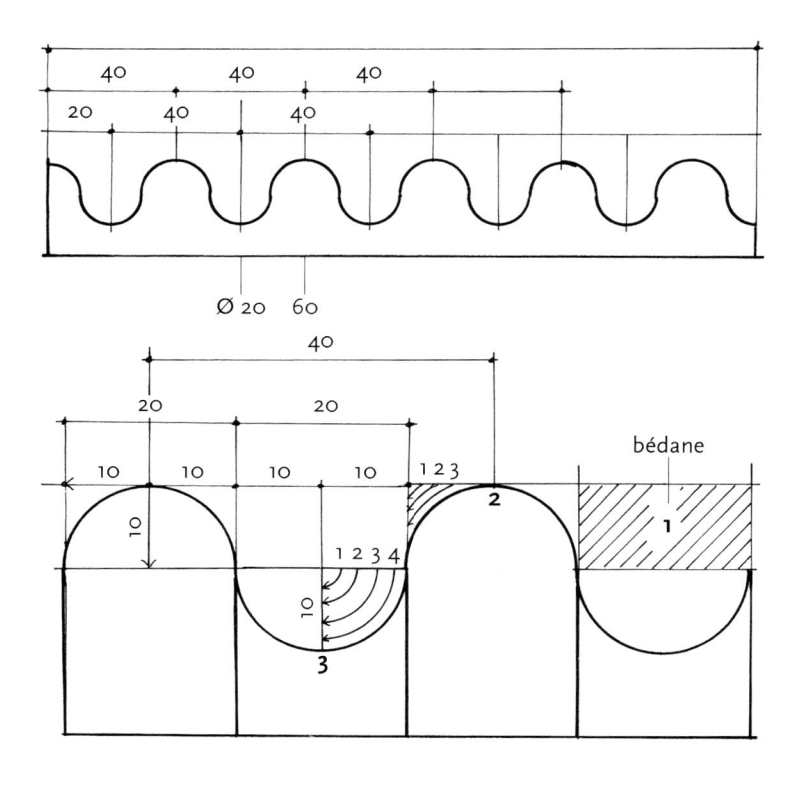

Décomposition de la procédure du façonnage de la colonnette sinusoïdale.

1. Taillez d'abord au bédane les parties creuses en cannelures droites, à la profondeur correspondant au point de jonction courbe/contre-courbe.
2. Puis façonnez les parties saillantes, qui sont des tores, à la gouge à profiler ou éventuellement au bédane, biseau vers le haut.
3. Les parties saillantes dégagées au maximum, vous pouvez exécuter les gorges. Le passage de la courbe convexe à la courbe concave ne doit pas être perceptible mais parfaitement enchaîné.

Balustres à doucines opposées

L'appréciation de la forme juste est une habitude que le tourneur néophyte se doit d'acquérir. Lors du façonnage d'un tore, ou d'une gorge, il lui faut visualiser le profil en parfait demi-cercle qu'il cherche à obtenir. Tout au long du travail, la forme exacte mobilise l'esprit qui transmet alors à la main l'ordre de la transposer sur l'ébauche en rotation.

Il existe diverses façons de tracer le profil d'une doucine, mais on doit pouvoir réaliser cette figure courante de façon harmonieuse et sans dessin préalable. Pour s'y habituer, voici une méthode :

Travaux courants

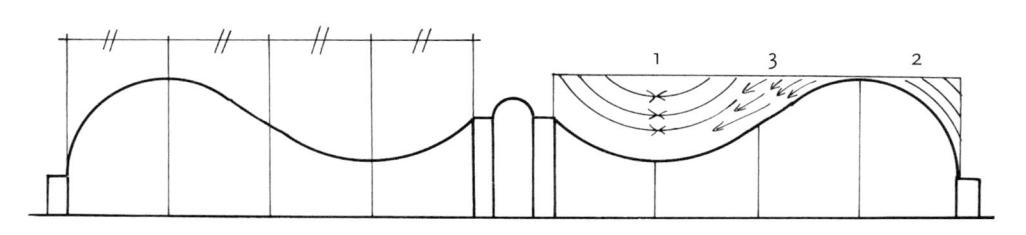

Création d'une doucine à partir de cinq repères équidistants.

1. Calibrez les deux extrémités du segment contenant la doucine aux cotes prévues.

2. Calibrez le cylindre capable, puis divisez-le au crayon en quatre secteurs égaux. Le premier trait centre la partie convexe, le deuxième le changement de courbe, le troisième centre la partie concave.

3. Le travail commence par le profilage de la gorge, là où il y a le plus de bois à enlever.

4. La deuxième phase concerne le profilage du tore.

5. Au cours de la troisième phase, vous raccordez au niveau du trait central le tore et la gorge en les affinant et en coordonnant petit à petit l'ensemble courbe/contre-courbe. Surveillez le développement du travail et restez critique. L'inversion du sens de la courbe, parfaitement homogène, enchaîne convexe et concave sans à-coups ni discontinuité. Avec la gouge à profiler et un tranchant bien affûté, effectuez les dernières passes en veillant à prendre le minimum de bois en talonnant davantage. S'il reste quelques petites cannelures, vous pouvez les éliminer au ciseau quart-de-rond ou demi-rond. La difficulté réside dans la similitude des deux doucines opposées, mais ce travail est un bon entraînement à la construction des courbes.

Corolles

La corolle est une moulure en saillie comportant une face intérieure concave et une face extérieure convexe qui, en général, lui est parallèle. Elle décore souvent le haut d'un chandelier auquel

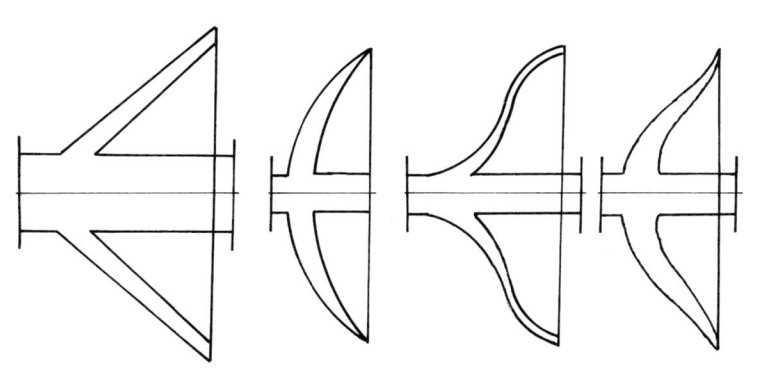

Quelques exemples de corolles.

elle sert de bobèche, le fût d'un balustre mince, un champignon dont elle constitue la volve, etc.

Vue en section, la corolle se présente sous la forme d'une cuvette à bord en V, en arc de cercle, en doucine, etc. La technique de réalisation est particulière car elle nécessite l'utilisation de la gouge à profiler dans une position moins habituelle. Il faut d'abord laisser un peu de place entre la partie concave de la corolle et la moulure qui lui fait suite afin de pouvoir manœuvrer l'outil.

1. Les dimensions étant fixées, circonscrivez au bédane le volume de la corolle, puis installez l'éventail face à la partie à creuser, c'est-à-dire perpendiculairement à l'axe de la pièce. Réglez la hauteur de façon que l'outil travaille au niveau de cet axe.

2. Avec la gouge à profiler de 6 mm, creusez d'abord en tenant l'outil sur le chant et en talonnant presque complètement. La gouge dégage un fin copeau. Cette position ne permet pas de dépasser une certaine profondeur. Pour continuer, il faut donc inverser le sens de progression :
   - ▶ L'outil va travailler du petit diamètre vers le grand, c'est-à-dire à l'inverse de la méthode habituelle : l'hérésie n'est qu'apparente, comme on le verra dans la section de ce chapitre consacrée au travail en bois de bout (voir p. 92).
   - ▶ La gouge va travailler en traction alors qu'elle progresse habituellement en poussée. Il est des cas comme celui-ci où en effet, compte tenu du profil, il est impossible d'utiliser la gouge en position normale. La manœuvre en traction permet de pallier ce type de problème.

Évidage en tirant la gouge.

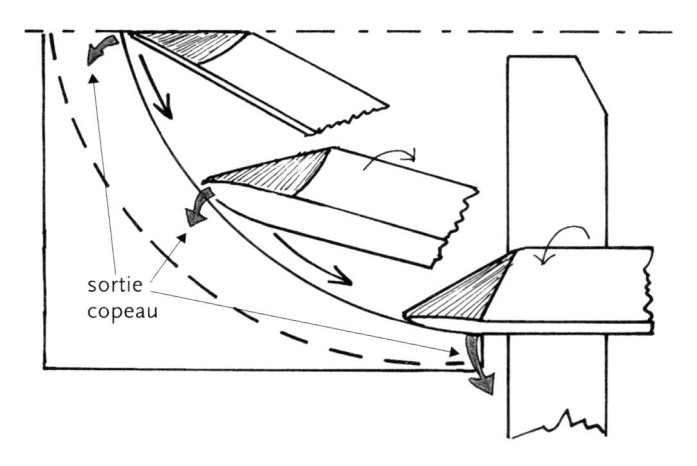

3. Commencez la passe depuis le fond de la cavité, gouge sur chant. Ramenez la gouge vers l'extérieur en la tirant et en la roulant légèrement sur l'éventail afin qu'elle progresse trois quarts sur chant. Le tranchant en contact avec le bois dégage un copeau fin et

Travaux courants

continu. Si l'intérieur de la corolle forme un arc de cercle, plus vous allez vers la périphérie extérieure, plus vous vous rapprochez de la parallèle à l'axe de rotation. La gouge ne pouvant pas suivre le profil, le copeau va sortir de plus en plus à gauche du biseau jusqu'à l'extrémité du profil.

Pour éviter la mise en diagonale, ramenez l'outil de plus en plus sur le chant. Remarquez qu'il n'y a pas de point de talonnage du biseau, seul le tranchant touche le bois. La gouge travaille comme un ciseau, en raclant. De cette façon, vous pouvez creuser nettement plus profond qu'en position normale avec un rendement un peu moindre, mais en laissant un bon état de surface.

La limite de profondeur est fixée d'une part par la proximité de la moulure voisine, d'autre part par la longueur de l'ogive de la gouge.

4 L'intérieur de la corolle terminé, vous pouvez façonner l'extérieur en manœuvrant la gouge de façon habituelle. Le profil extérieur est en principe parallèle à l'intérieur. Le bord de la corolle peut être aminci jusqu'à devenir flexible sous la pression des doigts.

Les masses carrées

Sur une pièce tournée, on appelle *masses carrées* le ou les secteurs, le long de la pièce, qu'on laisse non tournés. On trouve en général les masses carrées sur les pieds de table ou de sièges, les entretoises, les balustres, à leur jonction avec des éléments menuisés ou tournés pour former un ensemble fonctionnel. Ainsi, sur une table, les masses carrées sont prévues pour recevoir la ceinture ; sur les balustres d'escalier, elles assurent les appuis de liaison avec la rampe et le limon. Elles peuvent également servir d'éléments décoratifs dans un profil ou constituer la base d'une pièce : socle d'un vase Médicis, soubassement et tailloir d'une colonne toscane, d'une coupe, d'une urne, d'un pied de lampe, etc.

1 Une pièce comportant une masse carrée doit être corroyée aux dimensions exactes de cette masse. Passez l'ébauche à la dégauchisseuse-raboteuse pour dresser et équerrer ses faces.
Si la pièce compte deux masses carrées de dimensions inégales, corroyez la plus petite en second, à la dégauchisseuse seule. Procédez en quatre passes, en réglant la hauteur de la table d'attaque de la machine.

2 Centrez soigneusement la pièce avant de la monter entre pointes. Avec une pointe à centrer, marquez l'intersection des traits de trusquin. Cette étape est très importante et doit être soignée. En effet, si le centrage est faux, la partie tournée sera excentrée par rapport à la partie laissée carrée. Par conséquent, l'un des listels jouxtant la masse carrée sera en retrait d'un côté et présentera un plat à l'opposé.

Pour être très précis, il est préférable d'utiliser le trusquin tiré sur chaque face, mais la méthode de centrage par les diagonales peut convenir.

59

Le tournage entre pointes

3. La pièce est saisie entre pointes. Tracez les limites des masses carrées au crayon et à l'équerre sur les quatre faces. Découpez les angles trièdres délimitant la masse carrée au bédane ou à la plane. La séparation de la masse carrée du reste de la pièce s'appelle le *décolletage*.

Décolletage au bédane

1. Présentez le bédane, bien affûté parfaitement perpendiculaire à l'axe de rotation. L'œil regarde le point de contact tranchant/bois et le trait de crayon. La vision manque de netteté puisque seules les arêtes forment la génératrice du cylindre apparent.

2. Les premières passes sont donc très douces, peu appuyées, en escalier, légèrement en arrière du trait de crayon. D'une passe à l'autre, veillez à ce que l'outil entre et sorte rigoureusement perpendiculaire à l'axe, sinon, il risque d'accrocher les angles de la masse carrée et d'arracher un éclat sur un ou plusieurs d'entre eux. Au début, le travail s'accompagne d'un bruit saccadé puisque seules les arêtes sont attaquées. Les saccades se rapprochent au fur et à mesure que vous approchez du cylindrage. Il devient régulier lorsque la pièce est au rond et que la masse carrée est entièrement décolletée.

Au cours du décolletage, l'outil pénètre dans le bois et en sort toujours parfaitement perpendiculaire à l'axe de rotation.

3. Cependant, ainsi détachée, la surface de coupe en bois de bout n'est pas nette. Faites alors une passe de rectification, bédane sur chant, au niveau du trait, en plongeant vers l'axe. L'angle et une faible partie du tranchant du bédane sectionnent les fibres, comme expliqué page 36. Si la masse carrée doit être arrondie, il est bien sûr inutile de rectifier.

Décolletage à la plane

1. Posez l'outil sur son chant le plus long sur l'éventail. L'angle aigu entame le bois légèrement en arrière du trait et sectionne les fibres d'abord aux endroits les plus vulnérables, c'est-à-dire aux arêtes.

Il est préférable d'adopter une vitesse de rotation relativement élevée, par exemple pour un pied de table de 720 x 70 x 70 mm, réglez à 1 500 tr/min.

Si vous manquez d'habitude, vous pouvez réduire ce risque d'accrochage en donnant, avant de tourner, un coup de scie à métaux ou de ciseau à bois au niveau du trait de crayon, sur chaque arête. En sectionnant la fibre, vous évitez l'éclat.

2 Faites les passes suivantes selon la technique décrite page 44, en taillant une cannelure en V étroite.

3 Au niveau du cylindre, rectifiez le plan de section au ras du trait, le laissant parfaitement lisse. Au-delà de la masse carrée, élargissez la cannelure au bédane en quelques passes rapides. Avec la plane, il y a peu de risques d'écorcher les angles, mais le décolletage est un peu plus long.

Profilage

Le secteur qui suit la masse carrée ou qui s'inscrit entre deux masses carrées est mis au rond (c'est-à-dire cylindré) à la gouge à dégrossir, puis profilé suivant le plan de travail.

On peut laisser les angles d'une masse carrée droits, comme sur les pieds d'un meuble Louis XVI ou d'une table Louis-Philippe.

Sur ce pied de table Louis-Philippe, la masse carrée présente quatre angles trièdres droits.

En revanche, ils sont arrondis sur les pieds et les traverses de meubles en style Louis XIII. Parfois, ils sont façonnés en congé, en chanfrein, en doucine, etc. Une même masse carrée peut combiner des profils différents à l'une et à l'autre de ses extrémités. Les faces présentent alors les contours les plus divers.

Le façonnage des angles s'effectue à la gouge à profiler. On emploie la gouge après avoir décolleté les angles droits. On n'usine que le bois formant les arêtes, et l'outil ne travaille qu'à raison de quatre impacts par rotation. Cela signifie qu'entre les impacts, le tranchant est dans le vide et qu'il faut donc maintenir l'outil sans compter l'appuyer sur le bois.

Par ailleurs, le volume de bois à enlever est très faible. Le profilage s'exécute donc très rapidement. Si la main dose mal la prise de copeau, infime, la cote risque d'être dépassée. Cette cote est une ligne tracée au crayon et à l'équerre sur les quatre faces de la masse carrée et qui délimite le point de départ du profilage des angles.

Attention : les arêtes de la masse carrée en rotation sont dangereuses pour les doigts, en particulier lorsqu'on façonne les moulures qui se trouvent dans son voisinage immédiat.

Le tournage entre pointes

Quelques exemples de profilage des angles de masses carrées.

Si, au cours du travail, l'**outil accroche** l'angle et détériore une ou plusieurs arêtes, il faut les réparer.

Les parties abîmées sont coupées au ciseau de menuisier ; elles présentent ainsi des faces planes et perpendiculaires entre elles. Un morceau de bois dressé sur deux faces, appelé *flipot*, est collé dans la feuillure ainsi taillée. Le collage sec, les faces du flipot sont arasées au niveau de la surface de la masse carrée et le travail de tournage peut reprendre. Le flipot doit s'accorder le plus parfaitement possible avec la pièce qui le reçoit : couleur, aspect et sens du veinage. Une réparation bien faite est pratiquement invisible. Les masses carrées d'un pied de meuble, d'une table par exemple, comportent des **mortaises** destinées à recevoir les tenons d'assemblage de la ceinture. Creusez les mortaises avant le tournage, car le carrelet formant l'ébauche est plus facilement maintenu sur l'établi ou sur la table de la mortaiseuse qu'une pièce cylindrique. En revanche, si les mortaises débouchent sur l'extrémité de la masse carrée, elles gênent la prise de la pièce dans le mandrin à griffes. Il faut donc les creuser après le tournage.

Pour contrôler la coupe donnée par l'outil, observez le haut de la pièce devant un fond de couleur contrastée.

Le travail répétitif

Même en tournage manuel, il arrive fréquemment qu'on ait à réaliser plusieurs pièces identiques : les quatre pieds d'une table par exemple, une série de colonnettes, etc.

Les séries sont évidemment l'apanage des tours à copier automatiques ou semi-automatiques, mais n'importe quel tourneur doit être capable de reproduire exactement plusieurs exemplaires d'une pièce. Il n'est pas évident d'y parvenir, tout au moins lorsqu'on débute. Une méthode simple et logique consiste à décomposer le travail en phases successives. Chaque phase est répétée sur chacune des pièces avant de passer à la phase suivante.

Processus de travail

1. Vous connaissez le nombre de pièces identiques à réaliser ; préparez les ébauches correspondantes. Sur chacune d'elles imprimez l'empreinte de la griffe et de la contre-pointe.

   Lorsque vous enlevez et replacez une pièce montée entre pointes, il arrive qu'elle tourne légèrement décentrée, car les empreintes des griffes ne sont pas rigoureusement identiques. Pour pallier cet inconvénient, repérez définitivement l'une des griffes du mandrin, grâce à un trait de scie ou de peinture. Lorsque vous mettez la pièce en place la première fois, marquez au crayon l'empreinte correspondant à la griffe repérée. En respectant cette correspondance chaque fois que vous montez la pièce, vous évitez les *faux ronds*.

2. Cylindrez et marquez d'abord toutes les ébauches. Calibrée au *cylindre capable*, c'est-à-dire à la dimension du plus gros diamètre, la surface du cylindre doit être assez régulière pour porter sans ambiguïté les traits de crayon.

   Sur une planchette en bois corroyé, marquez au crayon et à l'équerre tous les repères importants : changement de moulures, point haut et point bas des courbes, etc. Placez l'éventail tout près du cylindre en rotation, la planchette appuyée dessus, au ras du cylindre. Au niveau des traits repères délimitant les premiers calibrages, reportez-les sur le bois avec un crayon.

3. Chaque ébauche marquée, réalisez ensuite les premiers calibrages successivement sur chacune d'entre elles. Puis, reprenez la planchette, et notez les repères correspondant à la suite du travail.
   Réalisez sur chaque pièce la phase suivante. Le cas échéant il peut y avoir une troisième, voire une quatrième phase, exécutée en suivant la même logique.

Vous pouvez placer et enlever les pièces de petites dimensions entre les pointes sans arrêter le tour. Dans ce cas, lors du centrage des ébauches, il est inutile d'imprimer dans le bois la marque des griffes. Seules, les marques correspondant aux deux extrémités de l'axe sont nécessaires.

Dans les séries de pièces simples, on plante parfois des petits clous sur la planchette pour marquer les repères. On les coupe ensuite tous au même niveau. Ainsi, lorsque la planchette est appuyée sur le cylindre en rotation, les clous y impriment leur trace. Cette méthode est rapide et permet des marquages rigoureusement identiques.

Le tournage entre pointes

Si la série concerne des **pièces compliquées**, décomposez le tournage en plusieurs secteurs. Chaque secteur correspond à une phase de travail que l'on doit effectuer sur toutes les ébauches. On commence en général par le secteur le plus proche de la poupée mobile pour remonter vers la poupée fixe. Si un secteur intermédiaire présente des diamètres très faibles, exécutez-le en dernier pour éviter d'être gêné par les vibrations qu'il risque de générer.

La décomposition du travail en **phases répétitives** fait gagner du temps et évite des erreurs. En effet, vous concentrez votre attention sur les quelques moulures composant le secteur. Le cerveau mémorise plus facilement les gestes d'exécution qui, automatisés, deviennent rapides et précis.

L'utilisation des **calibres de diamètres** améliore le rendement. Pour certains profils en doucine ou en flamme par exemple, vous pouvez contrôler la justesse de la forme avec un gabarit découpé dans un contreplaqué de 5 mm.

4   Coupez les surlongueurs aux extrémités des pièces après avoir appliqué les finitions.

Saisie de la pièce, tour en rotation

1   Réglez la position de la poupée mobile pour toute la série. Tenez la pièce entre la paume et quatre doigts de la main gauche (le pouce n'intervenant pas), et présentez-la au-dessus de l'axe de rotation en plaçant le centrage de sa face antérieure sur la pointe de centrage du mandrin à griffes.

2   La pièce ainsi maintenue, faites avancer l'arbre de contre-pointe en manœuvrant son volant. La contre-pointe pénètre au centre de la face postérieure de la pièce et la pousse en direction du mandrin, contre les griffes qui la saisissent.

3   Lâchez la pièce au moment où elle entre en contact avec les griffes, et se met en rotation. Assurez alors sa tenue en bloquant l'arbre de contre-pointe. Le tournage peut commencer.

4   Pour enlever la pièce, positionnez votre main gauche de la même façon, au-dessus et au ras de la pièce. Débloquez l'arbre de contre-pointe : reculez-le avec le volant, tandis que vous saisissez et enlevez la pièce du tour à la main (sans le pouce).

Que ce soit pour monter ou démonter la pièce, agissez vite et synchronisez bien le mouvement des mains. Un volant lourd qui possède une bonne inertie facilite l'opération. Cette procédure n'est pas difficile, mais les premiers essais doivent impérativement être effectués avec de petites pièces cylindrées, éventail enlevé.

Ôtez votre pouce de la pièce lors de la manipulation pour éviter un accident en cas de fausse manœuvre.

Exercices

Jeu de quilles

Ce travail est intéressant pour l'entraînement au travail répétitif.

1. Découpez votre pièce en trois secteurs : le fût, la doucine, la boule. Calibrez les dix ébauches au diamètre 40 mm et délimitez les secteurs.

2. Exécutez le tronçon intermédiaire, c'est-à-dire la doucine et son collet, sur les dix pièces, en commençant par le circonscrire à la plane.

3. Façonnez ensuite la boule dont le dégagement du collet facilite le tournage.

4. Finissez par le fût en exécutant le tore et les trois grains d'orge décoratifs.

5. Réduisez les extrémités en terminant le façonnage de la boule et de la base. Exécutez la finition. Sectionnez tour en rotation, du côté de la contre-pointe

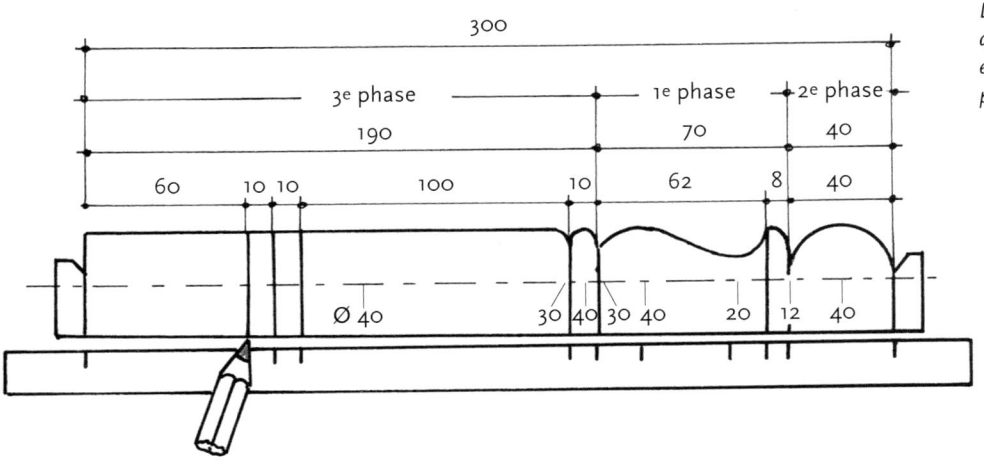

Le tournage de cette quille traditionnelle est décomposé en trois phases.

Utilisez un calibre mince, carton ou tôle légère, pour contrôler les diamètres 30 et 12 mm, inaccessibles au pied à coulisse. Achevez la jonction à la plane.

Ne cherchez pas la rapidité d'exécution, mais la similitude entre les dix pièces. Pendant le travail, gardez sous les yeux la première pièce de la série comme point de comparaison. Le tournage de la boule qui accompagne le jeu sera étudié page 146.

Le tournage entre pointes

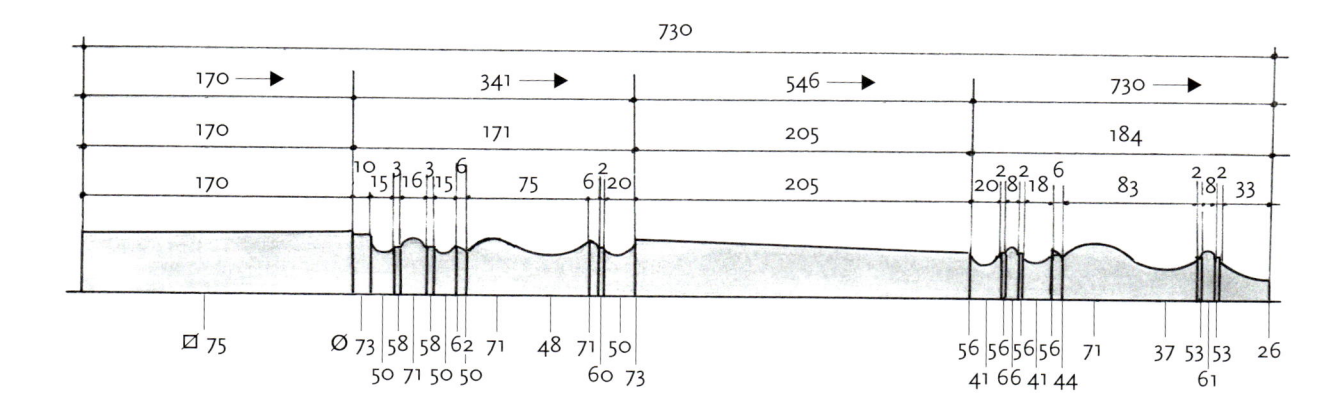

Pieds de table Louis-Philippe

Quoiqu'un peu plus compliqué, le tournage suit la même logique.

1. Centrez d'abord les ébauches au trusquin.

2. Décolletez ensuite leur masse carrée et cylindrez à 73 mm de diamètre.

3. Reprenez la première pièce et exécutez le segment postérieur (184 mm de long). Utilisez les listels comme points de repère des calibrages. Notez les limites des moulures et profilez d'abord les parties saillantes, puis les parties en creux.

4. Ce travail exécuté sur chaque pièce, reprenez la première d'entre elles pour tourner la partie tronconique du pied. Le tournage du segment antérieur termine le travail.

5. Juxtaposez les pièces terminées pour les comparer. Si les différences sont trop voyantes reprenez-les, quitte à tricher légèrement sur les cotes.

6. Les erreurs une fois corrigées, rectifiez, poncez et finissez les pièces avant de couper les extrémités.

Pied de table Louis-Philippe.

Quand on compare les moulures des pieds d'une table par exemple, l'œil perçoit mieux une légère différence de longueur qu'une différence de diamètre. Par exemple, le tore du segment antérieur supportera plus facilement un diamètre de 70 mm au lieu de 71 qu'une largeur de 15 mm au lieu de 16. On notera que la tolérance admise aux épreuves du C.A.P. ne dépasse pas le demi-millimètre.

Le tournage d'une pièce longue de faible section

Une pièce de petit diamètre et de longueur importante en rotation entre pointes tend, sous l'effet de la force centrifuge, à se cintrer en son milieu, c'est-à-dire à tourner en dehors de l'axe de rotation du tour. C'est le phénomène dit du *fouettement*.
Par ailleurs, l'outil exerce une pression et sollicite l'élasticité du bois. Il accroît l'effet de fouettement, et rebondit sur la pièce. Il ne peut donc effectuer un travail correct. Il laisse des cannelures en spirales de plus en plus creusées. Ce type de pièce de grande lon-

gueur et de petit diamètre revient souvent dans les travaux tournés ; il faut connaître les divers moyens de résoudre le problème de fouettement.

La pièce mise en place entre pointes est serrée modérément entre les deux poupées ; il suffit juste de la bloquer dans le sens axial. Quand elle est très mince, et donc fragile, il est souvent impossible d'en frapper l'extrémité pour y marquer l'empreinte des griffes du mandrin. On se contente alors de marquer les centres avec une petite mèche à bois et de ménager deux sillons perpendiculaires entre eux à la scie afin d'y loger les griffes.

La vitesse doit concilier le minimum requis pour que l'outil travaille dans des conditions acceptables et le maximum compatible avec la résistance du bois à la flexion. À titre indicatif, une ébauche de 800 mm de long par 15 mm de diamètre peut tourner, une fois maintenue, aux environs de 1 500 tr/min.

Le crochet

Ce système, ainsi nommé par les anciens tourneurs, est le plus simple pour neutraliser le fouettement. Il est constitué d'une fourche articulée sur un support serré dans le tube de la semelle d'un porte-outil. Le support est un tasseau en bois dur, un peu plus haut que la hauteur de pointes. Sa base est calibrée au diamètre du tube. La partie qui dépasse est percée de deux ou trois trous : ils permettent de positionner la fourche. La fourche, en tôle d'aluminium ou en contreplaqué de 10 mm, a la forme d'un Y dont les branches sont ouvertes à 90°. Sa tige possède une lumière permettant de la bloquer sur le support par une vis papillon.

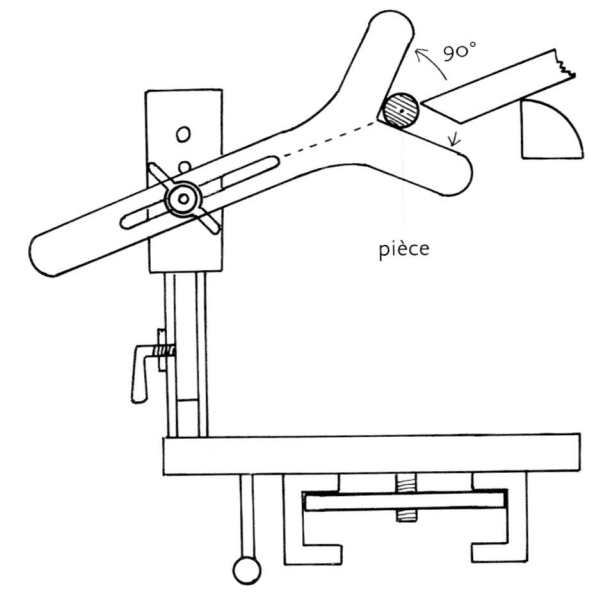

Grâce à elle, on peut éloigner à volonté le support par rapport à la pièce à tourner présentant, par exemple, des moulures plus ou moins encombrantes de part et d'autre du point de contact crochet/pièce. L'axe de la fourche est normalement aligné sur celui de l'outil de façon que les deux branches reçoivent une poussée égale. On paraffine les points de contact des branches et de la pièce pour réduire les effets de l'échauffement.

Le crochet supprime le fouettement, mais n'empêche pas toujours le rebond de la pièce entre deux passes d'outil. Aussi monte-t-on parfois les crochets par paire, l'un en face de l'autre.

Le crochet.

Le tournage entre pointes

Travaillant en opposition, ces deux crochets font office de lunette.

La pièce est alors parfaitement maintenue en quatre points opposés, comme avec une lunette.

Ce montage, simple et efficace, implique de disposer de plusieurs semelles de porte-outil.

Les lunettes

Plus élaborée que le simple crochet, la lunette maintient la pièce en trois ou quatre points opposés (à 120° ou 90°), neutralisant ainsi tout mouvement excentrique. Elle possède son propre organe de fixation sur le banc. La plupart des fabricants de tours en proposent parmi leurs accessoires de base.

La lunette à bras radiaux

Elle est constituée d'un châssis métallique en arc de cercle ouvert à 240°.

Le châssis comporte trois gaines opposées à 120° à l'intérieur desquelles coulisse un bras. Chaque gaine est munie d'une vis de blocage du bras. Les lunettes sophistiquées sont autocentreuses. Leurs bras sont métalliques et équipés d'un roulement à bille à leur extrémité. Sur d'autres, les bras sont en bois, indépendants ; ils fonctionnent comme des patins. On lubrifie à la paraffine. Dans un cas comme dans l'autre, les bras marquent légèrement la pièce. On laisse donc à l'endroit du contact un léger surcalibrage qu'on rectifie à la fin du travail.

Une solution moderne et pratique consiste à substituer des roues de roller aux roulements à bille.

Lunette à bras radiaux à galets.

Les bras sont réglés sur la pièce mise entre pointes de façon que chacun d'eux touche le bois sans appuyer. En cours de tournage, on déplace la lunette pour qu'elle soit toujours au voisinage du secteur travaillé.

La lunette à guillotine

Les lunettes métalliques à bras radiaux sont assez onéreuses : on peut en construire une en bois tout aussi efficace.

Une planche de contreplaqué de 19 mm est montée verticalement sur un socle traînard (voir page 13) comportant un système de blocage sur le banc.

Cette planche présente une échancrure carrée centrée sur l'axe de rotation. De chaque côté, on perce deux trous de 8 mm de diamètre au niveau de l'axe de rotation. C'est le bâti de la lunette.

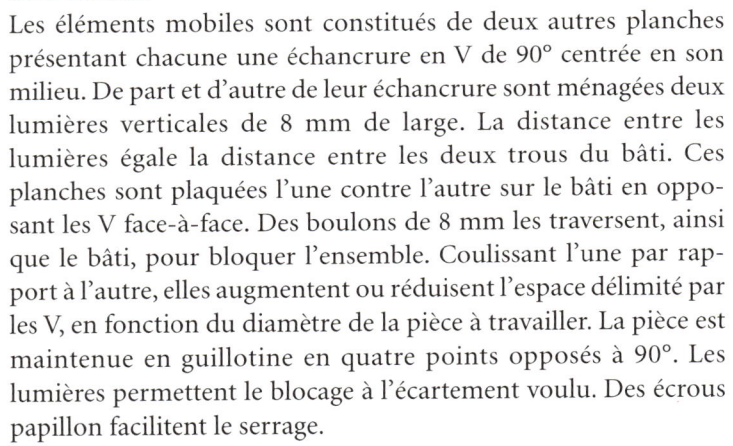

Lunette à guillotine en contreplaqué.

Les éléments mobiles sont constitués de deux autres planches présentant chacune une échancrure en V de 90° centrée en son milieu. De part et d'autre de leur échancrure sont ménagées deux lumières verticales de 8 mm de large. La distance entre les lumières égale la distance entre les deux trous du bâti. Ces planches sont plaquées l'une contre l'autre sur le bâti en opposant les V face-à-face. Des boulons de 8 mm les traversent, ainsi que le bâti, pour bloquer l'ensemble. Coulissant l'une par rapport à l'autre, elles augmentent ou réduisent l'espace délimité par les V, en fonction du diamètre de la pièce à travailler. La pièce est maintenue en guillotine en quatre points opposés à 90°. Les lumières permettent le blocage à l'écartement voulu. Des écrous papillon facilitent le serrage.

Pris entre pointes, le cylindre ceinturé par une lunette peut être travaillé sur toute la longueur de sa surface latérale, mais pas sur sa base. Si l'on veut intervenir sur sa base, il faut substituer au mandrin à griffes un mandrin de tournage en l'air, gobelet ou mandrin à mors, par exemple. La lunette est placée près de l'extrémité et remplace la poupée mobile qu'on repousse au bout du banc. Le mandrin saisit et entraîne la pièce, la lunette la maintient dans l'axe de rotation, permettant le travail sur la base.

Couplage d'un mandrin à mors et d'une lunette pour intervention frontale.

Les lunettes à fil

On les utilise dans le tournage des pièces de très grande longueur et de très faible diamètre. L'exemple type de ce genre de pièce est le *trembleur*, intéressant exercice de virtuosité : des formes classiques (bulbes, sphères, pilons, disques lenticulaires, anneaux) s'enchaînent parfois sur plus de 1,50 m, reliées par des secteurs rectilignes aussi fins que possible (diamètre de l'ordre du millimètre).

Saisie sur mandrin à l'une de ses extrémités, l'ébauche cylindrée est maintenue par une lunette ordinaire au voisinage de l'autre extrémité. Au fur et à mesure que progresse le profilage, la partie déjà tournée s'excentre de plus en plus. Pour éviter sa rupture, on place une première lunette à fil.

Noué sur le clou A, le fil passe successivement par B, C et D en ceinturant chaque fois la pièce. Il termine son parcours noué en D.

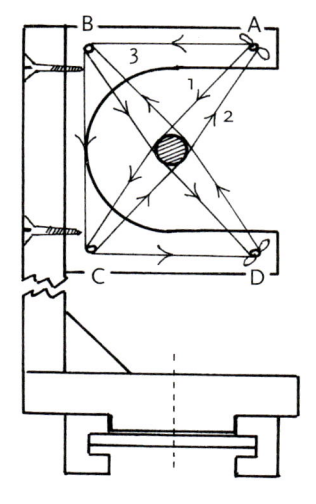

Comme la lunette à guillotine, celle-ci possède un bâti, mais plus léger, dont la planche verticale est échancrée au niveau de l'axe de rotation. Quatre clous encadrent l'échancrure. Ils servent à fixer le fil (qui peut être fait simplement avec du fil de cuisine) qui passe d'un clou à l'autre en entourant chaque fois la pièce.

La tension du fil, modérée et régulièrement répartie, maintient la pièce avec une certaine souplesse. On déplace la lunette principale en direction de la poupée fixe et on poursuit le profilage sur une dizaine de centimètres. On place alors une deuxième lunette à fil et ainsi de suite. Il n'est pas rare d'avoir une dizaine de ces lunettes soutenant la pièce qui ondule légèrement au cours du travail. Des lunettes rigides la casseraient. Lorsque la pièce est terminée, on fixe une planche au dos des lunettes pour les solidariser. L'ensemble est sorti du tour et posé sur un établi. Les fils sont coupés et le trembleur est généralement introduit délicatement dans une éprouvette en verre.

La quatrième lunette à fil va être mise en place et la lunette à bras radiaux déplacée vers la gauche.

Ce travail, relativement difficile, demande un outil parfaitement affûté, un bois de fil rigoureusement droit, une vitesse de rotation réduite, (200 à 500 tr/min), et si possible, un variateur de vitesse pour démarrer progressivement.

Profilage « d'une seule main »

À défaut de lunette, il est possible de profiler des pièces longues et minces en tenant l'outil d'une seule main. Mais cela demande bien sûr un bon contrôle des outils.

1. La main gauche maintient la pièce et fait office de lunette. Les doigts joints entourent la pièce en rotation. La paume, travaillant en opposition, accrochée à l'éventail, tire la pièce vers l'éventail pour compenser la pression de l'outil.

2. De la main droite, tenez l'outil au milieu du fer, index appuyé sur la planche. Manœuvrez-le en l'appuyant sur le pouce de la main gauche qui le guide.

Vous pouvez aussi soutenir la pièce dans le creux de la main gauche, à l'opposé de l'outil, et la déplacer en même temps que lui.

Pour éviter de vous brûler, intercalez entre la pièce et la main un morceau de chiffon, en veillant à ce qu'il ne s'enroule pas autour de la pièce.

Une pièce de faible section ne doit pas être trop serrée entre pointes. Calibrée très fine en un point quelconque de sa longueur, elle doit être légèrement desserrée au moment de ce calibrage pour éviter une éventuelle rupture.

Il arrive qu'en pénétrant à l'extrémité d'une pièce fine, la contre-pointe la fende. On place alors une frette avant de reprendre le tournage. Ce peut être un collier Serflex, un morceau de fil de fer ou une bande adhésive qu'on enroule très serré sur la pièce fendue. Il existe des contre-pointes à frette : autour de la pointe conique, une petite cuvette reçoit et ceinture l'extrémité de la pièce à tourner, évitant tout risque d'éclatement.

Les perçages

Opération très courante et fondée sur des techniques simples, le perçage exige néanmoins un matériel dont nul tourneur ne peut se passer.

Les mèches

Les différents types de mèches et d'outils présentés couvrent tous les cas de figure qu'un amateur peut être amené à rencontrer.

Les mèches à bois

Elles possèdent une pointe de centrage. Les deux parties du tranchant, de part et d'autre de la pointe, se situent sur un plan horizontal perpendiculaire à l'axe de la mèche.

Pour les affûter, il faut disposer d'une meule dont l'angle face/chant soit bien net. On présente la mèche perpendiculaire à l'axe de la meule, queue très légèrement abaissée. On appuie, en passes légères, dans cette position. Pour les petites mèches, on préfère parfois utiliser une meule cylindrique montée sur un flexible.

La pointe de centrage, alignée sur le repère de perçage tracé sur le bois, garantit un perçage précis. Ces mèches calibrées de millimètre en millimètre se trouvent couramment dans le commerce jusqu'à un diamètre de 20 mm.

Les forets

Prévus pour le métal, ils conviennent aussi pour le bois. Leurs tranchants forment entre eux un angle d'environ 120° et ils sont dépourvus de pointe de centrage.

Avant le perçage, il est nécessaire de frapper le repère au marqueur afin de guider l'amorce du trou. Le *marqueur* est un simple morceau de tige filetée meulée à la lime sur le tour, en cône de 120°.

L'affûtage demande un peu d'habitude : le foret est tenu presque horizontal devant la meule, biseau en appui léger sur elle. On remonte en tournant légèrement l'outil sur lui-même, en passes régulières.

Les mèches à défoncer

On les utilise pour percer les trous importants, au-delà de 20 mm. L'organe de coupe se compose de deux biseaux à tranchants droits situés de part et d'autre d'une pointe de centrage, et de deux araseurs périphériques qui donnent sa précision à l'alésage.

L'ensemble est fraisé dans la masse. L'affûtage est facilité par l'utilisation d'une petite meule conique montée sur un flexible. Il demande cependant une grande attention pour obtenir deux tranchants identiques. Les araseurs sont meulés à l'intérieur, jamais à l'extérieur.

Quelques mèches pour perçages courants.

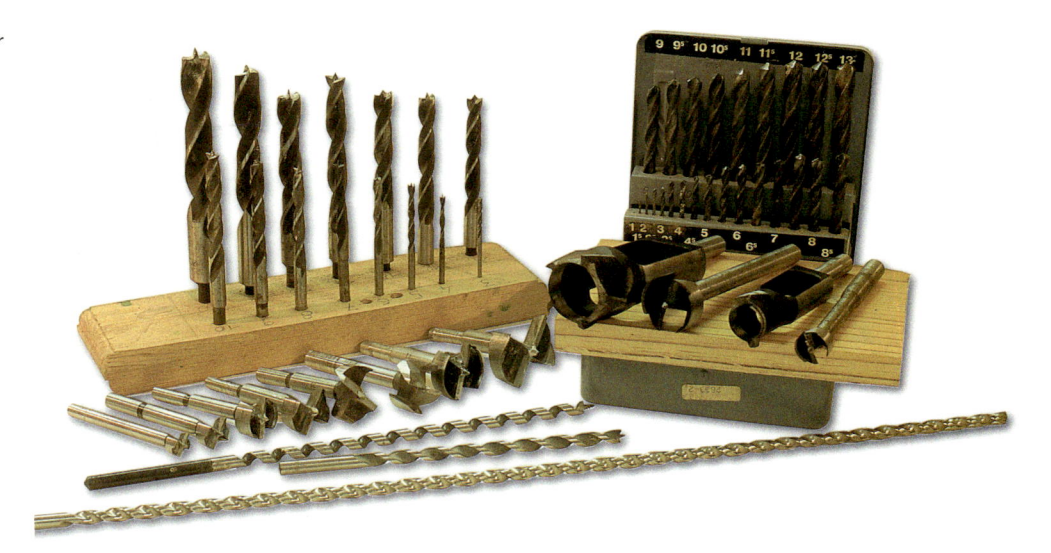

Ces mèches à défoncer, dites aussi à *chambrer*, se trouvent facilement dans le commerce jusqu'au diamètre 60 mm, plus difficilement au-delà. Certains outilleurs en fabriquent sur demande, à la forme et au diamètre voulus. Indispensables, ces mèches servent notamment pour les creusages. Au niveau de l'axe et dans son voisinage, la vitesse de rotation du bois, relativement faible, ne permet pas aux outils de donner leur plein rendement. Il est souvent plus rapide d'aléser le centre avec une de ces mèches et de continuer avec un outil de coupe.

Il existe des mèches plates et des mèches extensibles. Beaucoup moins chères que les mèches à défoncer, elles ne sont cependant pas aussi précises ni fiables.

Les mèches longues

Pour certains perçages, comme ceux de pieds de lampes (diamètre standard 8 mm), on utilise des mèches longues. Elles sont prises sur mandrin ou dotées d'une poignée. On les appelle alors *fleuret*. Elles peuvent atteindre 300 mm voire 400 mm de long.

Les mèches à bouchon

Ces mèches fonctionnent en couple mâle/femelle. Elles sont destinées à calibrer, dans des planches, des rondelles qui prendront place dans les alésages correspondants, creusés sur la pièce. La mèche mâle, pour le trou, est une mèche à défoncer ordinaire. La mèche femelle, de même diamètre, est plus compliquée : elle détoure la rondelle en creusant tout autour une rainure annulaire.

Ces ensembles mâle/femelle sont intéressants, en particulier pour créer des décors à base de motifs circulaires. Toutefois, ils sont assez onéreux.

Les scies cloches

On peut les utiliser pour découper des trous de grand diamètre ou des rondelles, mais elles laissent alors la marque de leur mèche centrale. Le pourtour des alésages ou des calibrages qu'elles réalisent n'est pas parfaitement net et doit être rectifié.

Les mèches cuillères

Autrefois très utilisées pour creuser des trous dans l'axe d'une pièce en rotation, on ne les trouve plus que rarement. Elles ressemblent aux gouges à profiler rondes. Leur cannelure mesure une douzaine de millimètres de longueur et leur manche se réduit à une simple poignée.

Les gouges à profiler

Leurs parties coupantes ressemblent à celles d'une mèche cuillère. On peut donc creuser un trou avec une gouge à profiler de la même façon, en appuyant l'outil exactement au centre d'une pièce en rotation saisie sur un mandrin.

Les machines

Quelle que soit la machine, il faut adapter la vitesse de rotation à la dimension de la mèche. La vitesse est inversement proportionnelle au diamètre de la mèche. Une mèche de 4 mm peut tourner à 1 500 tr/min, une mèche à défoncer de 80 mm à 500 tr/min. La pression est modérée, les passes sont courtes afin d'évacuer le bois coupé, et d'éviter le bourrage ou l'échauffement. Il est bon de lubrifier la mèche avec de la paraffine.

Le tour propose deux méthodes de perçage : pièce en rotation, mèche fixe, ou mèche en rotation, pièce fixe.

La perceuse portative

L'atelier de tournage comprend obligatoirement une perceuse électrique portative avec variateur qui permettra tous les perçages courants. Il est préférable qu'elle soit assez puissante pour entraîner les mèches à défoncer et les grosses mèches à queue de 13 mm.

La perceuse à colonne

Elle est pratiquement indispensable dès qu'on s'attaque à des perçages délicats. Une adapta-

Perçage oblique sur perceuse à colonne.

tion transformant la perceuse portative en perceuse d'établi peut à la rigueur la remplacer, mais les performances seront très limitées.

Une bonne perceuse à colonne possède plusieurs vitesses, un mandrin de 16 mm, une plate-forme orientable et un étau. La plateforme, circulaire, tourne horizontalement sur son axe sur 360°, s'incline jusqu'à 90° sur le plan vertical, monte et descend le long de la colonne avec un débattement de plusieurs dizaines de centimètres, et tourne autour de la colonne. La pièce à percer peut donc avoir n'importe quelle position par rapport à la mèche, ce qui autorise tous les angles de perçage. Le réglage micrométrique de la course de la mèche et sa descente commandée par cabestan assurent la précision et la régularité des forages.

Le flexible

Depuis que le traitement des surfaces par scarification est devenu à la mode, nombre de tourneurs se sont équipés de flexibles. Le mandrin ou la pince qui équipe l'extrémité du flexible reçoit des fraises, mais aussi des mèches de petites dimensions très maniables.

Le perçage du bois n'exige pas une grande vitesse de rotation, un simple flexible adaptable sur une perceuse suffit donc dans ce cas. Il permet les perçages dans les endroits difficiles d'accès.

Le tour

Utilisé comme une perceuse horizontale, le tour exécute toutes sortes de travaux de perçage. La mèche ou le foret est serré dans un mandrin à mors identique à celui d'une perceuse. Le mandrin, monté sur une embase conique, prend place indifféremment dans l'alésage de l'arbre d'entraînement ou dans celui de l'arbre de contre-pointe (cône Morse). Dans le premier cas, la mèche tourne, et la pièce est immobile ; dans le second, la pièce tourne et la mèche est immobile.

Quelquefois, le perçage émet un sifflement suraigu justifiant le port d'un casque antibruit.

Perçage pièce en rotation

1 Insérez le mandrin porte-mèche dans l'arbre de contre-pointe. La pièce est saisie dans un mandrin quelconque, autre qu'un mandrin à griffes, monté sur le nez de tour.

2 Arbre de contre-pointe reculé au maximum, amenez la poupée mobile près de la pièce à percer, l'extrémité de la mèche à quelques millimètres du bois.

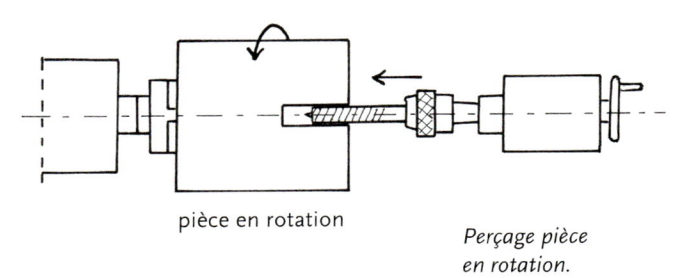

pièce en rotation

Perçage pièce en rotation.

Le tournage entre pointes

Perçage au fleuret sur une poupée jouant le rôle de lunette de perçage.

3. Poupée bloquée sur le banc, poussez la mèche progressivement au moyen du volant de contre-pointe. Vous percez nécessairement sur l'axe de la pièce qui se confond avec l'axe de rotation.

Si vous utilisez une **mèche fleuret**, un crochet de guidage monté sur une semelle de porte-outil vous permettra d'appuyer l'outil et de bien l'aligner sur l'axe de rotation.

Si vous percez une **pièce longue**, une lunette sera sans doute nécessaire. Placez-la le plus près possible de l'extrémité. Il existe des poupées de perçage qui jouent simultanément le rôle de poupée mobile et de lunette. Cet accessoire s'avère très utile si l'on utilise un mandrin à griffes. Il est monté sur une semelle de porte-outil et se compose d'une cuvette conique percée en son centre et tournant sur un roulement à billes. L'extrémité de la pièce prend appui dans la cuvette et l'on introduit la mèche ou le fleuret dans le trou central.

Perçage mèche en rotation

1. Insérez le mandrin porte-mèche dans l'arbre d'entraînement et la contre-pointe dans l'arbre de la poupée mobile. Marquez les extrémités de l'axe de perçage sur la pièce.

2. Présentez la pièce tenue à la main devant la mèche sans la toucher. Arbre de contre-pointe reculé à fond, amenez la poupée mobile près de l'autre extrémité de la pièce et bloquez-la sur le banc. La contre-pointe pousse alors, grâce au volant, la pièce contre la mèche.

Perçage mèche en rotation.

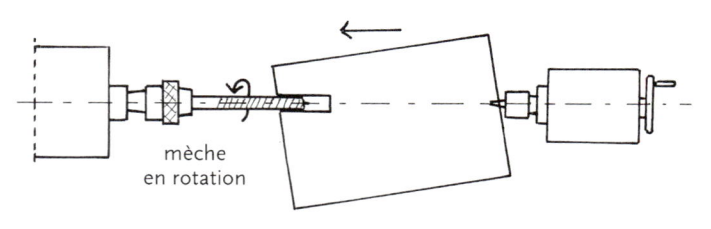

mèche en rotation

Travaux courants

En procédant ainsi, l'axe du perçage ne se confond pas nécessairement avec l'axe de la pièce. Ils sont indépendants l'un de l'autre. Il suffit de marquer sur le volume à percer les deux extrémités de l'axe de perçage désiré, et de les aligner sur la mèche d'un côté, sur la contre-pointe de l'autre.

3 Si le perçage est plus long que la mèche utilisée, percez en deux fois en inversant la position de la pièce entre mèche et contre-pointe.

4 Si le perçage est très long, il nécessite l'emploi d'une mèche longue. Mise en rotation sans précaution, elle risque de fouetter et de plier. Il vous faut donc d'abord forer les deux extrémités de l'axe de perçage désiré avec une mèche ordinaire. Montez ensuite la mèche longue sur le mandrin, et introduisez son extrémité dans la pièce. La contre-pointe entre dans l'autre extrémité. Maintenez fermement la pièce sur l'axe de rotation, puis mettez le tour en route. L'extrémité de la mèche étant maintenue, elle ne peut pas plier. Arrêtez le tour avant de dégager la mèche.
Pour soulager la main du poids de la pièce, placez éventuellement l'éventail dessous afin de la soutenir et de la maintenir sur l'axe de rotation.

Pour percer un cylindre perpendiculairement à sa génératrice et au niveau de son diamètre, il y a deux solutions.

1 Tracez la demi-circonférence du cylindre sur un carton. Découpez ce gabarit et placez-le à cheval sur le cylindre. Les extrémités de la demi-circonférence, marquées au crayon, sont les extrémités de l'axe de perçage.

2 Une autre méthode simple consiste à emboîter un tasseau dans le tube de la semelle d'un porte-outil, et à le présenter à la mèche, qui le transperce. Placez ensuite l'ensemble tasseau/semelle le long du cylindre, le tasseau en contact avec le cylindre. Le trou sert de guide à la mèche qui percera au niveau de l'axe.

Quelle que soit la méthode de perçage, procédez par passes courtes pour éviter un échauffement excessif de la mèche (fumée). Ne touchez pas une mèche en fin de travail : elle est brûlante.

Perçage radial d'un disque.

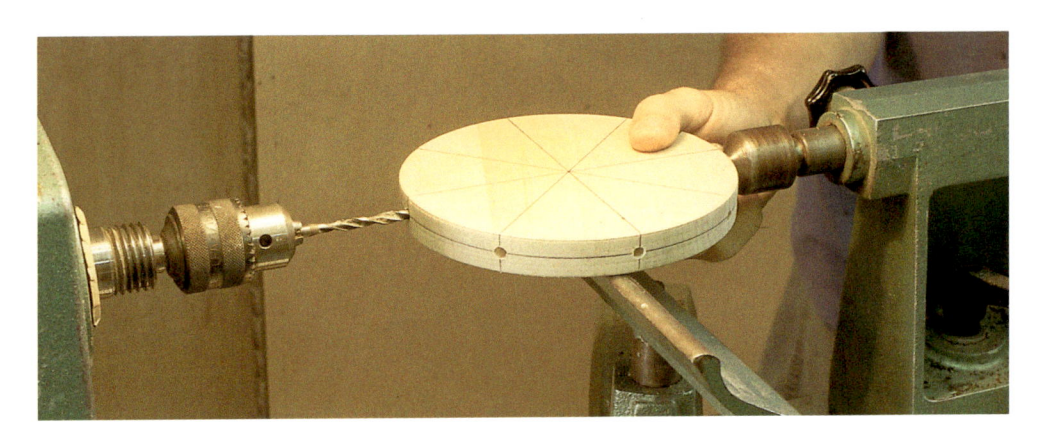

Les cannelures longitudinales

Ce sont des rainures de profils variés, en principe équidistantes, creusées en suivant la génératrice de la pièce. Elles décorent la surface latérale des objets tournés. Les styles Henry II, Louis XVI, Louis-Philippe, Napoléon III les ont beaucoup utilisées. Combinées avec des moulures perpendiculaires à l'axe de la pièce, elles peuvent aussi créer des reliefs géométriques.

Principe

L'exécution des cannelures longitudinales nécessite l'emploi d'un appareil simple appelé *boîte à canneler* ou *boîte à diviser*. Schématiquement, elle est constituée de deux planches longues assemblées en angle droit. Deux planchettes carrées, fixées aux extrémités, ferment la boîte en laissant deux faces consécutives ouvertes. Ces planchettes d'extrémité portent en leur centre une pointe pour l'une, une contre-pointe pour l'autre. Ces pointes sont tirées d'une tige filetée de 8 mm et meulées en cône à leur extrémité. Le blocage est assuré par des écrous montés de part et d'autre des planchettes. Pointe et contre-pointe sont rigoureusement à la même hauteur et servent de support à la pièce que l'on immobilise par une vis traversant la planche antérieure. La planche qui forme le fond est échancrée à peu près à l'aplomb de la projection de l'axe pointe/contre-pointe.

Boîte à canneler élémentaire.

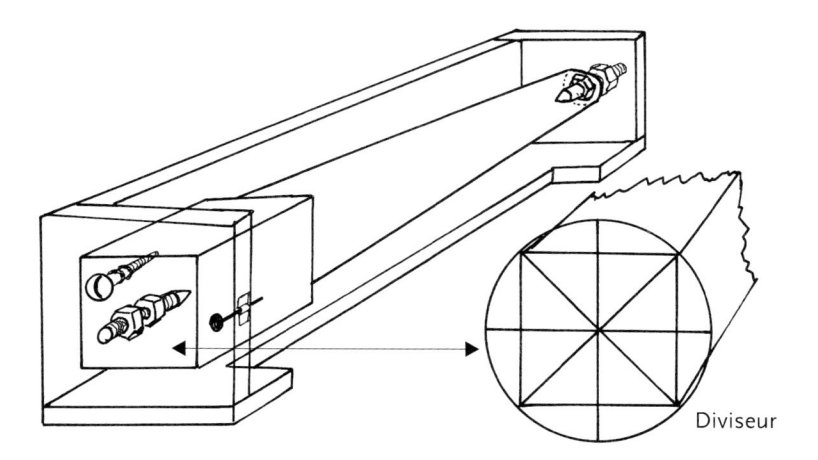

Avant d'installer la pièce, on fixe sur son extrémité, avec deux petits clous, un disque de carton portant les rayons correspondant aux cannelures. C'est le *diviseur*. Ce simple montage suffit à construire une boîte destinée à un usage déterminé : canneler les pieds Louis XVI d'une table basse par exemple.

Travaux courants

Le fer à canneler (ici un fer à godrons) travaille au niveau de l'axe de la pièce. A droite, pour toupiller une moulure, le fer travaille sous le bois.

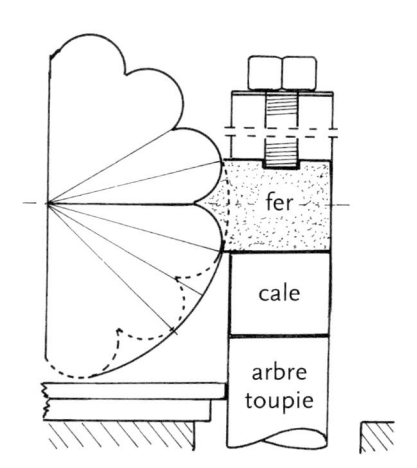

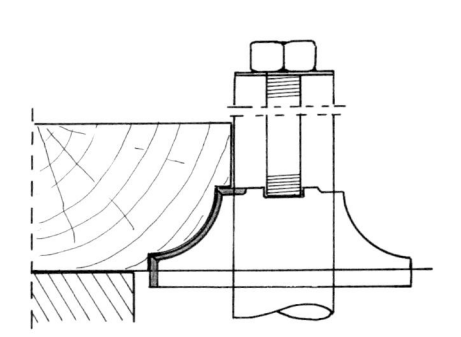

Un pied Louis XVI comporte huit cannelures, espacées de 45°. Quatre des cannelures sont dans le prolongement des arêtes de la masse carrée, les quatre autres au milieu des intervalles. La pièce est alors montée entre pointes dans la boîte. L'ajustage en longueur se fait en jouant sur les tiges filetées et leurs écrous. Sur la planchette antérieure est fixé un clou servant d'index, sa pointe touchant le disque diviseur. À côté de la pointe support, un trou permet le passage de la vis qui bloque la pièce. On fait coïncider l'index avec l'un des rayons du diviseur, on bloque la pièce, et l'ensemble est prêt pour la première cannelure.

L'exécution de la cannelure se fait le plus souvent à la toupie avec des fers de forme (à condition que l'arbre soit doté d'une lumière).

Le fer destiné à canneler travaille, lui, exactement à hauteur de l'axe de la pièce. On règle donc sa hauteur en le faisant coïncider avec l'extrémité conique d'une des pointes de la boîte à canneler.

On fabrique soi-même ces fers de forme, comme le font les menuisiers et les ébénistes qui veulent réaliser moulures, rainures ou feuillures aux formes qui leur conviennent. On les taille à partir de barres d'acier doux, vendues pour cet usage. Le profil du fer, dessiné sur le métal à l'aide d'un gabarit, est dégrossi à la scie puis profilé à la meule et à la lime. L'angle de biseau est de 45° et le fil retourné à l'affiloir. Si la partie travaillante du fer est de petite dimension, on ne façonne qu'un profil, qui seul, dépasse du diamètre de l'arbre. Si elle est plus importante, elle provoque un déséquilibre, générateur de vibrations. Pour l'éviter, on façonne à l'opposé de la partie travaillante du fer, le même profil, mais un peu plus petit, non travaillant, uniquement pour faire contre-poids. Le dessus du fer est pourvu d'une petite échancrure destinée à recevoir l'extrémité de la vis de serrage de l'arbre de la toupie. Le dessous est strié de quelques coups de scie. Ces précautions évitent les risques d'éjection. Si le fer est destiné à pousser une moulure et non une cannelure (quart-de-rond sur le socle carré d'une pièce par exemple), il doit toujours travailler sous le bois.

Le tournage entre pointes

Les toupies actuelles n'ont pas de lumière d'arbre. On travaille alors avec un noyeu porte-fer en appuyant la boîte à canneler sur le guide de toupillage rectiligne ou sur une bague à roulement à billes.

L'échancrure du fond de la boîte permet au pied de venir s'appuyer directement contre l'arbre de la toupie. Sa longueur est délimitée par celle des cannelures. Le bord de l'échancrure est d'abord mis en contact avec l'arbre. Il sert de butée de départ. La boîte est ensuite amenée vers l'arbre tournant à 6 000 tr/min, jusqu'à ce que le pied entre en contact avec lui et s'appuie dessus. Le fer effectue alors son travail de défonçage jusqu'à l'autre bord de l'échancrure. La passe se fait lentement et de manière continue.

En travaillant trop vite, la coupe n'est pas assez nette ; trop lentement, le bois chauffe et noircit. Ce travail ne présente aucun risque : les mains tiennent seulement la boîte et le fer ne prend que peu de bois. On effectue la passe suivante en amenant le diviseur sur le rayon suivant et ainsi de suite.

L'échancrure du fond permet l'appui du pied sur l'arbre et limite la longueur de la cannelure.

Boîte à canneler polyvalente

Le principe de la boîte à canneler étant connu, il est utile d'en avoir une polyvalente pouvant recevoir n'importe quelle pièce. En principe, on lui donne une distance entre pointes correspondant à la longueur d'un pied de table (730 à 750 mm), soit 800 mm et une capacité en diamètre de 100 à 200 mm.

On privilégie l'utilisation de contreplaqué de 19 mm ou de Médium par rapport au bois massif, susceptible de travailler. Le disque diviseur est de préférence métallique, percé de 24 trous. L'angle de division (15°) permet de réaliser 2, 3, 4, 6, 8, 12 ou 24 cannelures équidistantes. Cela suffit dans la majorité des cas. On peut éventuellement, percer d'autres trous sur plusieurs circonférences concentriques, comme sur les diviseurs des tourneurs-fraiseurs.

Le disque est solidaire d'un arbre dont la partie antérieure correspond à la broche du tour : alésage central pour recevoir le mandrin à griffes, filetage pour recevoir les mandrins à embase vissée. L'ensemble diviseur/broche tourne librement sur la planchette antérieure ou poupée fixe. La poupée fixe porte, à la hauteur des trous de division, un index conique à ressort qui permet de bloquer le diviseur, et donc la pièce, en s'introduisant dans le trou désiré.

La planchette postérieure, ou poupée mobile, peut glisser en appui sur le fond et le côté de la boîte. Celui-ci peut être rainuré afin de faciliter le guidage. La planchette est solidaire d'une semelle percée d'un trou pour le passage du boulon de blocage.

Figure labels: index à ressort, diviseur, réglage fin, blocage, disque 24 divisions, PROFIL, AVANT, rainure en té, rainure guidage, ergot de guidage, PLAN, ARRIÈRE

Plan d'une boîte à canneler polyvalente.

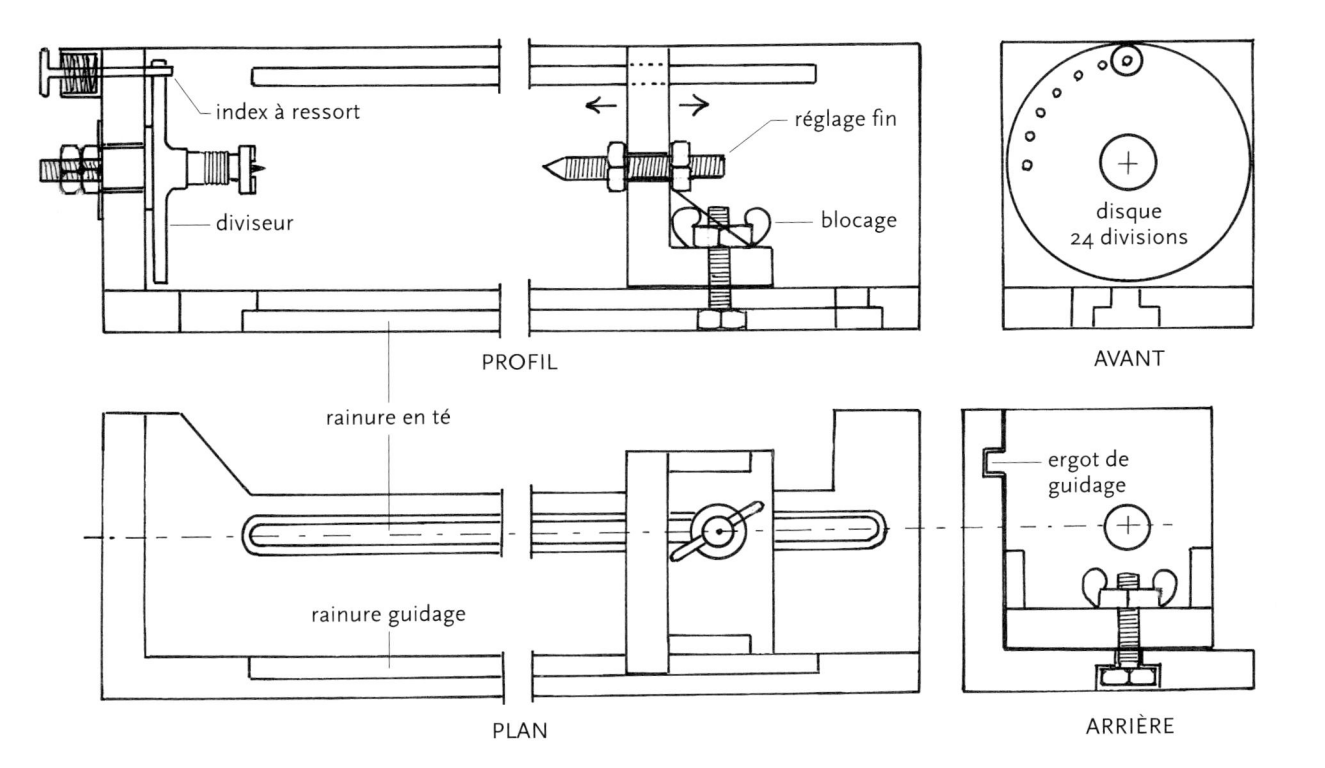

Le fond de la boîte, échancré, présente une lumière en T. Elle reçoit le boulon de blocage de la poupée mobile et permet son immobilisation à l'endroit voulu. Sa forme noie la tête du boulon. Une tige filetée de 12 ou 14 mm sert de contre-pointe à la poupée mobile.

La broche reçoit directement le mandrin qui a servi au tournage. S'il s'agit d'une pièce courte montée sur un mandrin de tournage en l'air, la poupée mobile est inutile.

La longueur des cannelures étant variable, on ne peut pas utiliser les bords de l'échancrure du fond comme limites de longueur. Sur la table de la toupie, il faut donc fixer des tasseaux avec des serre-joints, en amont et en aval de la boîte : ils servent de butées de départ et d'arrivée.

Le guide de profondeur

Dans notre exemple des pieds de table basse Louis XVI, c'est la surface latérale de la pièce, appuyée directement contre l'arbre de la toupie, qui sert de guide de profondeur. La cannelure a la forme d'une gorge étroite. Le fer a enlevé peu de bois. Ses bords, qui appuient sur l'arbre, sont proches l'un de l'autre. Si l'on trace une droite les reliant, elle correspond aux points d'appui de la pièce sur l'arbre et est pratiquement tangente à la circonférence de la pièce. La distance de la droite à l'axe de la pièce est égale au rayon initial de la pièce. La cannelure sera conforme au plan.

En revanche, **si la cannelure est large**, le fer a enlevé plus de bois. La droite reliant ses bords empiète sur la circonférence. La distance de la droite à l'axe de la pièce est inférieure au rayon initial de celle-ci. La cannelure sera plus profonde que prévu. **Si la cannelure s'évase** du fond vers l'extérieur (cannelure en V ou en aile de mouette pour les godrons par exemple), elle sera aussi plus large. Si les cannelures devaient se toucher bord à bord, la circonférence d'inscription s'étant réduite, la dernière chevaucherait la première.

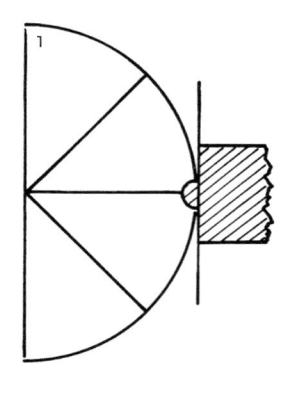

1 - cannelure étroite
2 - cannelure large
ABC - cannelure prévue
A'B'C' - cannelure obtenue

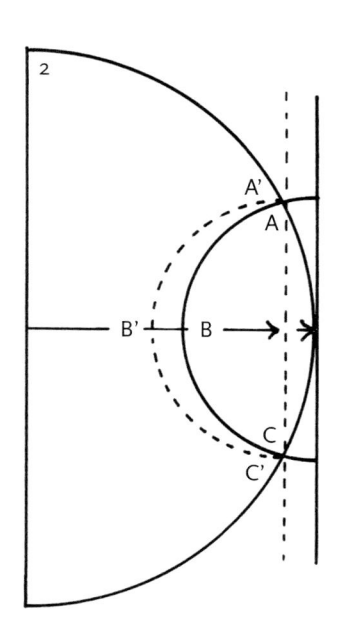

Pièce en appui sur l'arbre de la toupie.

Pour les cannelures larges, généralement creusées en plusieurs passes, l'appui direct contre l'arbre est donc proscrit et l'on a recours à un guide de profondeur. Il s'agit d'une planche dont l'un des côtés est découpé exactement selon le profil de la pièce à canneler. (Un comparateur à aiguilles facilite le travail de traçage.)

Le guide de cannelage à l'aplomb de la pièce, reproduit son profil exact.

Le guide est fixé sur le fond de la boîte en utilisant la lumière en T, de façon à se trouver parfaitement à l'aplomb de la pièce. C'est lui qui appuie sur l'arbre de la toupie. Il permet donc de travailler constamment au niveau du rayon de la pièce à canneler. Si le défonçage nécessite deux passes, le guide est réglé d'abord en avant de l'aplomb ensuite à son niveau.

Le dessin en coupe

Le dessin à l'échelle, en coupe, de la pièce à canneler est nécessaire en plusieurs points de sa longueur, surtout si les cannelures doivent se jouxter en un endroit quelconque.

Le rapporteur ou le compas les répartissent compte tenu des angles proposés par le disque diviseur. La circonférence de la pièce (C = 3,14 × D), divisée par le nombre de cannelures, détermine le secteur dans lequel s'inscrit chacune d'entre elles. La représentation de la pièce en coupe à l'échelle, au moins à ses diamètres extrêmes, donne à la fois les positions relatives des cannelures en ces endroits et les dimensions du fer à fabriquer pour les réaliser. À l'inverse, si l'on dispose d'un fer, ses dimensions déterminent les diamètres qu'on donnera à la pièce.

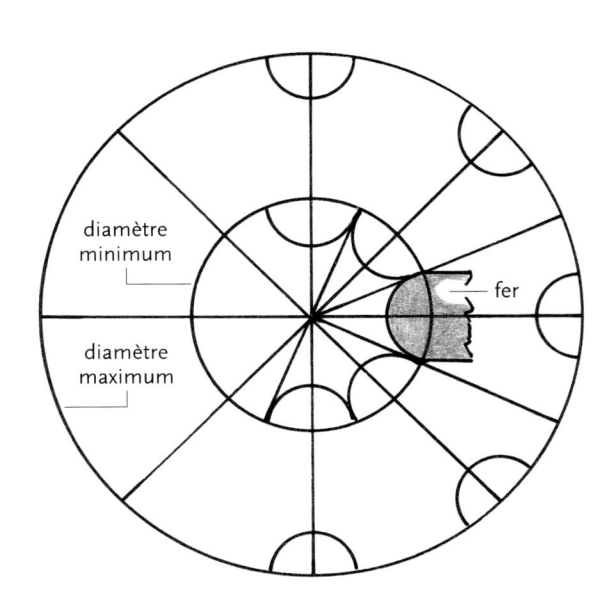

La pièce en coupe à ses diamètres extrêmes et les positions relatives des cannelures.

Les cannelures homothétiques

Les deux bords d'une cannelure sont toujours parallèles entre eux. De ce fait, si la distance entre les cannelures reste constante sur une pièce cylindrique, ce n'est plus le cas sur une pièce conique ou tronconique.

Pour un nombre donné de cannelures, plus la pente du cône est douce, plus l'angle formé entre les cannelures est ouvert. Il peut y avoir disproportion entre l'écart des cannelures à une extrémité de la pièce et leur écart à l'autre extrémité.

Il est possible d'éviter ce défaut d'esthétique en donnant aux cannelures, à condition qu'elles s'évasent du fond vers l'extérieur (gorge, grain d'orge, godron), une largeur décroissant proportionnellement à la réduction du diamètre. Ce sont des cannelures homothétiques. Leur réalisation est simple.

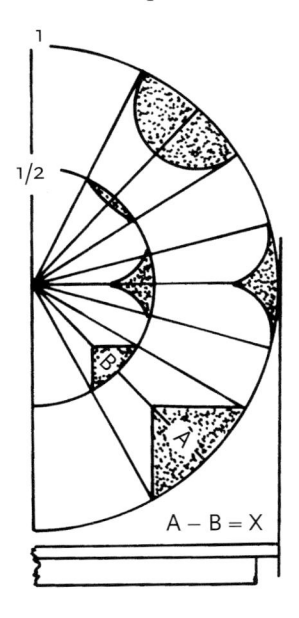

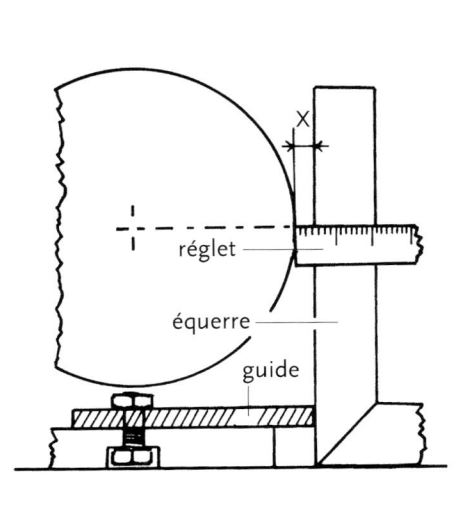

Cannelures homothétiques et réglage du guide de profondeur.

Le tournage entre pointes

À titre d'exemple, on peut considérer une pièce tronconique, dont le rapport des bases est de 1 à 2, cannelée en grain d'orge. La cannelure doit donc avoir une ouverture et une profondeur deux fois plus importantes au niveau du plus grand diamètre que du plus petit. Si la profondeur maximale est de 16 mm, elle sera de 8 mm à son minimum. Le guide de cannelage est mis à l'aplomb de la pièce au niveau du plus grand diamètre et décalé de 8 mm en avant de l'aplomb au niveau du plus petit diamètre.

Une équerre étant placée contre le guide, on mesure avec un réglet l'espace qui la sépare de la pièce. L'écartement progressif de la pièce par rapport à l'arbre de la toupie, en donnant une pénétration décroissante du fer dans le bois, permet d'arriver à la cote voulue.

Si l'on préfère une forme en gorge ou en godron, la cannelure ne sera pas tout à fait homothétique. En effet, en conservant l'exemple d'un rapport de 1 à 2, si la cannelure peut être deux fois plus étroite au petit diamètre, le rayon de courbure du fer ne pouvant pas se modifier en fonction de la forme, sa profondeur variera plus ou moins. C'est une *homothétie approchée*. La largeur seule sera proportionnelle au diamètre. Dans tous ces cas, le dessin en coupe à l'échelle aux diamètres extrêmes permet de connaître le décalage à donner au guide.

Sur le principe du cannelage, on peut réaliser des facettes sur la surface latérale d'une pièce tournée. Il suffit d'installer sur l'arbre de la toupie un fer à tranchant droit. C'est ainsi qu'on réalise les huit facettes ornant la partie tronconique de certains pieds de table Louis-Philippe. Le processus est identique. Le dessin en coupe à l'échelle aux deux extrémités du tronc de cône indique le décalage à donner au guide de profondeur pour respecter à la fois les diamètres extrêmes et l'équidistance des arêtes.

Facettage d'un pied Louis-Philippe. La boîte à canneler est équipée d'un guide de profondeur.

Autres procédés de cannelage

À la défonceuse fixe

Les tourneurs qui ne disposent pas d'une toupie peuvent la remplacer par une défonceuse dans les travaux de cannelage. La machine est boulonnée sur un solide support en L bloqué sur l'établi de façon à présenter la fraise horizontalement. Le support comporte des lumières verticales pour effectuer le réglage en hauteur. Une butée en demi-cercle sous la fraise, à l'aplomb de celle-ci, permet l'appui de la boîte à canneler. La coulisse de la défonceuse règle la profondeur de pénétration de la fraise.

Ce procédé de cannelage par fraisage est précis, mais le choix des cannelures se limite aux fraises disponibles.

Au tour

Tombé en désuétude depuis qu'existent les défonceuses, ce procédé consiste à utiliser le tour comme porte-fraise. Une fraise est montée sur la broche. On place une table en travers du banc. La boîte à canneler glisse sur la table en s'appuyant sur une butée semi-circulaire placée sur la table, sous et à l'aplomb de la broche. Cette butée peut coulisser parallèlement à l'axe du tour pour régler la profondeur de pénétration de la fraise. La vitesse de rotation est cependant trop faible pour obtenir un travail net.

À la main

Les cannelures sont poussées à la gouge de sculpteur. Si la pièce est cylindrique, une cornière servant de règle posée au niveau de chaque rayon détermine sa génératrice, et donc le tracé de la cannelure. Si la pièce ne présente pas un diamètre constant, on la laisse sur le tour, arbre bloqué. Un tasseau portant un crayon exactement à hauteur de l'axe de rotation est installé dans le tube d'une semelle, à la place de l'éventail. On tire la semelle, laissée libre sur le banc, le long de la pièce pour tracer la génératrice.

Au chariot

C'est un accessoire comparable au chariot des tours à métaux. Utilisé en tournage sur bois, il supporte une défonceuse ou un arbre porte-fer dépendant d'un moteur électrique. Le chariot se déplace parallèlement au banc, d'un bout à l'autre de la pièce, l'outil de fraisage exécutant la cannelure. Le tour ne sert qu'à supporter la pièce. Cet accessoire est utilisé par les tourneurs torseurs. Nous l'étudions dans notre ouvrage *L'Art du tournage sur bois* paru dans la même collection, Eyrolles, 2001.

Le tournage entre pointes

Première phase : cannelures transversales. Seconde phase : cannelures longitudinales toupillées.

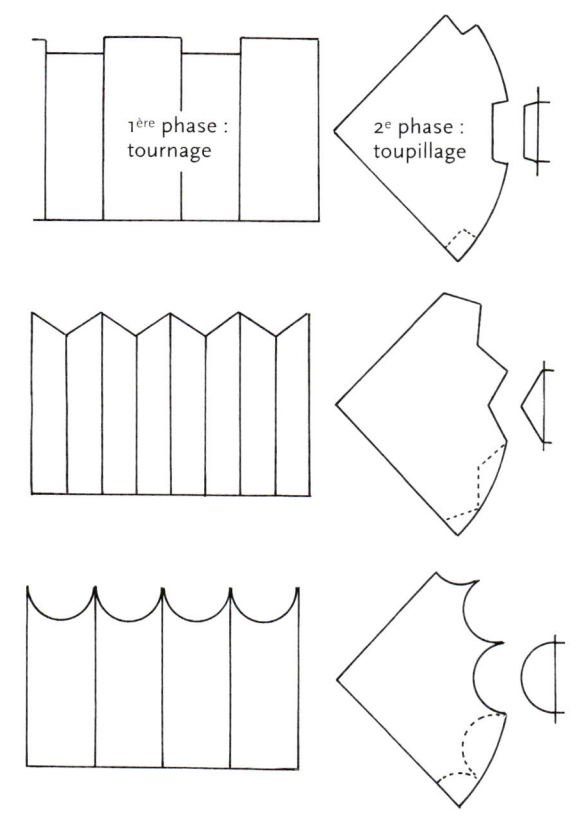

1ère phase : tournage

2e phase : toupillage

Le guillochis

C'est un réseau de cannelures, généralement de petites dimensions, entrecroisées pour créer des motifs en reliefs réguliers, très variés. La combinaison de cannelures longitudinales et transversales est une technique courante pour les réaliser.

Parmi les guillochis les plus simples, on peut citer les reliefs en carrés, en pointes de diamant, en pyramides à quatre faces concaves, etc. Dans ces trois cas, la procédure est la même.

1. Dessinez d'abord la pièce en coupe à l'échelle pour déterminer la taille et le nombre des cannelures.

2. Après l'avoir profilée, tournez des cannelures droites, en V, ou en gorge.

3. Façonnez ensuite un fer exactement à la forme de la moulure tournée et montez-le sur l'arbre de la toupie.

4. Effectuez les cannelures longitudinales sur la pièce, installée dans la boîte à canneler. Elles recoupent les transversales à 90° et créent le relief désiré.

Chacun, au gré de son imagination, peut faire varier ces reliefs en combinant des cannelures transversales et longitudinales de profils différents.

Il est préférable d'effectuer en premier lieu les cannelures transversales. En effet, le travail au fer de toupie bien affûté les recoupe avec plus de netteté que si vous procédez de façon inverse. Les angles des motifs ne présenteront aucune ébarbure.

Le ponçage

Intervenant entre le façonnage et la finition, le ponçage est destiné à obtenir une surface parfaitement lisse, exempte de toute trace d'outil ou de rayure.

Le ponçage manuel

Les pièces tournées entre pointes qui appartiennent à la famille des balustres sont généralement poncées à la main, tour en rotation. Le choix de l'abrasif est important. Les principaux fabricants proposent des qualités convenant parfaitement aux travaux tournés. Elles sont à base d'oxyde d'aluminium sur support en toile de coton ultra flexible. Des grains de 80, 120, 180, 220, et 320 couvrent pratiquement tous les travaux de ponçage. Les grains plus gros (60) ou plus fins (400, 600) ne sont utilisés que dans des cas particuliers.

Il est pratique de découper les abrasifs en bandes rectangulaires d'environ 120 × 50 mm et de les ranger dans des boîtes portant le numéro du grain.

Le ponçage d'une pièce correctement tournée commence habituellement au 120. Il n'est évidemment pas question de corriger une irrégularité de tournage avec de l'abrasif ; il ne fait que finir le travail de l'outil.

La vitesse de ponçage en rotation reste la même que pendant le tournage. On maintient une pression modérée sur l'abrasif.

Il est recommandé d'utiliser un aspirateur et si possible un masque antipoussière au cours du ponçage.

On ponce **les surfaces rectilignes**, et les **courbes à grand rayon** sans intermédiaire entre les doigts et l'abrasif ou avec une cale à poncer en caoutchouc mousse dur sur laquelle est enroulée une bande abrasive.

En revanche, si la pièce présente des **moulures**, on utilise des cales en bois ou en caoutchouc dur, de section carrée, rectangulaire, triangulaire ou cylindrique.

Les accessoires de ponçage manuel.

Celles-ci s'adaptent aux formes des moulures. Enroulée sur la cale, la bande abrasive est maintenue tendue avec les doigts. Lorsqu'elle est neuve, on l'assouplit en la cassant sur un angle de table. La cale est promenée sur le bois de façon à faire travailler toute la surface de l'abrasif. Cela évite l'échauffement et répartit l'usure.

Pour ne pas émousser les angles saillants, on remonte du fond de la moulure vers l'arête. Les angles rentrants sont poncés avec un morceau d'abrasif plié sur lui-même ou autour du réglet.

Quand la surface latérale de la pièce présente des **zones de dépression importantes** (cannelures larges, excavations radiales ou motifs en creux par exemple), il faut prendre une cale plus longue que la partie en dépression. Ses extrémités appuient de part et d'autre de la dépression sur des surfaces cylindriques régulières. À défaut, la cale perd son appui au passage du creux et vient percuter et émousser le bord opposé.

Si la surface de la pièce comporte des **facettes**, on les ponce l'une après l'autre, tour arrêté, dans le sens du fil du bois, bien à plat pour ne pas émousser les arêtes séparant les facettes.

Il importe de **ne pas trop appuyer l'abrasif** sur la pièce surtout avec les grains forts, car il laisse alors des rayures difficiles à éliminer. Poncée en rotation, une pièce présente toujours de petites rayures. Si elles sont quasi invisibles dans les parties chantournées, elles sont apparentes sur les parties lisses. Pour les faire disparaître, on termine par un ponçage à l'abrasif fin sur cale, tour arrêté, dans le sens du fil.

Le ponçage peut être amélioré par **contre-ponçage** : la pièce est humectée d'eau, si possible chaude, ou mieux d'alcool. Après séchage, la surface poncée devient rugueuse. Le liquide a redressé les fibrilles en les dilatant. Si le tour le permet, on ponce à nouveau au grain fin en tournant à l'envers. Sinon, on peut inverser le sens de la pièce entre les pointes.

Les bois durs ou mi-durs à grain fin, comme le buis, l'olivier, l'if, l'ébène ou les fruitiers, supportent bien un **lustrage** à la laine d'acier 000 avant la mise en œuvre de la finition. En revanche, cette technique est à proscrire sur les **bois à grain grossier** tels que le chêne, le frêne, le pin ou l'orme, car la poussière grise très fine induite par le frottement s'incruste dans les zones tendres des cernes d'accroissement du bois.

Lors du tournage d'une pièce, on garde une très **légère surcote** par rapport à la cote définitive. Elle disparaît lors de la rectification et du ponçage pour arriver aux dimensions exactes à la fin du travail. Malgré tous les soins apportés au ponçage, il arrive que cette opération émousse légèrement les angles des moulures.

Pour les angles saillants, la jonction d'un listel et d'une gorge par exemple, on ravive l'arête en donnant, après le ponçage de la gorge, un léger coup de bédane sur le listel. Biseau vers le haut, l'angle de l'outil effectue une passe latérale très fine en partant de

---

Il est recommandé d'utiliser un aspirateur, et si possible un masque antipoussière, au cours du ponçage.

la gorge et rectifie ainsi le listel. **Pour les angles rentrants**, entre un listel et un tore par exemple, on donne un très léger coup de pointe de plane. On la présente alignée sur la bissectrice de l'angle, juste pour marquer le changement de moulure.

Quand la pièce est terminée, on l'examine sous tous ses angles à contre-jour, en lumière rasante. En bois de fil comme en bois de bout, toute la surface se révèle parfaitement lisse. Les moulures doivent être nettes et parfaitement détachées les unes des autres. La rigueur d'exécution, sans la moindre concession, est une discipline que l'on doit s'imposer si l'on ambitionne des réalisations de haut niveau.

Les outils de ponçage

Il existe différents accessoires de ponçage adaptés à tous les types de pièces, quelles que soient leurs formes et la façon dont elles ont été tournées.

Les ponceuses

Avec la ponceuse à bande fixée sur l'établi, on présente la pièce sur les parties planes ou courbes de la bande. Les perceuses portatives quant à elles, reçoivent différents accessoires de ponçage rotatif : disques et roues abrasives à lamelles, qui conviennent pour les pièces de moyennes ou de grandes dimensions dépourvues de moulures fines. Ces accessoires travaillent à contresens de la rotation du tour.

Les ponceuses orbitales sont de plus en plus utilisées. Elles exécutent un travail d'excellente qualité. Leur rotation excentrique élimine toutes les rayures, tour en marche ou à l'arrêt. Elles servent essentiellement pour les ponçages de finition.

Quelques accessoires de ponçage mécanique.

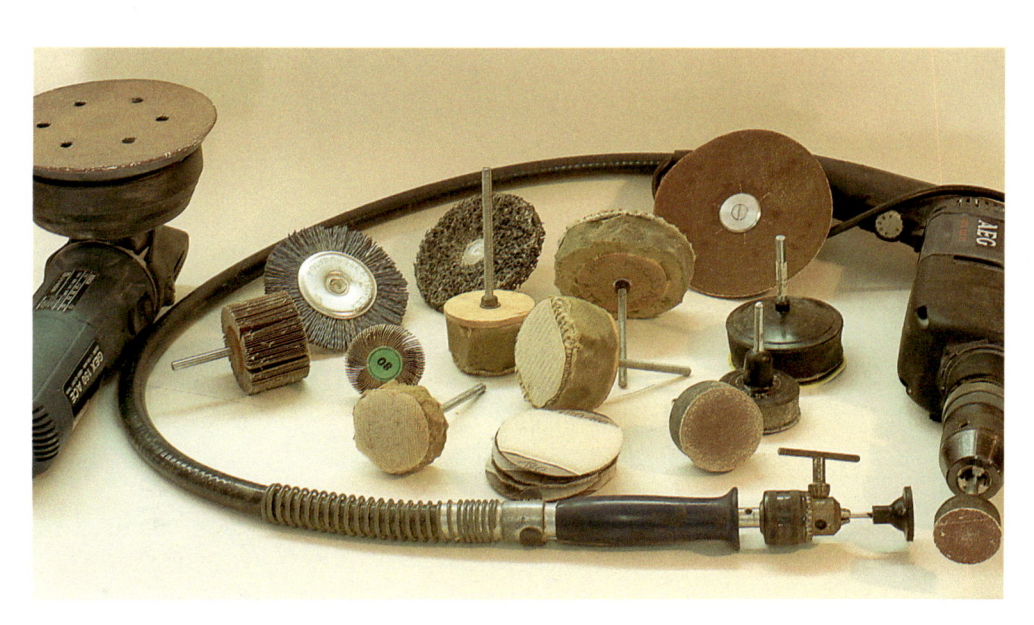

Les tampons rotatifs

Montés sur perceuse, leur dimension varie de 10 à 100 mm de diamètre. Ils s'adaptent aux pièces plus petites. On en trouve dans le commerce, mais on les fabrique souvent soi-même.

Une tige filetée maintient à son extrémité une plate-forme circulaire en contreplaqué au moyen de deux écrous. Sur la plate-forme est collé un morceau de caoutchouc mousse industriel à forte densité. L'épaisseur, de 10 à 40 mm selon le diamètre, permet d'épouser les fluctuations des formes. Le disque abrasif est maintenu par du Velcro haute résistance. Une rondelle mâle de Velcro est fixée sur le caoutchouc avec de la colle Néoprène. La partie femelle est collée sur des feuilles d'abrasifs de différents grains qui sont ensuite découpés en rondelles de même diamètre que le support.

Ces tampons rotatifs que l'on fait tourner à contresens du tour réduisent considérablement le temps de ponçage. En effet, les rotations inversées de la pièce et du tampon empêchent la formation de rayures concentriques que laisse un abrasif tenu à la main. Ils permettent de poncer l'extérieur comme l'intérieur de pièces creuses. Les petits tampons sont souvent montés sur des flexibles pour accroître leur maniabilité.

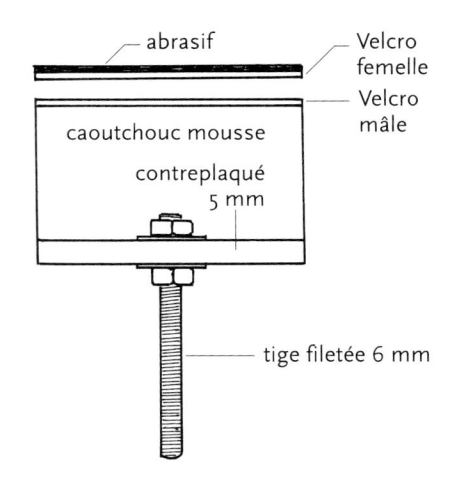

Tampon rotatif.

Les rouleaux ponceurs

Ils sont semblables aux rouleaux qu'on installe sur l'arbre de la toupie. Les meilleurs sont des tambours pneumatiques ou à picots de caoutchouc sur lesquels on enfile des manchons abrasifs. On les fabrique le plus souvent soi-même, en bois. Cylindriques, coniques, tronconiques, ils peuvent avoir des diamètres et des longueurs très divers. Leur surface est revêtue d'une feuille de caoutchouc épais supportant l'abrasif fixé avec de la colle Néoprène. Ils sont saisis entre les poupées du tour.

Pour garantir leur centrage, d'une utilisation à l'autre, il vaut mieux saisir l'extrémité du rouleau côté poupée fixe au moyen d'un mandrin plutôt qu'avec la griffe (gobelet, mandrin à mâchoires). Les rouleaux ponceurs fonctionnent comme des meules et servent en maintes occasions pour dresser des surfaces rectilignes, curvilignes, concaves aussi bien que convexes.

Le lapidaire

Accessoire indispensable, on le fabrique souvent soi-même. C'est un disque de bois monté sur mandrin à plateau et revêtu d'une feuille de Velcro mâle.

Lapidaire réglé pour dresser un chant oblique.

Comme pour les tampons, la partie femelle est collée sur une feuille d'abrasif découpée au diamètre du disque. On peut aussi coller directement l'abrasif avec de la colle Néoprène. Le plateau travaille en association avec une plate-forme montée sur le banc du tour, rigoureusement perpendiculaire au plateau, et au ras de celui-ci. Une règle borde un côté de la plate-forme. Elle est à 90° du plateau et de la plate-forme.

Le lapidaire, constamment mis à contribution, permet de dresser et de polir des faces perpendiculaires entre elles (bases d'un cylindre, faces d'une planche, d'un parallélépipède, etc.) ou de poncer à main levée une pièce quelconque. La pièce est en principe présentée sur le côté descendant du plateau, la pièce ou la main en appui sur la plate-forme. On dose l'effet abrasif en appuyant plus ou moins et en s'éloignant plus ou moins du centre de rotation. Lorsqu'il faut dresser une face non perpendiculaire à la surface de référence, on fixe avec un serre-joint une autre règle dont l'angle avec la règle fixe bordant la plate-forme est mesuré avec une fausse équerre.

Le polissoir

Il parachève rapidement et efficacement le travail de ponçage, avant de passer à la finition. Comparable au banc de polissage du cordonnier, il se compose en général de trois disques de fibres végétales. L'un sert au pré polissage, un autre, enduit de pâte à polir, lustre la surface du bois éliminant les moindres rayures. Le troisième sert pour la finition.

Bois de fil, bois de bout

Lorsqu'on parle du fil du bois, on évoque la structure du matériau. Très schématiquement, le bois présente en coupe transversale une juxtaposition de fibres ligneuses et de tubes plus ou moins gros, dont les ouvertures forment autant de trous. Ces éléments sont parallèles entre eux et à l'axe du tronc ou des branches. Leur sens est celui du fil. Quand on saisit une branche entre pointes, l'ébauche présente le plus souvent son fil parallèlement à l'axe du tour. L'outil attaque le bois perpendiculairement au fil. On tourne *bois de fil*.

À l'inverse, l'ébauche peut présenter son fil perpendiculairement à l'axe de rotation. C'est parfois le cas en tournage entre pointes, mais le plus souvent, cette situation se présente avec des mandrins pour le tournage en l'air. Le fil du bois sera donc face à l'outil. On tourne alors *bois de bout*.

En fait, si on décompose la révolution en quatre temps, le fil ne sera face à l'outil que deux fois sur quatre.

Bois de bout : les positions du fil du bois par rapport à l'outil au cours d'une révolution.

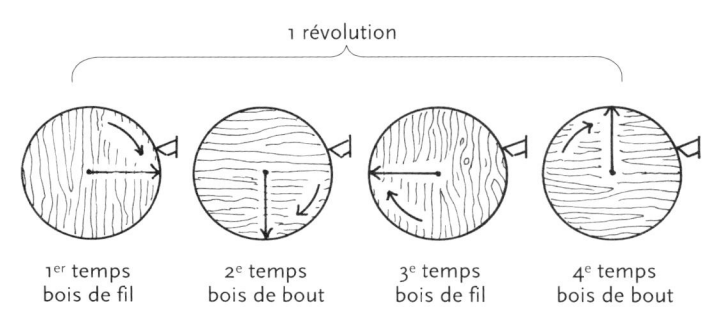

1 révolution

| 1er temps | 2e temps | 3e temps | 4e temps |
| bois de fil | bois de bout | bois de fil | bois de bout |

Si l'on travaille maintenant cette ébauche face à l'axe du tour (frontalement), l'outil attaque le bois perpendiculairement au fil : on tourne *bois de travers* et les conditions de travail sont les mêmes qu'en bois de fil.

Bois de fil, bois de bout, bois de travers.

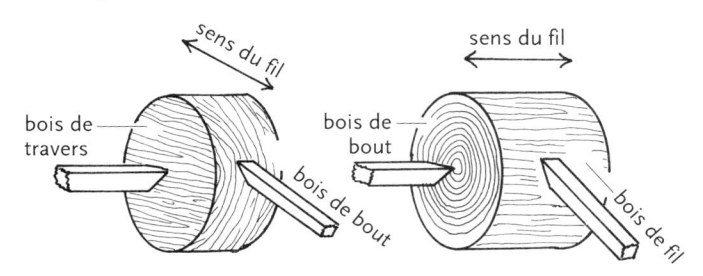

Le travail en bois de bout est plus délicat qu'en bois de fil, surtout pour les bois à grain grossier. Lorsque l'outil est face aux fibres, il a tendance à les désolidariser avant de les couper et à laisser une surface moins nette. De plus, la structure du bois rend la finition plus difficile, car la surface est plus perméable.

Il est donc nécessaire d'aborder ce travail avec plus de circonspection : une gouge devra être parfaitement affûtée, et son angle de coupe plus fermé ; face aux fibres, un bédane aura tendance à refuser le bois si l'on présente toute la longueur de son tranchant : un bruit sourd annonce une vibration qui précède l'engagement. Il faut donc doser la longueur de tranchant que l'on met en contact avec le bois. Il est cependant préférable de travailler en passes latérales avec les angles de l'outil. Le ciseau, qui racle le bois, travaille en bois de bout de la même façon qu'en bois de fil, mais les passes doivent être très légères et le tranchant sans défaut. Dans nos exercices (tores, gorges, etc.), exécutés en bois de fil, le parcours de l'outil au cours du moulurage va du grand diamètre vers le petit, ceci afin de coucher le fil du bois. En procédant de façon inverse, on irait *à contre-fil*. Coucher le fil signifie aller de la fibre la plus courte vers la fibre la plus longue, comme le montre le schéma suivant.

En progressant de la fibre la plus courte vers la fibre la plus longue, l'outil couche le fil.

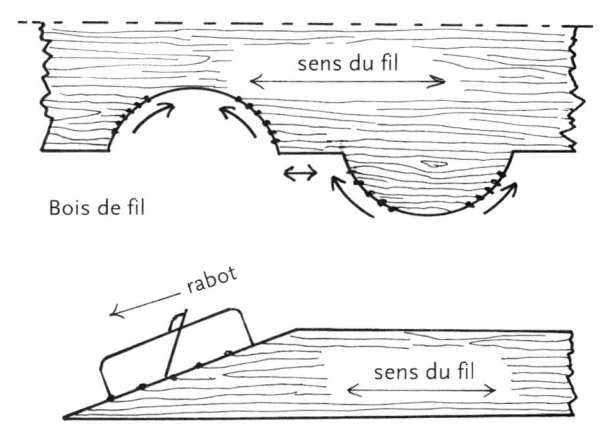

Bois de fil

Bois de bout

Si, au lieu de se présenter en bois de fil (fil parallèle à l'axe de rotation), l'ébauche se présente en bois de bout, on comprend que pour coucher le fil, il faut inverser le sens de la progression. Pour le même profilage, on progresse donc du petit diamètre vers le grand. Bien entendu, cette règle vaut aussi bien pour le travail en l'air que pour le travail entre pointes.

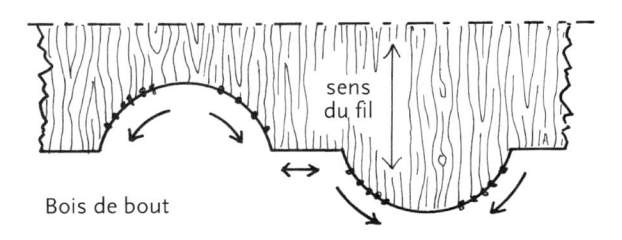

Il se présente très souvent des cas où, pour une raison quelconque, il est difficile de travailler en couchant le fil du bois : proximité d'une moulure gênant le maniement de l'outil, disposition hétéroclite des fibres dans un collage multipièce, etc.
On est confronté à l'alternative suivante :
- soit on est contraint d'utiliser l'outil dans une position inconfortable pour coucher le fil ;
- soit on a l'outil bien en main, mais cela implique de travailler à contre-fil.

Le choix est en réalité toujours le même : la bonne position de conduite de l'outil prévaut, même si elle implique une progression à contre-fil. Un outil bien affûté, manœuvré avec prudence et sans précipitation, vient à bout du problème sans difficulté
En bois de bout, la structure du bois rend le ponçage plus difficile. L'état de surface présente parfois des zones mates résultant d'un arrachage des fibres lors du tournage, fastidieuses à éliminer. La seule façon de réduire ce défaut est de travailler le plus possible le bois de bout avec des outils de coupe plutôt qu'avec des outils de raclage, et d'avoir un bon affûtage.

Le tournage en l'air

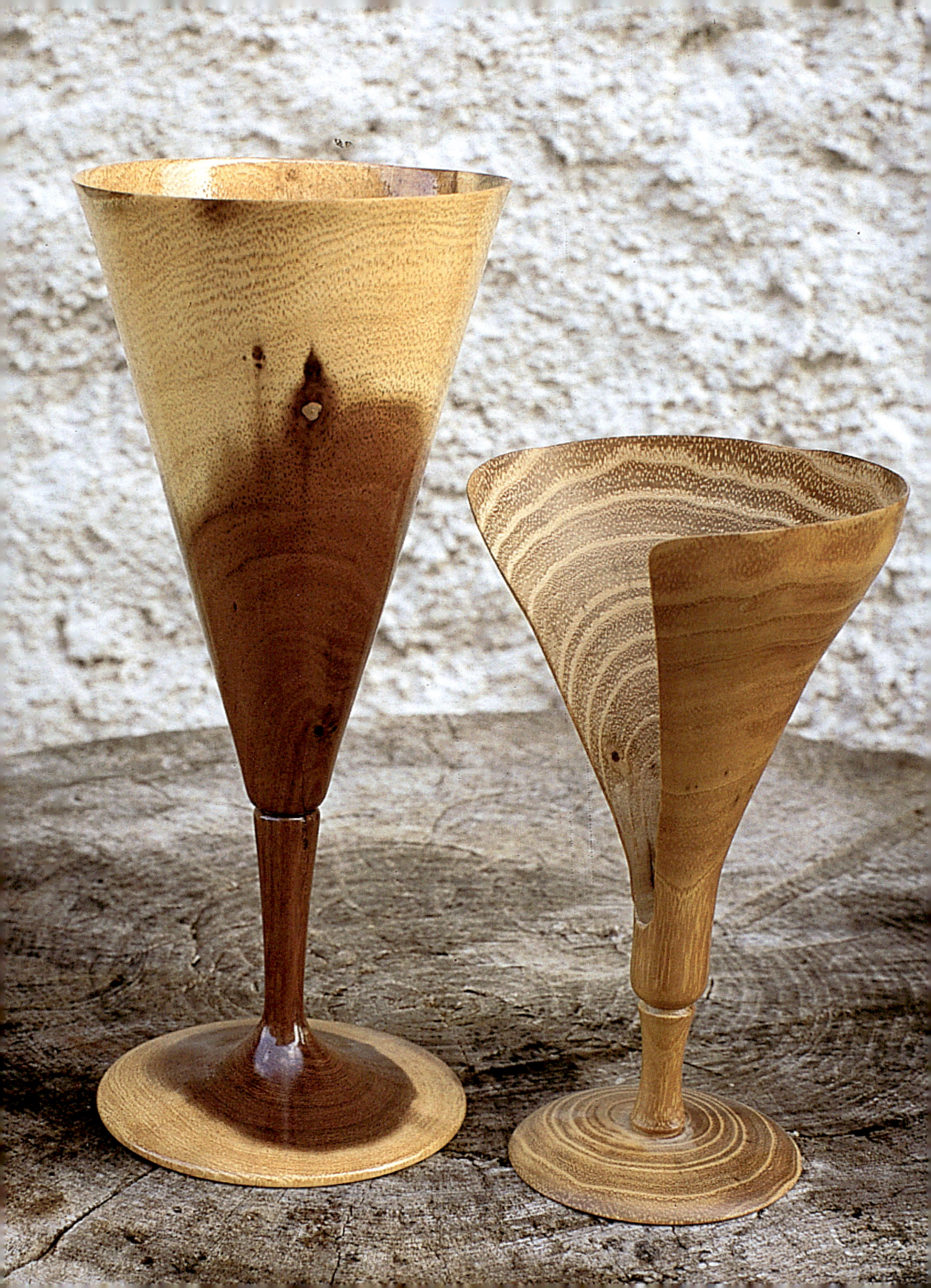

Dans le tournage en l'air, ou tournage sur mandrin, la pièce est maintenue sur le tour par l'intermédiaire d'un accessoire monté sur l'arbre d'entraînement, le mandrin. Le plus souvent, la contre-pointe n'est pas utilisée et la poupée mobile est repoussée à l'extrémité du banc. Les mandrins les plus utilisés sont dits *mandrins de base*, tous les constructeurs en proposent en option. D'autres mandrins, dits *mandrins spécifiques*, ont des fonctions particulières. Ils permettent de tourner des pièces dont la forme échappe aux possibilités de préhension des mandrins de base ou des pièces qu'il faut fixer sur le tour dans une position inhabituelle. Les mandrins spécifiques, conçus et réalisés par le tourneur lui-même, permettent donc de résoudre des problèmes précis de maintien.

En tournage entre pointes, les pièces travaillées sont tenues par leurs extrémités et l'éventail est le plus souvent parallèle à l'axe du tour. Les travaux sont essentiellement des profilages et des moulurages sur la face latérale d'objets de section circulaire. **En tournage en l'air**, du moins sur les mandrins de base, la pièce est maintenue par une seule de ses faces. Les autres se présentent à l'outil, pour être tournées parallèlement ou perpendiculairement à l'axe du tour, c'est-à-dire frontalement, pour creuser par exemple. Le travail en bois de bout ou de travers sera aussi fréquent que le travail en bois de fil.

Aucun accessoire ne doit gêner l'approche du banc du tour. S'il y a une étagère entre les pieds du tour, elle doit être à l'aplomb ou en retrait du banc. Si le tour est fixé sur un établi, le banc doit être au ras du bord de l'établi.

La poupée fixe doit être la moins large possible afin de faciliter l'accès à la face de la pièce sur laquelle est fixé le mandrin. On doit, en effet, parfois intervenir sur cette face et une poupée trop large l'empêche. Peu de constructeurs y pensent.

Il est préférable de **ne pas installer le tour contre un mur** et de laisser un espace suffisant pour évoluer tout autour. Cela peut être utile pour certains creusages, plus faciles à effectuer de l'autre côté du banc.

Sur les tours prévus pour le tournage en l'air, **l'absence de banc** dans le prolongement de la poupée fixe autorise les grands diamètres et dégage de la place pour travailler dans de bonnes conditions.

Les mandrins de base ont en commun leur système de fixation sur le tour appelé *embase*. La plupart des mandrins spécifiques utilisent un mandrin de base comme support, en général un plateau, d'autres ont leur propre système de support et d'entraînement adapté à leur fonction.

L'embase est une partie métallique tubulaire vissée sur le nez de tour, solidaire de l'organe de préhension de la pièce. Cet élément, très robuste, se compose d'une partie lisse, la portée longitudinale, et d'un filetage usiné dans l'alésage de ce tube. L'entrée du tube est également usinée et rectifiée perpendiculairement à son axe. Le nez de tour comporte lui aussi un filetage et une portée lisse mâle. À l'extrémité de cette portée est aménagée une butée ou portée transversale. Le mandrin est vissé sur le filetage de l'arbre. Ses portées transversale et longitudinale, correspondant à celle de l'arbre, assurent un centrage et un blocage parfaits.

Ce système de fixation est toujours autobloquant, c'est-à-dire que le mandrin a tendance à serrer sur l'arbre sous l'effet de l'inertie au démarrage et sous l'effet de la force qu'oppose l'outil à la rotation. En conséquence, les mandrins qu'on veut visser de l'autre côté de la poupée fixe, pour le travail de pièces de grand diamètre, ont nécessairement un pas inversé. Les mandrins prévus pour travailler à l'une ou l'autre extrémité de l'arbre d'entraînement ne sont donc pas interchangeables. Autre conséquence, sur les tours dotés d'un inverseur de marche, les mandrins doivent posséder un système de clavetage sur la portée longitudinale, sinon la mise en route inversée provoquera le dévissage et l'éjection du mandrin.

Filetage et portée ne tolèrent aucune brutalité. Le mandrin doit se visser sans forcer sur l'arbre et doit toujours venir en contact avec la butée.

On intercale une rondelle de bristol entre les portées transversales de l'arbre et du mandrin pour empêcher un blocage trop serré métal contre métal.

La butée de l'arbre d'entraînement comporte un trou perpendiculaire à l'axe. La surface latérale du mandrin également. Ils servent au démontage du mandrin. On introduit une barre d'acier dans chacun des trous, et en les poussant à l'opposé l'une de l'autre, on débloque le mandrin.

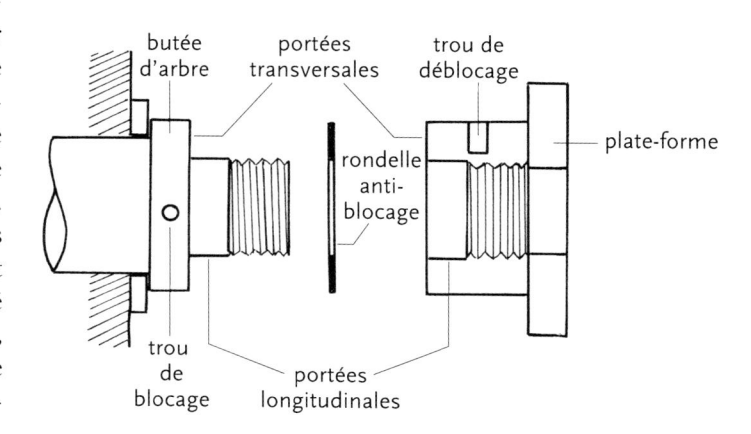

Adaptation de l'embase d'un mandrin sur la broche du tour.

Les mandrins de base

La queue de cochon

La **queue de cochon**, ou mandrin à vis, saisit l'ébauche grâce à une vis centrale. Elle maintient des pièces de petites ou moyennes dimensions, quelle qu'en soit la forme, pourvu qu'elles présentent une surface d'appui plane.

Très polyvalent, cet accessoire est constamment mis à contribution. Le tourneur en possède souvent deux ou trois.

Description

La queue de cochon est constituée d'une embase solidaire, d'une plate-forme circulaire usinée avec elle, et dont le diamètre varie selon les tours, de 40 à 100 mm.

En son centre, une vis serre la pièce à tourner sur son point d'axe, contre la plate-forme. Hormis la surface plane en appui sur la plate-forme, l'ébauche présente toutes ses faces à l'outil et peut donc être travaillée latéralement aussi bien que frontalement, en bois de fil, de bout ou de travers.

Il existe plusieurs variantes de queues de cochon :

À vis fixe : la vis, en général à grand pas, peut être solidaire de la plate-forme. La pièce, au centre de laquelle on perce un avant-trou, est vissée directement sur le mandrin déjà installé sur le nez du tour, lui-même immobilisé avec sa barre de blocage. Les vieux tourneurs installaient même de petites pièces sans arrêter le tour, en les présentant du plat de la main contre la vis. Le montage est donc très rapide, mais la vis n'est pas adaptée à toutes les pièces.

À vis interchangeables : le centre de la plate-forme peut recevoir des vis de différentes longueurs et de différents diamètres selon le volume à saisir. On utilise en général des tire-fond de 6 mm pour les petites queues de cochons, de 8 ou de 10 mm pour les plus grosses. Des bagues de réduction permettent l'adaptation au diamètre désiré.

Différentes queues de cochon.

Outre l'avantage de permettre de changer la vis à volonté, ce système permet éventuellement de remplacer la vis par une tige filetée sur laquelle on enfile la pièce qu'on serre avec un écrou. Le montage se fait sur l'établi. On pose la queue de cochon côté plateforme contre la pièce, au centre de laquelle on a fait un avant-trou. On serre le tire-fond avec une clé à tube ou une clé à cliquets tout en maintenant la pièce avec l'autre main. Un jeu de rondelles en contreplaqué de différentes épaisseurs accompagne la queue de cochon. On les intercale à volonté entre la pièce et la plate-forme pour réduire la longueur de pénétration de la vis dans le bois.

Plate-forme à trois vis : sur certaines queues de cochon, la plateforme porte près de son périmètre trois trous opposés à 120°, qui laissent le passage à trois vis. Les vis latérales complètent le vissage central et permettent de saisir des pièces plus importantes. De plus, si l'on ne veut pas affecter d'un trou le centre de la pièce, on peut supprimer la vis centrale. Cette variante situe les utilisations du mandrin entre celles de la queue de cochon ordinaire et du mandrin à plateau.

Utilisation

Une vis fixée en bois de bout tient moins bien le bois que par le travers. Il faut en tenir compte lors du montage de l'ébauche sur le mandrin : pénétration plus profonde de la vis, ou choix d'une vis plus grosse.

Ce mode de fixation permet de travailler latéralement et frontalement. Si le fil de l'ébauche est parallèle à l'axe du tour, le travail latéral sera en bois de fil et le travail frontal en bois de bout. Si son fil est perpendiculaire à l'axe du tour, le travail latéral sera en bois de bout, le travail frontal sera en bois de travers, assimilable au bois de fil. Ces positions déterminent le sens de progression de l'outil pour coucher le fil.

En travail latéral, l'outil attaque le bois au-dessus de l'axe, dans le secteur 2 du cylindre.

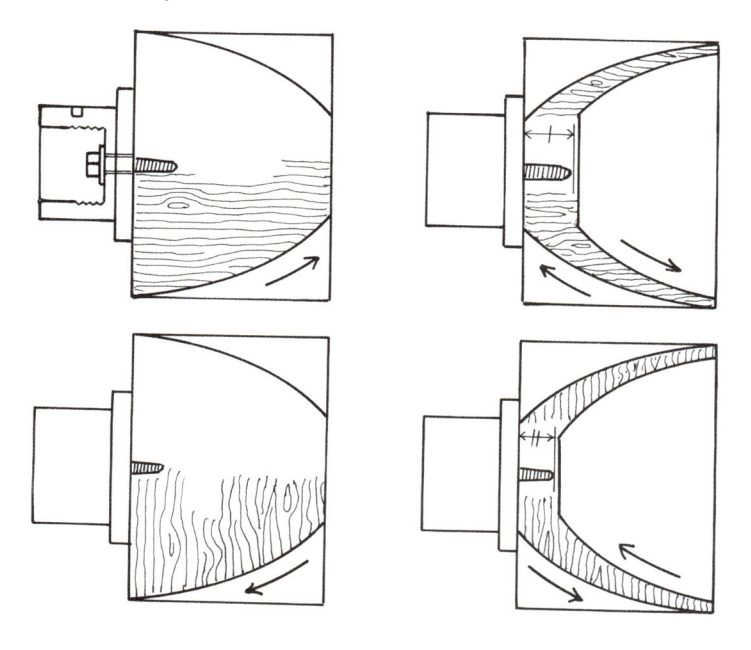

En bois de bout, la vis pénètre plus profondément qu'en bois de travers. Le sens du fil conditionne le sens de progression de l'outil.

Les mandrins de base

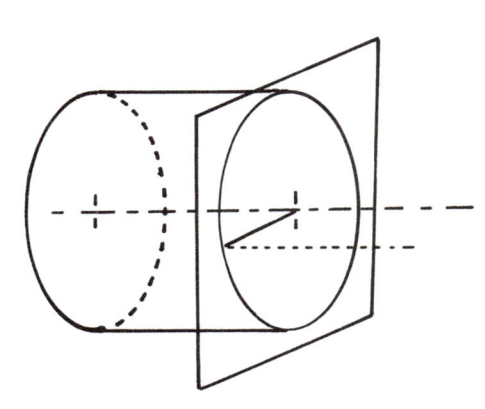

Le plan de rotation est perpendiculaire à l'axe de rotation.

En travail frontal, l'outil attaque le bois perpendiculairement à l'axe de rotation, au niveau de l'axe de la pièce, quel que soit le sens du fil. Le secteur d'intervention, sur le plan de rotation, se situe entre l'axe et le bord gauche de la pièce, l'outil ne dépassant jamais l'axe.

De l'axe à la périphérie, la vitesse de défilement du bois devant l'outil augmente avec le rayon. Choisissez la vitesse de rotation en fonction du diamètre à tourner, soit par exemple, 1 000 tr/min environ pour un disque de 300 mm de diamètre et 100 mm d'épaisseur.

Dans le voisinage de l'axe, la vitesse de défilement est faible. Pour une pression et un angle de coupe donnés, le rendement de l'outil, réduit, se traduit par un débit de bois inférieur à celui obtenu plus loin de l'axe. Il en résulte souvent une surface dressée légèrement en cône. Rectifiez en faisant quelques passes supplémentaires au voisinage de l'axe et contrôlez la rectitude avec un réglet.

Quand un point de la pièce va de A à A' sur son rayon O1, dans le même temps, il va de B à B' sur son rayon O2 : la vitesse de défilement augmente avec le rayon.

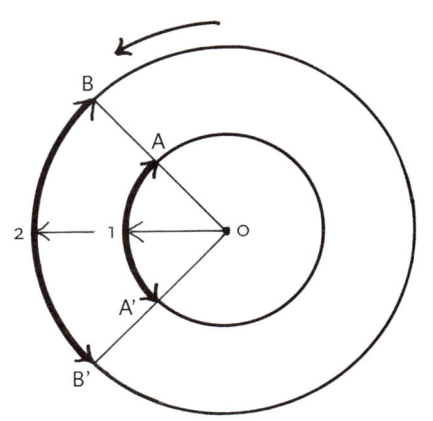

Choisissez la vitesse de rotation du tour en fonction du diamètre à tourner.

La queue de cochon à vis centrale seule suffit souvent pour tourner la plupart des pièces. Cependant, la pièce n'est tenue que par son point central et une pression trop importante, surtout si l'on est loin de l'axe, crée une force susceptible de la faire tourner sur elle-même et de la désolidariser du mandrin. À plus forte raison, un *coup de maître* (engagement de l'outil) peut dévisser la pièce. Il est parfois nécessaire d'augmenter la profondeur de pénétration de la vis pour assurer à nouveau un bon maintien. Ce type d'incident peut décentrer légèrement la pièce. D'une façon générale, dévisser et revisser entraînent souvent un décentrage. Il faut éviter de le faire et ne démonter la pièce que lorsqu'elle est complètement terminée. Enfin rien n'empêche en principe d'assurer la pièce avec la contre-pointe si les circonstances le recommandent. Il est aussi possible d'ajouter les vis latérales.

Le gobelet

Il sert à saisir des ébauches longues voire très longues, mais d'un diamètre modeste ; il faut que le fil du bois soit toujours parallèle à l'axe de rotation.

Description

Son embase est prolongée par un tube métallique très robuste. La longueur de celui-ci avoisine 50 mm et son diamètre varie de 30 à 80 mm. Le rondin ou le carrelet que l'on fixe sur le mandrin y est emboîté en force par l'une de ses bases, au marteau.

Le tournage en l'air

Très simple et fort répandu chez les tourneurs européens, il est l'outil le plus adapté à la saisie des pièces de ce type, auxquelles il garantit le maintien le plus fiable. En revanche, il est pratiquement inconnu des anglo-saxons, qui le remplacent par le mandrin multifonction équipé de mors, beaucoup moins efficace dans cette situation.

Quelques mandrins à gobelet.

Utilisation

Lorsqu'il s'agit de prendre une **pièce légère, de longueur moyenne**, vous pouvez vous contenter d'épanneler sa base en cône octogonal approximatif. Les coups de marteau bloquent suffisamment l'ébauche dans le mandrin. Corrigez éventuellement le centrage en donnant de petits coups sur la pièce avant de lancer le tour. Pour saisir une **ébauche plus longue et plus lourde**, mettez-la d'abord entre pointes et calibrez l'extrémité à emboîter au diamètre d'entrée du mandrin sur 1 ou 2 mm. Au-delà de cette portée, prolongez le calibrage en très léger cône sur 10 à 30 mm, selon la taille de la pièce, jusqu'à un épaulement qui servira de portée transversale. Cette portée assure le centrage. Le mandrin est posé sur le sol ou sur un établi (dans l'axe d'un des pieds) ; intercalez une planchette en bois entre le mandrin et l'appui. Dans l'ouverture, introduisez la base tournée de l'ébauche et enfoncez-la en la frappant très fortement avec un gros marteau ou une massette.

Sous l'effet de la pression, la portée conique se mate, les fibres du bois s'écrasent et se compriment, bloquant la pièce dans le mandrin. Ainsi enfoncée jusqu'à l'épaulement-butée, elle est en même temps centrée.

Ce système de fixation, brutal, mais extrêmement efficace, est nécessaire pour travailler des ébauches très longues. En effet, à l'extrémité de la pièce située loin du mandrin, l'outil en exerçant sa pression,

La portée longitudinale, légèrement conique, va entrer de force dans l'alésage du mandrin.

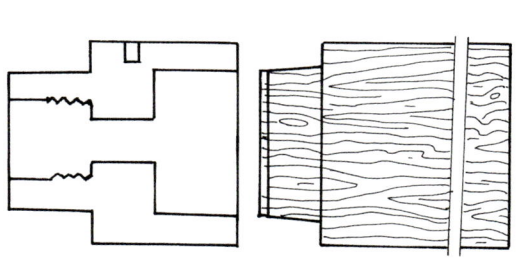

Enfoncez toujours l'ébauche sur le mandrin et jamais l'inverse pour éviter d'abîmer la portée transversale de l'embase de l'outil.

L'effet de bras de levier provoqué par la pression de l'outil est absorbé par les portées longitudinale et transversale.

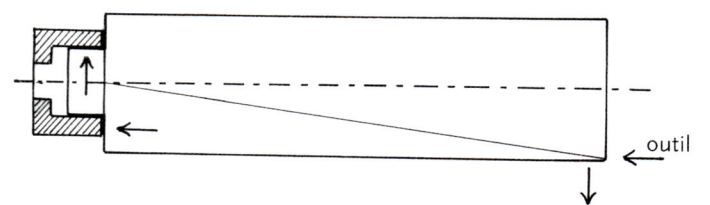

Les mandrins de base

Évitez de monter une ébauche en bois de travers sur un gobelet. Perpendiculaire à l'axe de rotation, le fil du bois de la partie encastrée n'aurait aucune solidité et ne résisterait pas à l'impact du marteau.

crée un effet de couple proportionnel à la distance outil/mandrin qui tend à éjecter la pièce. La pièce, maintenue dans le mandrin par ses portées longitudinale et transversale qui encaissent simultanément l'effet de couple, ne peut pas bouger.

La tenue est bien meilleure que celle obtenue avec une queue de cochon ou un mandrin à mors. Cependant, il peut subsister des vibrations dues à l'élasticité du bois. On les neutralise en utilisant soit une lunette pour un travail frontal, soit la contre-pointe pour un travail latéral.

Lorsque le tournage est terminé, coupez la pièce au ras de l'ouverture du mandrin. Enlevez le morceau de bois qui reste encastré en introduisant un cylindre chasse-pièce, frappé de quelques coups de marteau énergiques. S'il est trop fortement serré, il refuse parfois de sortir ; il faut attendre le lendemain qu'il ait un peu séché. Vous pouvez aussi l'éliminer en le défonçant au bédane, tour en rotation.

Le gobelet peut éventuellement servir à maintenir certaines pièces ou accessoires comme des rouleaux ponceurs. Ils sont emboîtés sans forcer, centrés par la portée transversale et maintenus de l'autre côté par la contre-pointe.

Le plateau

Le plateau, plate-forme circulaire plus ou moins grande, sert à maintenir par vissage n'importe quelle pièce de moyenne ou de grande dimension présentant au moins une face plane. Il sert également de base à de nombreux mandrins spécifiques. Très utilisé, il est quasi indispensable d'en posséder deux ou trois.

Description

L'embase supporte une plate-forme circulaire percée de trous ou de lumières. Cette plate-forme, prévue pour recevoir les pièces les plus lourdes et les plus volumineuses, peut atteindre 400 mm de diamètre sur les tours lourds.

Divers types de plateaux.

La disposition des trous ou des lumières varie d'un plateau à l'autre. Les mieux conçus ont des lumières qui permettent de placer les vis exactement où l'on veut sur le rayon de la pièce. Ces lumières sont opposées à 90° ou à 120°.

103

Dans le cas de plates-formes à trois ou quatre lumières, quatre trous supplémentaires permettent de fixer le contre-plateau sans mobiliser les lumières. Les plateaux de grandes dimensions possèdent souvent six lumières, pratiques pour garantir une bonne fixation des grosses pièces ou des mandrins spécifiques lourds.

Pour une utilisation courante, on équipe généralement le plateau d'un **contre-plateau**. C'est un disque en contreplaqué de 10 ou 15 mm, d'un diamètre un peu supérieur à celui du plateau.

Vissez ce disque sur la plate-forme en passant les vis par les trous prévus à cet effet. Creusez des trous ou des lumières en superposition avec ceux de la plate-forme.

La fonction du contre-plateau est de centrer la pièce et d'éviter que l'outil ne touche le plateau. Le disque de bois étant fixé sur la plate-forme, l'ensemble est monté sur le tour.

Repérez le centre en pointant un crayon bien taillé sur l'axe de rotation. Sur le repère, fixez une vis de 3 mm en l'enfonçant jusqu'à la limite du filetage.

Sciez ensuite la tête de la vis et remettez le tour en route. Avec un tiers-point ou une lime plate, limez la vis en cône de façon à constituer une pointe de centrage. Tracez ensuite deux diamètres à 90° l'un de l'autre et une série de cercles concentriques tous les 10 mm, chacun portant l'indication de son diamètre. Ces détails aident à centrer la pièce.

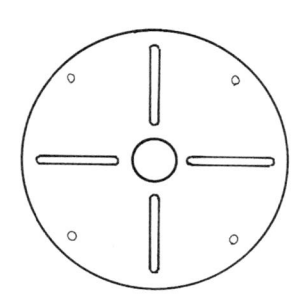

Pour visser la pièce, il est préférable d'utiliser des tire-fond plutôt que des vis ordinaires. Leurs têtes hexagonales, saisies avec une clé à cliquets, permettent un serrage rapide.

Les plateaux à quatre lumières donnent la possibilité de ne monter que deux vis à 180° si le poids de la pièce n'en justifie pas davantage. On choisit la longueur et l'emplacement des tire-fond en fonction de la forme de la pièce et en tenant compte, bien entendu, du fait que les tire-fond laissent leurs marques sur la pièce. Il faut les situer en un endroit du bois qui disparaîtra ou ne sera plus visible par la suite. On comprend ainsi l'avantage des lumières sur les trous.

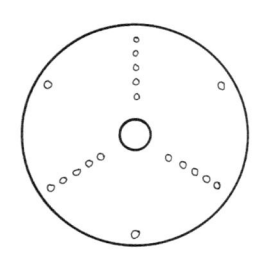

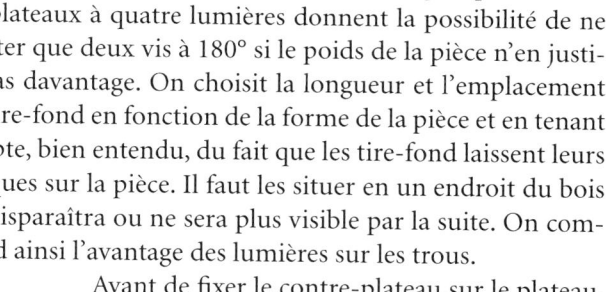

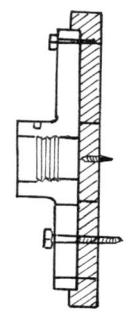

Avant de fixer le contre-plateau sur le plateau, prenez soin de le saisir sur une queue de cochon ou sur un autre plateau, pour aléser la face d'appui sur la plate-forme au diamètre de celle-ci, sur 5 mm environ de profondeur. Cette face est emboîtée sur le plateau avant d'être vissée. Cela garantit le bon maintien du contre-plateau et son centrage quand on le remet après l'avoir enlevé.

Le trou central laissé par la queue de cochon est agrandi et bouché avec un tourillon. La vis destinée au centrage peut alors être mise en place.

Plateau à lumières.

Plateau à trous.

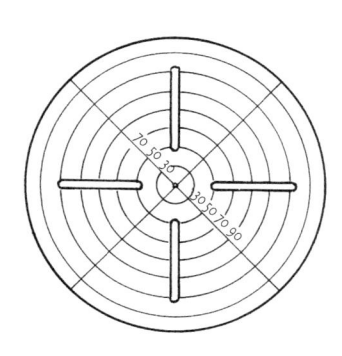

Contre-plateau.

Les mandrins de base

Autre façon de centrer : collez et clouez sous le disque trois cales de centrage opposées à 120°, contre la périphérie du plateau. Le chant du plateau et celui du contre-plateau sont marqués d'un index de positionnement permettant de remettre le contre-plateau dans sa position d'origine si on l'a dévissé.

Utilisation

Le plateau est principalement destiné à saisir par vissage des **pièces de grand diamètre et de toutes longueurs** ou des mandrins spécifiques, en vue d'un travail en l'air. On l'utilise souvent en tandem avec la contre-pointe, par exemple, pour assurer une pièce longue.

Certaines ébauches volumineuses et très longues, normalement prévues pour être prises entre pointes, nécessitent un plateau pour assurer leur entraînement. Du fait de leur poids, le mandrin à griffes ne peut plus assurer cette fonction. En effet, avec l'inertie inhérente au poids (surtout au démarrage), les griffes agrandissent leur logement, la pièce se décentre et risque l'éjection.

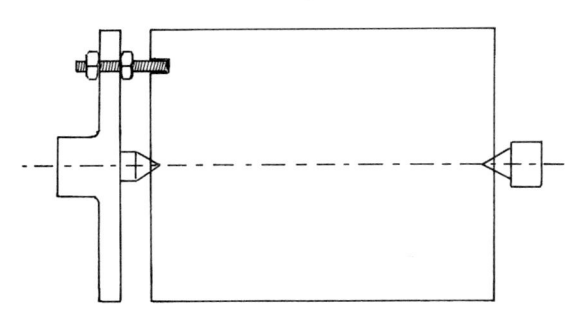

Montez alors un plateau sur le nez du tour et une contre-pointe dans l'alésage de la broche à la place du mandrin à griffes. Cette contre-pointe et celle de la poupée mobile sont les deux pivots de rotation de la pièce.

Système du pousse-toc.

Dans l'un des trous du plateau, le plus loin possible de l'axe, passez une tige filetée de 8 mm dont l'une des extrémités pénètre de 10 mm environ dans la pièce. Deux écrous l'immobilisent de part et d'autre du plateau. C'est elle qui va assurer l'entraînement. Avec ce système, qu'on appelle *pousse-toc*, vous pouvez faire tourner les pièces les plus lourdes et les plus volumineuses.

Il arrive parfois que l'**embase du plateau se bloque** contre la butée de l'arbre d'entraînement : en l'absence de rondelle intercalaire, si le plateau n'a pas été vissé à fond et qu'avec l'inertie au démarrage, il s'autobloque brutalement, ou encore à la suite d'un engagement violent de l'outil dans la pièce.

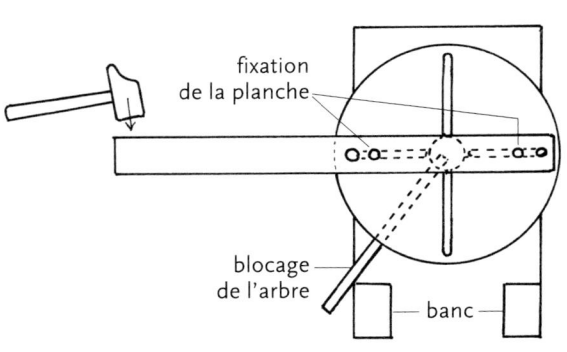

On le débloque à l'aide d'une planche dont l'une des extrémités est vissée par des tire-fond dans les lumières ou les trous les plus proches de la périphérie. L'arbre d'entraînement étant bloqué, un coup de marteau très sec à l'autre extrémité de la planche débloque en général le mandrin.

Déblocage d'un plateau.

fixation de la planche
blocage de l'arbre
banc

105

L'empreinte

La saisie par empreinte (ou emprunt) assure à une pièce une excellente tenue et la laisse vierge de toute trace. Le principe de préhension est celui de l'emboîtage. Il obéit à des règles simples, mais strictes, et permet de tenir des **pièces de grand diamètre** si elles ne sont **pas trop longues**.

Ce système est de plus en plus délaissé depuis que les mandrins multifonctions sont apparus sur le marché. Équipés de mâchoires extensibles, ils remplacent souvent avantageusement l'empreinte et font gagner du temps. Cependant, ils ne conviennent pas dans tous les cas et il demeure indispensable, pour le tourneur amateur comme le professionnel, de savoir travailler à l'empreinte.

Description

L'empreinte est un disque de bois de préférence dur et à grain fin, vissé sur un plateau ou une queue de cochon. Le hêtre ou le sycomore conviennent bien. Prélevé dans une planche, le fil du bois se présente perpendiculairement à l'axe. On travaille frontalement pour tourner à l'empreinte, mâle ou femelle, en bois de travers. Si l'empreinte est mâle, on la calibre sur le disque. Si elle est femelle, on pratique un alésage dans le disque. La pièce présente la contre-forme de l'empreinte pour permettre l'emboîtage.

Le maintien de la pièce est assuré par deux portées circulaires opposées à 90°: la portée perpendiculaire à l'axe, ou portée transversale, et la portée parallèle à l'axe, ou portée longitudinale. Les portées de la pièce en contact avec celles de l'empreinte centrent et bloquent l'ébauche comme l'embase d'un mandrin. Les portées longitudinales de l'empreinte et de la pièce doivent avoir exactement le même diamètre et être toutes deux rigoureusement perpendiculaires aux portées transversales. En revanche, elles n'ont pas obligatoirement la même longueur, l'important étant que le contact empreinte/pièce se fasse simultanément sur les deux portées.

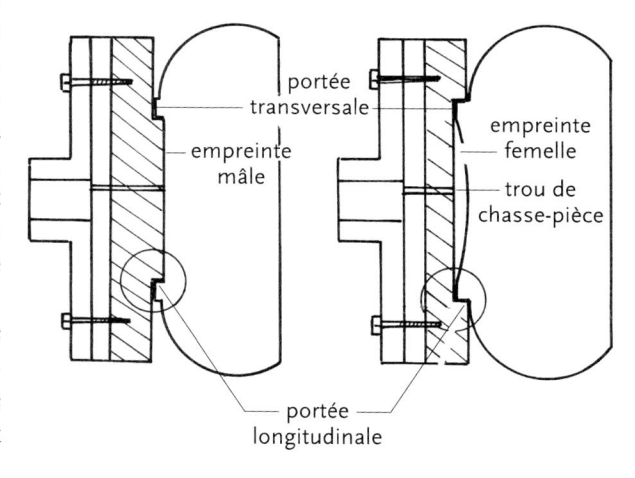

Le principe de l'empreinte.

Utilisation

L'usinage de l'empreinte demande une parfaite précision.
Exécutez ce travail au bédane en suivant un tracé fait au compas ou avec un réglet et un crayon. En arrivant au trait, présentez la pièce. S'il reste un peu de bois à enlever, servez-vous du bédane,

Les mandrins de base

biseau en haut, pour racler la portée longitudinale avec son arête biseau/chant et enlever une fine pellicule.

Avec un peu d'habitude, vous arriverez à la cote juste en deux ou trois essais. La cote est bonne si la pièce amorce sa pénétration sur l'empreinte.

Enfoncez-la alors au maillet en frappant au centre et tout autour du centre sur un rayon égal à celui de l'empreinte.

Si la portée longitudinale de l'empreinte est conique, le contact avec la pièce n'est plus une surface, mais une simple ligne, insuffisante pour garantir le maintien. Une empreinte bombée ou une pièce mal enfoncée compromettent le centrage et le maintien. Pour que la surface portante soit maximale, le diamètre de l'empreinte doit toujours être aussi grand que possible, cela compte tenu de la forme de la pièce. Si elle ne le permet pas, compensez le diamètre en augmentant la profondeur de l'empreinte.

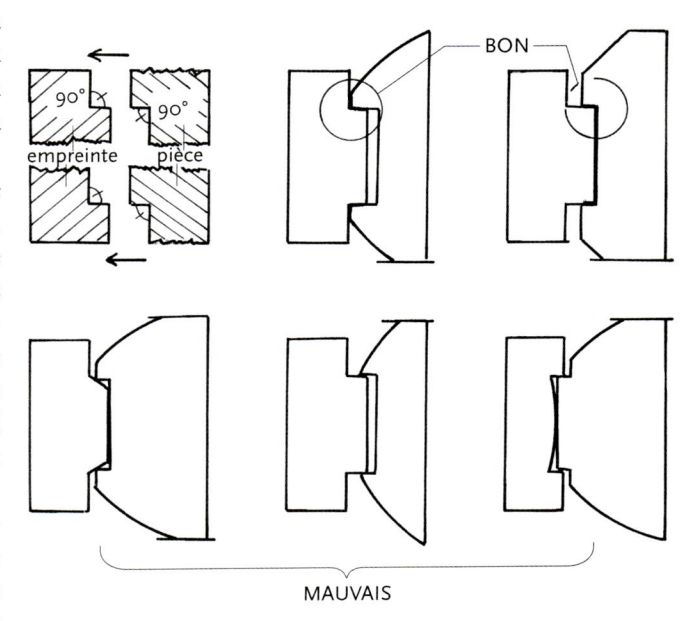

Mises en empreinte correctes (en haut) et incorrectes (en bas).

À titre indicatif, une coupe basse ou un saladier de 400 mm de diamètre et de 130 mm de haut est maintenu avec une empreinte de 170 mm de diamètre et 5 mm de profondeur. Une coupe sur pied de 350 mm de diamètre et de 170 mm de haut qui possède un pied de 180 mm de diamètre aura une empreinte de 160 mm de diamètre et 7 mm de profondeur. Ces cotes paraissent faibles, pourtant elles suffisent car l'appui, constant sur toute la surface des portées, représente une surface relativement importante. **Si la pièce entre trop facilement** dans l'empreinte, refaites l'empreinte. **Si elle entre assez facilement**, mouillez l'empreinte ainsi que la partie de la pièce à saisir, avec une éponge et emmandrinez-la immédiatement. L'eau fait gonfler le bois et bloque la pièce. Avant de tourner, assurez-vous qu'elle tient solidement.

Pour retirer la pièce de l'empreinte, donnez des coups de paume tout autour de sa périphérie. Si elle est très serrée, recourez à un tournevis que vous placez entre l'empreinte et la pièce, en protégeant cette dernière avec une plaque de tôle (réglet, racloir ou autre). Placé successivement en différents endroits de la périphérie et tourné comme pour visser, le tournevis agit comme un levier.

Si l'empreinte a été mouillée, avant de tourner, assurez-vous que la pièce tient solidement. Si elle doit rester longtemps sur l'empreinte, renouvelez la vérification régulièrement.

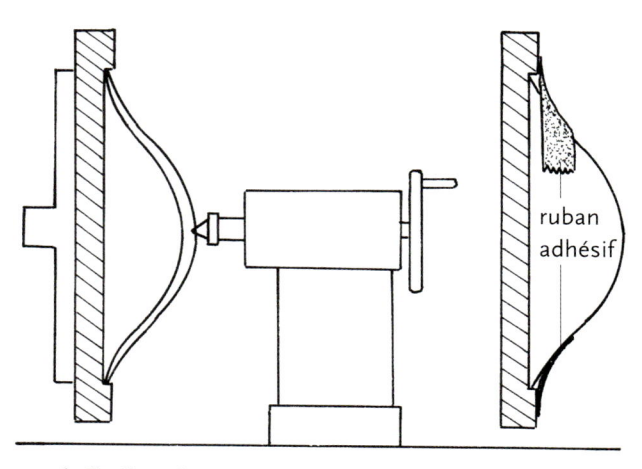

Il arrive parfois qu'on usine sur la pièce ou sur l'empreinte une **portée longitudinale volontairement conique**. C'est le cas quand on veut saisir une pièce un peu longue par rapport à son diamètre, ou très lourde.

On utilise alors l'empreinte comme un gobelet. Elle doit être en bois très dur, relativement profonde, et laisser un volume de bois important autour d'elle si elle est femelle pour ne pas casser sous la pression à l'emmandrinage. Il faut un gros marteau et de la vigueur. Comme dans un gobelet, le bois s'écrase sous la pression associant étroitement pièce et empreinte.

On façonne aussi une empreinte conique pour tourner les sphères (voir page 149).

Empreinte de centrage

> Un disque d'empreinte peut servir à plusieurs tournages consécutifs : il suffit de le rectifier lors de chaque utilisation. Il devient inutilisable lorsque son épaisseur atteint l'extrémité des vis de fixation.

Il existe un autre type d'empreinte : l'**empreinte de centrage** qui travaille en tandem avec la contre-pointe. Comme son nom l'indique, elle a pour fonction de centrer une pièce sans pour autant la maintenir. Elle est exactement alésée (ou calibrée) au diamètre de la pièce et peu profonde. C'est la contre-pointe qui donne un appui axial et maintient la pièce en appui dans l'empreinte qui la centre. Si la pièce est légère, on peut la maintenir sur cette empreinte avec de l'adhésif tel que du ruban d'emballage, et supprimer la contre-pointe. On peut alors intervenir au niveau de l'axe.

Empreinte de centrage.

Les mandrins multifonctions

Ils sont apparus en France au début des années 90. Ces mandrins sont importés d'Angleterre, d'Amérique du Nord et d'Australie. Pratiquement tous les tourneurs en sont désormais équipés. Leurs performances justifient leur prix élevé.

Il existe divers modèles assortis de nombreuses options. On peut saisir des pièces de formes variées en adaptant l'une ou l'autre de ces options.

En général, le mandrin se compose d'un corps vissé directement sur la broche du tour, ou si nécessaire, par l'intermédiaire d'un manchon réducteur souvent proposé par le revendeur. Sur ce corps, fileté à l'extérieur, se visse un anneau de serrage bloqué

Les mandrins de base

avec deux barres métalliques ou une clé. On installe un jeu de quatre mâchoires en arc de cercle, concentriques et autocentreuses. Elles sont prises dans le corps du mandrin et sont retenues par l'anneau.

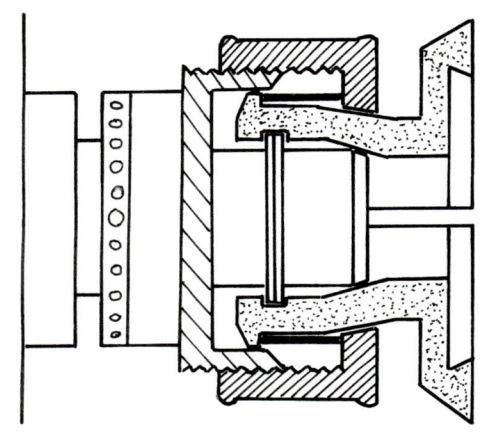

Les **mâchoires** maintiennent la pièce à tourner en compression ou en expansion. En compression, elles serrent un calibrage tourné sous la pièce à saisir. En expansion, elles se logent dans un alésage. Selon les modèles, les mâchoires sont en queue d'aronde, ou alors droites et striées.

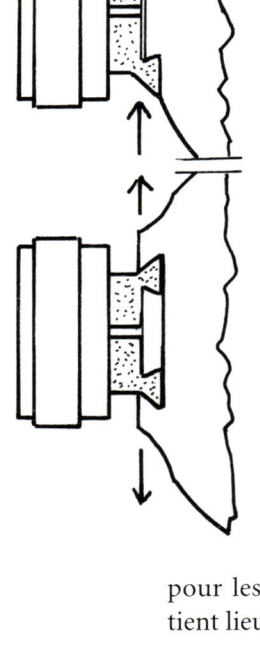

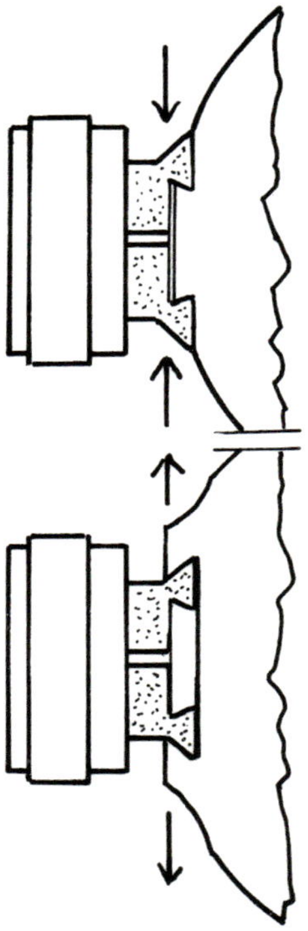

Saisie en compression et en expansion.

Les quatre mâchoires permettent non seulement de saisir n'importe quelle ébauche circulaire, mais aussi de tenir des carrelets. Grâce au jeu d'ouverture et de fermeture des mâchoires, on remplace avantageusement dans bien des cas l'empreinte dont l'ajustage exige, lui, un usinage très précis.

Sans les mâchoires, le corps de certains mandrins fait éventuellement office de **gobelet** : on y emboîte directement la pièce au marteau. On peut aussi calibrer la base de la pièce en cône et la fixer avec l'anneau de serrage si leurs diamètres sont compatibles.

Les mâchoires sont le plus souvent interchangeables afin de s'adapter à des diamètres variés. Les plus petites serrent des tourillons ou des mèches de perçage.

Elles servent aussi à maintenir un **mandrin à griffes** ou bien la vis d'une **queue de cochon** solidaire d'une embase cylindrique saisie entre les mâchoires. Cette vis à filet large pour les grosses pièces se remplace facilement par un tire-fond ou une vis ordinaire à tête ronde pour les pièces plus petites. La surface frontale des mâchoires tient lieu de plate-forme.

Vue en coupe d'un mandrin multifonction Multistar.

Mandrin Multistar (anglais) à gauche, Vicmarc (australien) à droite, et quelques jeux de mâchoires.

Queue de cochon   Anneau segmenté

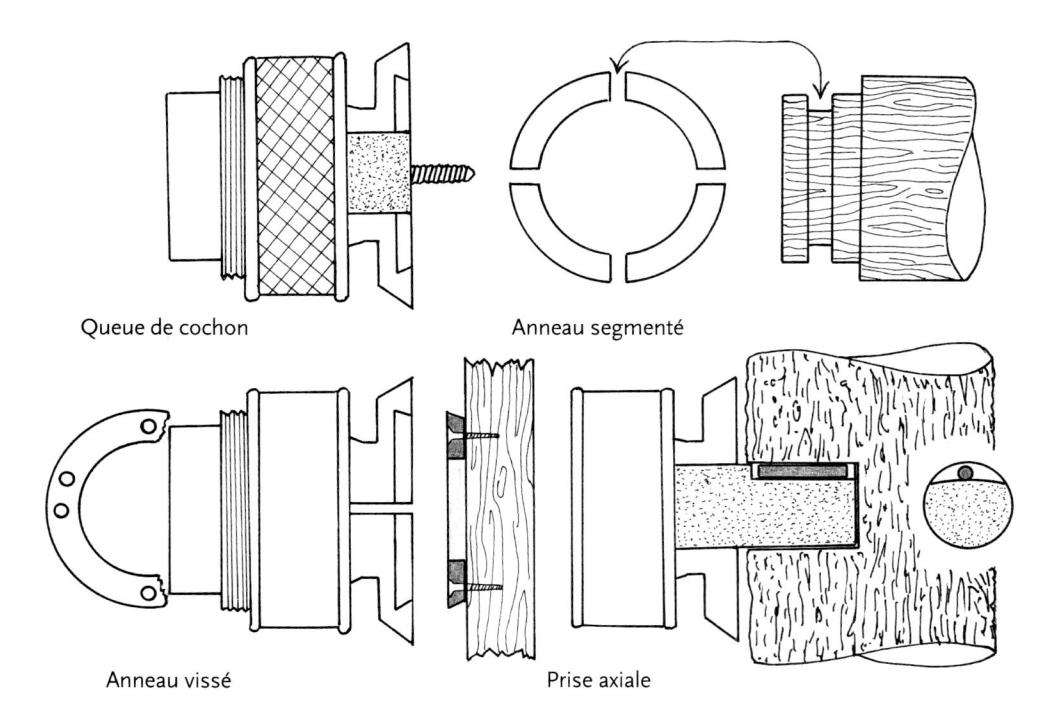

Anneau vissé   Prise axiale

Les mâchoires permettent aussi de serrer un **anneau à visser**, dont le périmètre est prévu pour s'adapter à la forme des mâchoires. Sa surface est percée de six trous qui permettent de le visser sur la pièce à saisir.

Une autre option : **le mandrin à prise axiale**. Les mâchoires maintiennent un cylindre métallique de 20 à 30 mm de diamètre comportant un méplat bombé. On pratique au niveau de l'axe de l'ébauche un trou du diamètre correspondant, et dans l'espace compris entre la périphérie du trou et la surface méplate, on introduit une clavette qui bloque par inertie la pièce dès qu'on met le tour en route. Ce mandrin est très pratique pour maintenir des pièces cylindriques qu'on travaille radialement (bûche pour faire un bol à écorce par exemple).

Un autre système, l'**anneau segmenté**, est prévu pour maintenir les pièces longues. Près de l'extrémité de celles-ci, on calibre une rainure dans laquelle on place les quatre segments d'un anneau. Ceux-ci mis en place, on les comprime entre les mâchoires pour saisir la pièce.

Les mandrins à mâchoires

Ces mandrins sont directement dérivés des mandrins à mors des tours à métaux. Ils sont en général plus gros que les mandrins multifonctions dont ils reprennent certaines options (griffes, queue de cochon, anneaux), mais ils servent essentiellement à saisir en compression ou en expansion des pièces de toutes dimensions.

Les mandrins de base

Leur embase est solidaire d'un corps contenant le dispositif de conduite des quatre porte-mâchoires. C'est une spirale dans laquelle s'insèrent des crans usinés sous la semelle des porte-mâchoires leur permettant de coulisser dans leurs rainures radiales pour saisir la pièce.
Deux barres métalliques serrées en opposition ou mieux, une clé à engrenage, rapprochent ou éloignent simultanément les quatre porte-mâchoires.

Le One Way Stronghold canadien, l'un des plus gros mandrins à mâchoires actuels.

Les mâchoires sont fixées sur les porte-mâchoires, par deux vis Allen. Il en existe de diverses tailles et formes qui s'adaptent à tous les diamètres, en compression ou en expansion. Certaines sont usinées en queue d'aronde (Vicmarc). D'autres, droites, plus hautes, et striées horizontalement (One Way) garantissent une excellente préhension.

Ces mâchoires s'adaptent au bois, et entourent la base de la pièce sur l'ensemble de sa périphérie ; elles sont évidemment beaucoup plus efficaces que les mors des mandrins de tours à métaux utilisés auparavant. Ces gros mandrins admettent diverses options. L'option **plateau de reprise** est une version du mandrin à taquets et lunette, mandrin spécifique étudié en perfectionnement*. Quatre plates-formes en aluminium, formant chacune un quart de cercle, sont montées sur les porte-mâchoires. Chacune porte une lumière et deux séries de trous. Dans les trous, on peut visser des taquets en caoutchouc qui maintiennent la pièce sur laquelle on veut faire une petite intervention, par exemple rectifier le dessous d'un bol.

En passant des tiges filetées à travers les lumières, on peut mettre en place une lunette qui complétera l'action des taquets pour les pièces plus longues.

* Pour en savoir plus sur ces mandrins, voir notre ouvrage *L'Art du tournage sur bois*, Gérard Bidou, Eyrolles, 2001.

L'option mandrin à plateau de reprise.

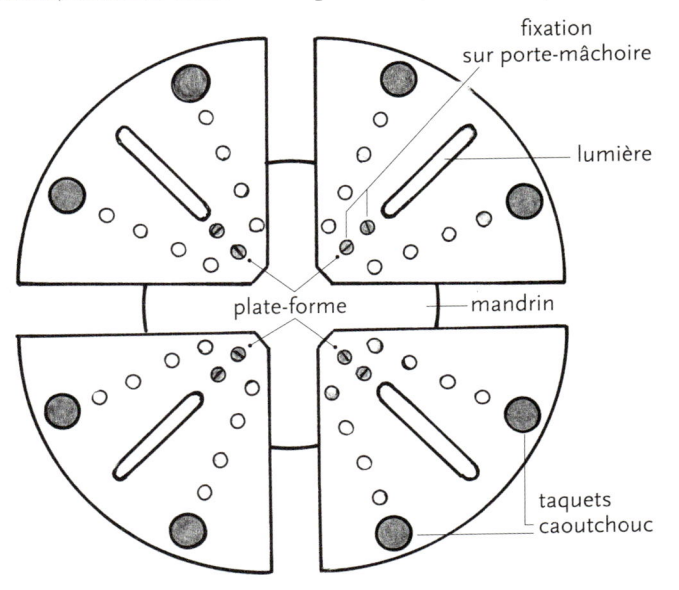

- fixation sur porte-mâchoire
- lumière
- plate-forme
- mandrin
- taquets caoutchouc

111

Le tournage en l'air

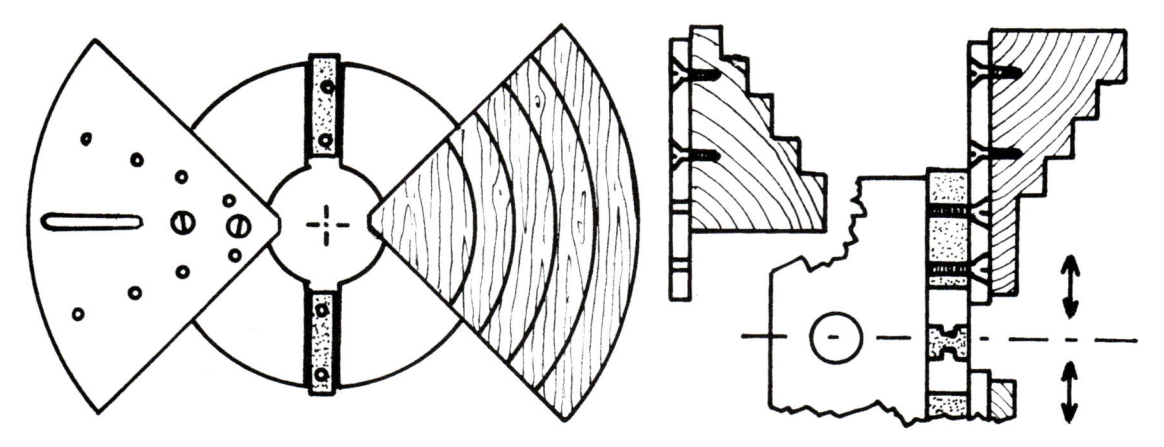

Mâchoires de reprise en bois.

Pratique, l'option plateau de reprise (page précédente) ne convient cependant qu'à des **pièces légères** et ne remplace pas le véritable mandrin à taquets et lunette.

On équipe parfois le plateau de reprise avec des **mâchoires en bois** pour augmentter la polyvalence de l'outil. Pour cela, on visse une ébauche en quart de cercle sur chaque plate-forme dont on règle l'écartement à mi-course. On tourne les ébauches en gradins pour une prise en pression comme en expansion.

Les mandrins à mors

Mandrin de tour à métaux à trois mors.

Le mandrin à trois ou quatre mors des tourneurs sur métaux était utilisé par les tourneurs sur bois avant que n'apparaissent les mandrins polyvalents, qui en ont repris le principe et l'ont adapté au bois. On les trouve encore dans de nombreux ateliers, souvent récupérés à la casse. Ils disposent de deux jeux de trois ou quatre mors à étages, l'un pour la saisie en pression, l'autre pour la saisie en expansion.

La pièce cylindrée est prise en trois (ou quatre) points de sa circonférence, sa base en appui sur la portée transversale des mors et sa périphérie serrée radialement par la portée longitudinale.

La surface de contact entre les mâchoires et le bois, réduite, n'assure qu'un maintien relativement précaire. De plus, si la pièce est enlevée puis remise en place, la pression des mors sur le bois, qui écrase les fibres, fausse en général le centrage. Pour y remédier, certains utilisateurs soudent sur les mors des portions d'anneaux en arcs de cercle. Ils augmentent ainsi la surface de contact et assurent efficacement la pièce.

Attention aux mors : Les angles vifs des mors métalliques, surtout s'ils dépassent du corps du mandrin sont très dangereux pour les doigts.

Le creusage

Les gouges à creuser

Les gouges à creuser nous viennent, elles aussi, des pays anglo-saxons. Elles ont fait leur apparition en France à la fin des années 80 et tous les tourneurs les ont aujourd'hui adoptées. Cet engouement se justifie par leurs performances et leur polyvalence. Grâce aux échanges internationaux, et notamment aux démonstrations effectuées par des tourneurs nord-américains en France, les tourneurs ont appris les différentes façons d'affûter et d'utiliser cet outil remarquable.

Description

Le fer de la gouge à creuser possède une section cylindrique et sa cannelure a la forme d'un V à fond arrondi. Sa largeur varie entre 6 et 25 mm. Importé d'Angleterre ou d'Amérique, cet outil est toujours en HSS (acier rapide). Selon l'usage auquel on le destine, son biseau peut revêtir divers aspects.
Court avec un angle de biseau très ouvert et un tranchant droit, la gouge servira uniquement à creuser des cavités profondes en position classique (à 9 heures).

Deux gouges à creuser : gouge de 18 mm à biseau intermédiaire (en haut), gouge de 13 mm à biseau long asymétrique (en bas).

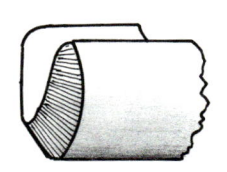

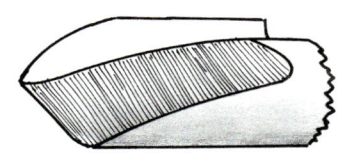

Section d'une gouge à creuser et différents types de biseaux.

Avec un angle de biseau plus fermé comme celui d'une gouge à profiler et un tranchant en ogive meulé très loin sur les chants, la gouge pourra non seulement creuser mais aussi dresser et profiler. Toutes sortes de formes intermédiaires se situent entre ces extrêmes.

Affûtage

Biseau court

1. Pour façonner un biseau court avec un tranchant droit, réglez la tablette du touret de façon à obtenir un angle de biseau situé entre 60° et 75°.

2. Vous affûtez l'outil comme la gouge à dégrossir ronde. Faites-le rouler d'un chant sur l'autre. Pour supprimer un angle vif risquant de s'engager dans le bois, arrondissez le raccord entre le biseau et le bord de la cannelure en roulant l'outil un peu au-delà de son chant, jusqu'à la lèvre de la cannelure.

Biseau intermédiaire

1. L'angle de biseau avoisine 45°. L'affûtage est comparable à celui d'une gouge à profiler ronde.

2. Faites tourner l'outil à droite et à gauche en remontant sur le chant de la meule pour affûter les côtés du biseau. L'outil décolle alors de la tablette du touret et reste en appui sur l'arête inférieure de celle-ci. Le tranchant, vu de dessus, a presque la forme d'un demi-cercle.

Autre méthode. Certains tourneurs préfèrent affûter l'outil comme pour meuler les gouges en U (voir page 38).

1. Les côtés du biseau frottent sur les angles face/chant de la meule : angle gauche pour meuler le côté droit du biseau, et inversement.

2. Appuyez le dos sur la tablette. Présentez le côté du biseau à l'angle de la meule, et roulez légèrement l'outil pour que le biseau reste en contact avec la meule sur toute sa hauteur.

3. Raccordez les côtés du biseau en roulant l'outil en passes droite/gauche gauche/droite, manche perpendiculaire à l'axe de la meule, sur le chant de celle-ci.

L'affûtage du biseau intermédiaire est comparable à celui d'une gouge ronde. En fin de passe, l'outil ne porte que sur l'arête inférieure de la tablette.

Biseau long

La forme du tranchant, en ogive, est la même que celle d'une gouge à profiler. On meule le biseau, dont l'angle avoisine 45°, très loin sur les chants. Pour y parvenir, la méthode la plus pratique est celle qui vient d'être décrite, en utilisant les angles face/chant de la meule.

Le biseau long est parfois asymétrique : il est plus long sur le chant gauche que sur le chant droit pour augmenter le rendement dans le creusage en *uppercut*. Le démorfilage et éventuellement le polissage terminent l'opération d'affûtage.

Utilisation

Biseau court

Affûté en biseau court, la gouge creuse n'importe quelle cavité, même étroite et profonde.

1. Pour amorcer la coupe, présentez l'outil chant droit sur l'éventail, à hauteur de l'axe de la pièce. Si l'on compare la surface à creuser à un cadran de montre, le point de contact est à 9 heures. La surface du bois et le biseau forment un angle d'environ 45°.

2. Creusez un sillon avec l'extrémité du tranchant. Poussez alors l'outil en direction de l'axe en amenant le manche vers vous. Le biseau commence à tangenter la surface de la cuvette qui s'amorce, puis le talon du biseau prend appui sur le bois et la progression continue jusqu'à l'axe.

La résistance rencontrée par le tranchant devant le bois qui défile est directement compensée par l'appui du talon. La gouge travaille au point de talonnage le plus bas, c'est-à-dire sur le talon même.

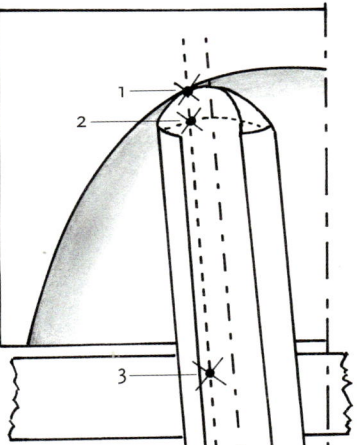

Défonçage en position classique.

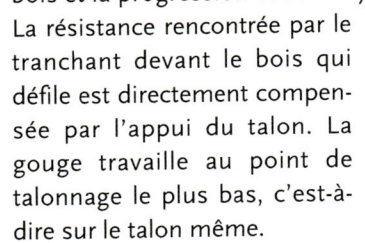

Pendant la coupe, vous pouvez utiliser n'importe quelle partie du tranchant pour creuser la cavité. Veillez à ce que la ligne droite reliant le point de contact du tranchant, le point de talonnage et le point d'appui sur l'éventail reste parallèle ou se confonde avec l'axe de l'outil. Cependant, en pratique,

Fonctionnement de l'outil :
1. point de contact
2. point de talonnage
3. point d'appui

vous utiliserez surtout le côté droit du tranchant comme vous le feriez avec une autre gouge. Lorsque le bord de la cavité empêche l'outil de talonner, vous avez atteint la limite de profondeur. Avec un angle de biseau très ouvert, vous repoussez d'autant cette limite.

Biseau intermédiaire et biseau long

Ainsi affûtée, la gouge effectue le même travail qu'en biseau court, mais la profondeur du creusage est plus limitée si l'angle de biseau est moins ouvert. En revanche, elle autorise une autre méthode de creusage efficace sur le bois de bout et peut également servir à profiler.
La technique de l'uppercut, inventée par les tourneurs anglo-saxons, consiste à creuser en bois de bout avec le côté gauche du tranchant meulé plus ou moins loin sur le chant.

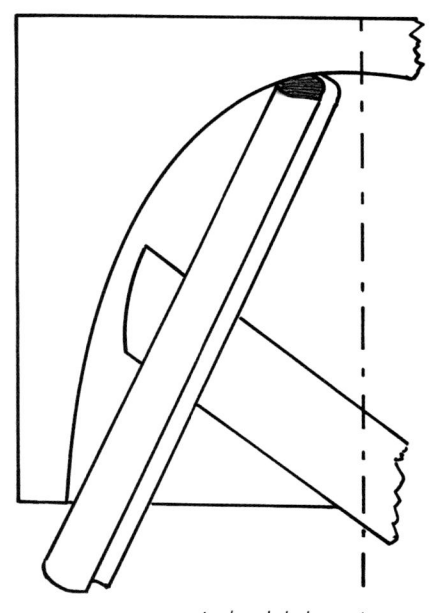

Le bord de la cavité et l'angle de biseau déterminent la limite de profondeur du creusage.

1 Après deux ou trois passes à 9 heures pour amorcer la cuvette, l'outil va travailler en sens inverse, du fond vers l'extérieur. Ce faisant, il va coucher le fil du bois.

2 L'outil posé chant droit sur l'éventail, attaquez la passe au niveau de l'axe de rotation et progressez en montant verticalement à midi, bien en appui sur le talon du biseau. Vous abaissez donc progressivement le manche de l'outil en restant toujours sur chant.
Si la cavité a une forme hémisphérique, la rotation du manche sur le plan vertical est d'environ 80°. L'alignement entre le point de contact et le point de talonnage ne se prolonge pas jusqu'au point d'appui : il lui est perpendiculaire. Toute la poussée du bois sur le tranchant est récupérée par le talon. L'appui sur l'éventail devient un pivot de rotation sur le plan vertical.

3 Vous trouverez le point de coupe optimal en roulant légèrement l'outil sur l'éventail. Cette technique demande une certaine pratique, car le moindre écart dans le choix du secteur tranchant modifie considérablement le rendement.

4 Faites attention, en fin de passe, à l'arrivée au bord de la cavité : le tranchant doit quitter le bois juste avant l'instant où le talon perd son appui en sortant.

Lorsqu'elle est affûtée loin sur ses chants avec un angle de biseau relativement fermé et un tranchant en ogive, la gouge à creuser devient une excellente gouge à profiler, capable d'exécuter les tores, les gorges et autres moulures. Posée sur le chant, elle tra-

Le creusage

Creusage en uppercut, talonnage sur le côté gauche du biseau et remontée à midi.

vaille comme une plane et rectifie parfaitement les profils rectilignes. Cette polyvalence amène certains tourneurs à n'utiliser que cet outil pour une bonne partie de leurs travaux.

Creusage à la gouge à profiler

On utilisait avec toute satisfaction cet outil avant que n'apparaissent les gouges à creuser, mais son rendement est tout de même inférieur. La gouge travaille dans la même position que celle qu'elle aurait pour façonner une moulure concave entre pointes. On la fait progresser **de l'extérieur vers le fond** de la cavité, à 9 heures, coupant le bois devant elle en talonnant sur son biseau. Il arrive qu'on utilise la gouge à contresens, c'est-à-dire en la tirant, comme on l'a vu pour les *corolles* (page 57). Lorsqu'on travaille en bois de bout, cela permet de couper dans le sens du fil (on couche le fil). Mais c'est souvent lorsque le creusage est étroit et profond, lorsqu'on ne peut plus positionner correctement l'outil, qu'on recourt à cette méthode.

En tirant la gouge aux trois quarts sur chant, **du fond vers l'extérieur**, elle fonctionne *en ciseau* en raclant le bois. Il n'y a pas de talonnage. Seul le tranchant est en contact avec le bois. Le résultat est comparable à celui qu'on obtient avec un ciseau.

Cette solide gouge mixte à biseau asymétrique permet un travail en raclage efficace.

117

Au cours de la remontée, il faut observer le point de sortie du copeau : il se déplace vers la gauche du tranchant quand le profil se rapproche de la parallèle de l'axe de rotation. On doit donc incliner davantage l'outil sur son chant gauche pour éviter l'effet de diagonale.

Les anneaux

Les anneaux sont des outils conçus pour creuser exclusivement le bois de bout, alors que les gouges à creuser fonctionnent quel que soit le sens du fil du bois.

Dérivés des crochets traditionnels demi-ronds, leur forme n'est circulaire que pour leur donner plus de solidité et en simplifier la fabrication.

Description

Schématiquement, l'anneau est un segment de tube dont une ou les deux extrémités sont affûtées. Il est fixé perpendiculairement à un segment porteur de section cylindrique doté d'un manche plus ou moins long. Son diamètre varie de 6 à 25 mm.

Les anneaux manufacturés nous viennent d'Angleterre ou d'Amérique du nord, mais certains tourneurs les fabriquent eux-mêmes. Ils utilisent des tubes de récupération, ou de vieilles clés à œil qu'ils soudent sur des barreaux métalliques. Correctement meulés, ces outils sont aussi efficaces que ceux du commerce.

La périphérie de l'extrémité de l'anneau est meulée pour former un biseau circulaire, soit extérieur, soit intérieur. Dans un cas comme dans l'autre, la partie coupante de l'outil est comparable à l'extrémité d'une gouge. L'anneau est en fait une gouge inversée.

Les premiers anneaux ne comportaient qu'un biseau meulé extérieurement. On s'est vite rendu compte d'une part qu'il était dommage de ne pas profiter des deux extrémités, d'autre part que l'affûtage extérieur était peu pratique à réaliser.

1. Anneau anglais Ashley Iles
2. Anneau canadien Termite à organes de coupe interchangeables.
3. Meules d'affûtage.

Le creusage

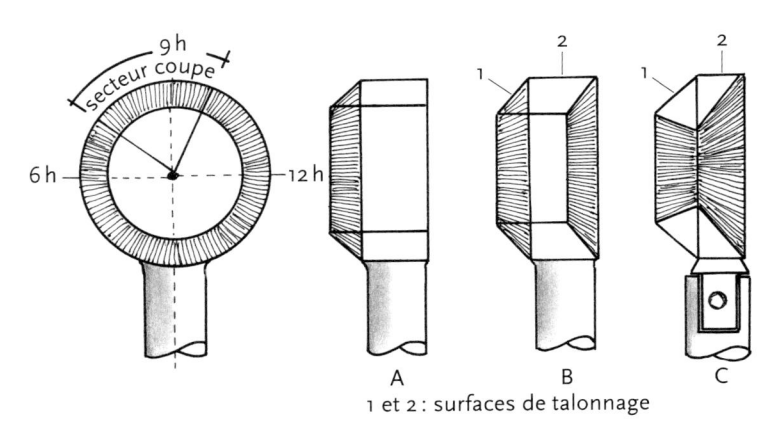

L'anneau vu de face et de profil.
Trois conceptions de biseaux :
A. Simple biseau, affûtage extérieur
B. Double biseau, affûtage extérieur et intérieur
C. Double biseau, affûtage intérieur

1 et 2 : surfaces de talonnage

Les anneaux récents présentent un biseau aux deux extrémités : l'un affûté extérieurement, l'autre intérieurement. L'outil est plus performant : d'abord il dispose de deux tranchants, ensuite les deux types d'affûtage donnent deux points de talonnage différents. Leur position par rapport au manche n'est pas la même. L'outil devient plus maniable, comme on le verra plus loin. Cependant, subsiste la difficulté d'affûtage du biseau extérieur.

On trouve désormais des anneaux dont les deux biseaux sont affûtés intérieurement. Leur profil extérieur, oblique convexe (anneau termite), autorise des points de talonnage différents. L'affûtage est plus aisé.

Par ailleurs, l'anneau proprement dit est devenu interchangeable : il n'est plus soudé mais vissé sur le segment porteur. L'outil est donc livré avec un seul support et plusieurs organes de coupe de différentes tailles. Les petits anneaux ont l'inconvénient de bourrer souvent, surtout dans le bois vert.

Affûtage

Biseau extérieur

L'affûtage d'un biseau circulaire sur l'extérieur d'un anneau exige un montage particulier sur la tablette du touret.

1. Fixez un pivot autour duquel tourne l'anneau pour présenter à la meule l'ensemble du biseau. Ce pivot est un cylindre de bois d'un diamètre correspondant exactement au diamètre intérieur de l'anneau.

2. Vissez-le à travers une lumière ménagée au milieu de la tablette

L'anneau tourne autour du pivot pour présenter tout son biseau à la meule.

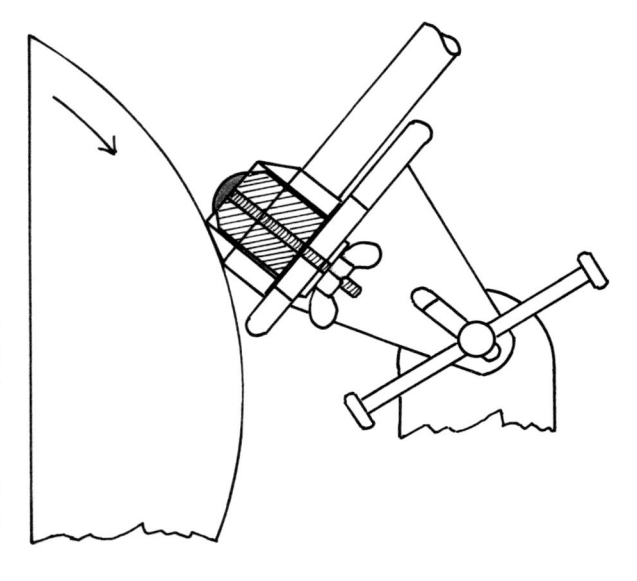

119

du touret. Cette lumière permet de situer le pivot de façon que le biseau de l'anneau touche le chant de la meule quel que soit son diamètre.

3. Réglez la tablette du touret pour que le biseau tangente le chant de la meule. Pour obtenir un affûtage correct, le montage et le réglage du système exigent une précision maximale.

Biseau intérieur

L'affûtage est plus simple, mais implique la possession d'une meule conique appropriée.

1. Montez la meule conique sur une perceuse d'établi.

2. Maintenez l'anneau à plat sur la table de la perceuse, à la verticale de la meule, il vous suffit de faire descendre la meule et d'établir un contact très léger avec le biseau intérieur.

Vous pouvez aussi monter la meule sur un flexible et affûter en tenant le flexible de la main droite et l'outil de la main gauche.

On démorfile les biseaux extérieurs avec des pierres à démorfiler plates et les biseaux intérieurs avec des pierres coniques ou cylindriques.

Meulage d'un biseau intérieur avec une perceuse et une meule conique.

Utilisation

L'anneau travaille en bois de bout, du centre de la cavité vers sa périphérie : il couche donc le fil. La forme du biseau, comparable à celle d'une gouge, permet un travail identique. Que l'affûtage soit sur l'intérieur ou l'extérieur du biseau, cela ne change rien à la coupe. Tout se passe comme si le tranchant d'une gouge partait du fond et remontait vers l'extérieur. Cette comparaison permet de dire que l'anneau est une *rétro-gouge*. Le rendement et l'état de surface sont remarquables quand l'outil est bien positionné.

L'anneau est un outil à haut rendement.

Le creusage

1. Amorcez la coupe au niveau de l'axe en présentant le tranchant circulaire de l'anneau verticalement, manche horizontal, et en décollant le biseau.

2. Dès que le tranchant commence à couper, extrémité du biseau en appui sur le bois comme une gouge à creuser, faites progresser l'outil vers l'extérieur. La coupe se fait à 9 heures, aussi bien quand on considère l'excavation que l'anneau lui-même.

3. En cours de progression, déplacez l'outil et faites-le pivoter sur l'éventail sur un plan horizontal. Pour trouver le meilleur angle de glisse, roulez-le légèrement et baissez plus ou moins le manche. Le secteur de coupe de l'anneau se situe dans une fourchette maximale de 7 heures à 10 heures.

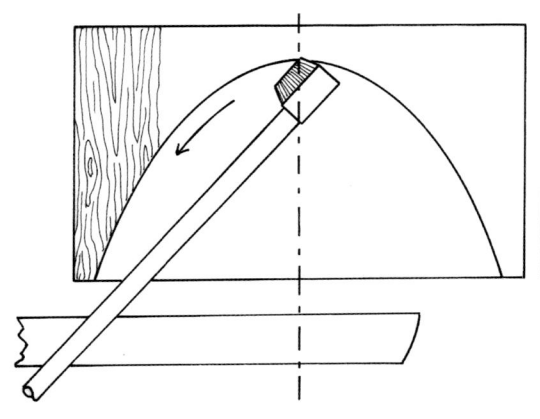

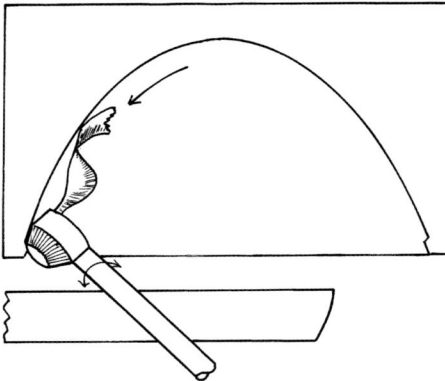

Début et fin de passe à l'anneau. N'ouvrez pas trop l'angle de coupe formé par le biseau et le bois car l'outil risque d'engager.

Dans une cavité profonde, l'utilisation des deux biseaux limite l'angle d'oblique du manche par rapport à l'axe de la pièce.

Les deux points de talonnage des anneaux modernes à deux biseaux ont leur utilité dans les creusages profonds où l'amplitude de la rotation du manche est limitée. Au fond, on utilise le grand diamètre dont le point de talonnage est dans l'axe du segment porteur. L'angle d'oblique de l'outil par rapport à l'axe de rotation est limité. En revanche, après la jonction fond/paroi, on retourne l'anneau. Son petit diamètre, dont le point de talonnage fait un angle avec le segment porteur, remonte la paroi sans nécessiter un angle d'oblique exagéré.

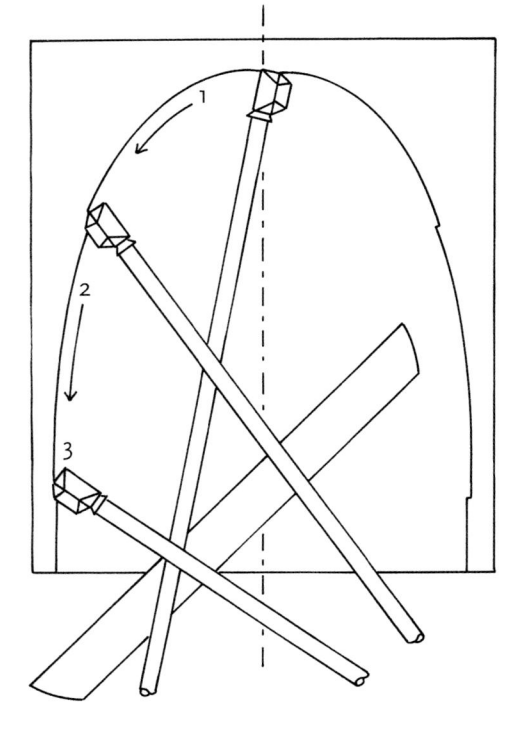

Pour les grosses pièces, certains tourneurs possèdent un éventail sur le haut duquel sont forés quelques trous. Ils insèrent dans l'un d'eux la tige d'un gros clou. Le segment porteur de l'anneau prend appui sur ce clou pour pivoter lorsque la prise de copeau est importante. Avec un gros anneau à manche très long, cet accessoire facilite la rotation de l'outil au cours de sa progression en réduisant l'effort musculaire. Il n'est pas rare de sortir des copeaux de 10 mm de large et de 2 à 3 mm d'épaisseur avec un anneau de 20 mm.

Les crochets

Les crochets sont des outils voisins des anneaux dont ils sont les précurseurs. Ils existent depuis les débuts du tournage et figurent au râtelier de nombreux tourneurs-creuseurs. Ils ont peu évolué durant ces dernières années, mais aujourd'hui quelques techniciens étudient de nouvelles formes pour répondre à toutes les exigences des spécialistes du creusage.

Le crochet traditionnel

Appelé en France *crochet jurassien*, cet outil peut être forgé par les tourneurs à partir d'un barreau d'acier rond. L'extrémité, aplatie et courbée en U ou en demi-cercle, est meulée à l'intérieur pour former un biseau.

À l'image de l'anneau, le crochet est une *rétro-gouge* progressant de l'axe vers l'extérieur de la cavité.

Le secteur de coupe se situe entre le milieu et l'extrémité du tranchant. Le tranchant progresse sur un plan horizontal sensiblement au niveau de l'axe de rotation. On oriente le manche sur le plan vertical, plus bas que l'anneau. L'affûtage s'exécute en général avec une meule conique montée sur perceuse ou sur flexible, l'outil étant serré dans un étau. On façonne souvent un biseau intérieur à chaque extrémité. L'outil fonctionne alors en *rétro-gouge* d'un côté, en gouge normale de l'autre. En le poussant du bord de la cavité vers le centre, on peut creuser en bois de travers en couchant le fil.

La maîtrise du crochet, outil de coupe extrêmement efficace, requiert une certaine habitude : le point de talonnage sur l'extérieur, au dos de la partie coupante, est délicat à trouver. Trop près du tranchant, l'outil risque de s'engager dans le bois, trop loin il ne coupe pas. Comme avec une plane, il faut prendre contact avec le bois en talonnant très en arrière, puis chercher l'angle

Le crochet jurassien.

Le creusage

d'attaque en roulant légèrement l'outil sur l'éventail. La forme circulaire du segment porteur le permet, mais favorise aussi le risque d'engagement. Il peut être très violent et, de ce fait, rebute souvent les débutants.

Les crochets modernes

Le crochet Moulthrop

Du nom de son concepteur, le vétéran américain Ed. Moulthrop, cet outil lourd et robuste s'inspire du crochet jurassien. En acier rapide, affûté avec une meule conique, il possède un tranchant de forme semi-circulaire légèrement oblique par rapport à l'axe de l'outil pour mieux talonner.

Le crochet Moulthrop.

Il travaille du fond jusqu'au niveau du diamètre maximal de l'excavation. Au-delà, si le diamètre diminue en direction de l'ouverture, un autre outil prend le relais. Pendant toute sa progression, le crochet prend appui sur un clou-pivot enfoncé sur l'éventail. Par rapport au crochet jurassien, son tranchant plus petit et oblique le rend plus facile à conduire et moins impressionnant lors des engagements. C'est avec cet outil que Moulthrop creuse les énormes pièces qui ont fait sa réputation.

Le crochet Martel

Conçu par le tourneur canadien André Martel, ce crochet breveté est destiné aux excavations profondes, en bois de bout. Très performant, il réunit les caractéristiques d'une petite gouge, d'une gouge moyenne et d'une plane. En acier spécial à hautes performances, meulé avec une meule diamantée elliptique ou conique sur flexible ou sur perceuse, il possède un double biseau à son extrémité et un biseau simple sur sa partie antérieure.

De l'extrémité à double tranchant, on amorce la coupe à la façon d'une petite gouge : on pousse l'outil pour creuser une cuvette au niveau de l'axe de la pièce. Pour élargir la cavité, on utilise l'autre côté du tranchant en tirant l'outil. Le secteur intermédiaire, à rayon de courbure plus ouvert, assure la jonction fond/paroi. Enfin, le secteur antérieur, méplat, est orienté de

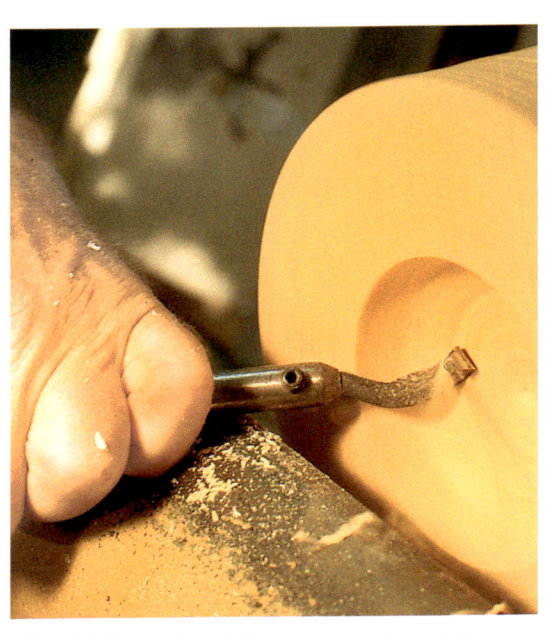

Le crochet Martel à la jonction fond/paroi.

> **Éloignez un peu l'éventail de la pièce si vous travaillez avec un outil à organe de coupe vissé sur le segment porteur. À défaut, en sortie de passe, la vis risque d'accrocher l'éventail.**

façon à donner un angle de glisse oblique favorable au planage pour remonter la paroi en direction de l'ouverture. On passe progressivement du secteur intermédiaire au secteur antérieur en roulant l'outil d'environ un quart de tour sur l'éventail. La forme et la disposition des tranchants par rapport au segment porteur et au manche permettent de présenter au bois n'importe quel secteur de coupe, sans être obligé d'ouvrir un angle important entre l'axe de rotation et l'axe de l'outil. De ce fait, on peut creuser facilement des cavités très profondes en gardant toujours une position de conduite confortable.

Ce crochet, surtout dans les grandes tailles, est doté d'un manche en bois long terminé par deux ou trois poignées successives. Selon la longueur du porte-à-faux entre l'appui sur l'éventail et le tranchant, on utilise la poignée la plus appropriée.

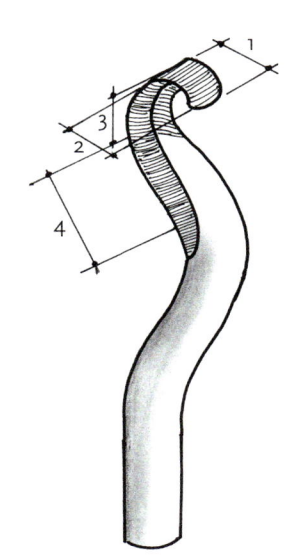

Les ciseaux latéraux

On a vu que les ciseaux n'étaient pas des outils de coupe mais de raclage. Les ciseaux ordinaires sont surtout utilisés pour rectifier des surfaces. Ils servent aussi parfois à creuser quand la conformation des outils de coupe ne leur permet plus de talonner compte tenu de la forme recherchée.

Actuellement, les pièces creusées de toutes formes et de toutes dimensions connaissent une grande faveur auprès des tourneurs. Beaucoup d'entre elles présentent un diamètre intérieur supérieur à celui de l'ouverture qui n'est parfois qu'un très petit orifice. Les outils de coupe (gouges, crochets, anneaux) ne parviennent pas à suivre le profil intérieur de la pièce. On leur substitue alors des ciseaux qui, par raclage, effectuent le travail dans les zones hors de leur portée.

Ce sont les ciseaux latéraux dont le ciseau rond échancré est la version la plus élémentaire (voir *L'outillage* page 45). Il en existe de toutes sortes et l'expérience des uns et des autres les fait sans cesse évoluer.

Les ciseaux contre-coudés

Ce sont les seuls outils qui permettent de creuser la partie supérieure de la pièce entre le diamètre maximal et l'ouverture quand elle est très étroite. Il importe que la partie de l'outil qui travaille soit dans le prolongement de la partie appuyée sur l'éventail. Un segment porteur simplement coudé

Les secteurs de coupe du crochet Martel.
1. Amorçage de la cavité
2. Petite gouge : élargissement de la cavité
3. Gouge moyenne : jonction fond/paroi
4. Plane : remontée de la paroi en planage

Deux ciseaux contre-coudés à pastille mobile.

Le creusage

basculerait dès la prise de contact avec le bois. Le contre-coude permet l'alignement point de coupe/point d'appui/manche.

Les ciseaux les plus simples, que les tourneurs fabriquent le plus souvent eux-mêmes, sont faits à partir d'un barreau métallique plié, à l'extrémité duquel est brasée une pastille d'acier rapide meulée en ogive ou en demi-cercle. L'angle de biseau varie entre 50 et 80°.

On trouve dans le commerce des ciseaux contre-coudés de différentes tailles. La zone du segment porteur qui s'appuie sur l'éventail est parfois aplatie pour favoriser la stabilité. L'organe de coupe (ou plus exactement de raclage) vissé au bout est orientable et interchangeable. C'est une pastille en HSS de forme triangulaire. On l'oriente pour qu'elle s'adapte au profil à creuser.

L'outil travaille au niveau de l'axe de rotation (à 9 heures). Une passe de défonçage se fait dans le sens du fil. La suivante rectifie la surface, en contre-fil. L'outil exécute donc son travail en allées et venues successives.

La pastille reste de petite dimension. En effet, la partie du tranchant en contact avec le bois n'excède pas 5 à 6 mm. Plus grosse, elle entraverait la maniabilité sans améliorer la performance. Souvent, on évide la partie centrale de la pièce avec une mèche à défoncer avant de profiler l'intérieur au ciseau.

On creuse la partie inférieure de la pièce, située entre le diamètre maximal et le fond, selon sa forme et sa profondeur, avec le ciseau contre-coudé ou un ciseau droit.

Pour les pièces de très petite ouverture, la sortie des copeaux est difficile. La plupart des tourneurs-creuseurs possèdent un compresseur et les chassent à l'air comprimé.

La pastille triangulaire orientable et interchangeable.

Attention : appuyez toujours la partie rectiligne du segment porteur d'un ciseau contre-coudé sur l'éventail, jamais le coude ni le contre-coude. À défaut, l'outil basculerait.

Trois phases d'évidage avec l'outil contre-coudé.

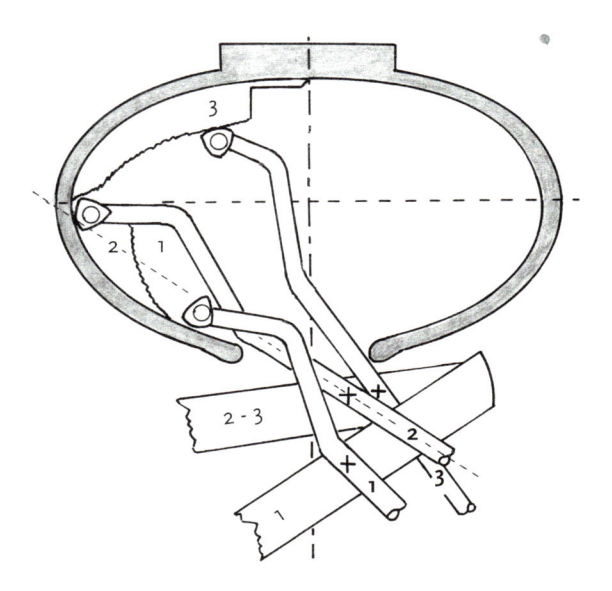

L'Exocet

Ce ciseau, conçu par le néo-zélandais Harry Memelink, est prévu pour s'adapter à toutes les formes creuses, même très profondes. Une rallonge peut être adaptée à son manche métallique. Le segment porteur est interchangeable : droit ou contre-coudé. Son

Travail des deux segments de l'Exocet. Le segment droit appuie sur l'éventail en T. Le contre-coudé peut aussi s'appuyer sur le T, le point d'appui étant très proche du point de contact sur le bois.

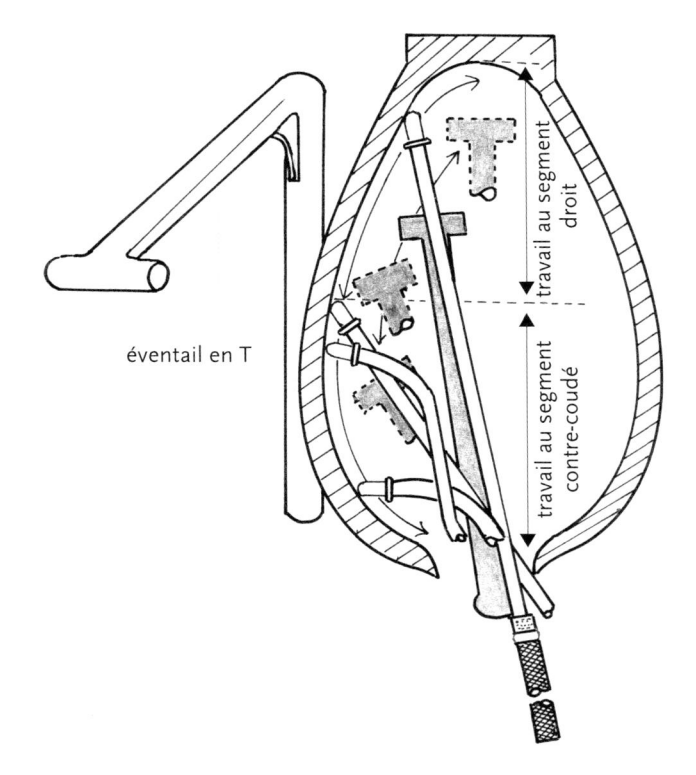

extrémité reçoit des pastilles de coupe rondes ou ogivales en acier au carbure de tungstène ; elles nécessitent un matériel d'affûtage au diamant.

L'Exocet possède un limitateur de passe évitant les prises de copeaux trop importantes, génératrices de basculement. Un dispositif brise-copeaux évite le bourrage.

Les éventails ordinaires ne peuvent pas pénétrer dans les cavités un peu étroites. Lorsque celles-ci sont profondes, le porte-à-faux entre le point d'appui sur l'éventail et le point de contact avec le bois augmente, ce qui rend difficile le contrôle de l'outil. On peut alors utiliser un éventail en T. Facile à faire à partir de trois morceaux de fer rond soudés, il s'introduit dans l'excavation et permet d'appuyer l'outil beaucoup plus près de son point de contact.

L'outil Stewart ou RS 2000

D'origine américaine, cet outil transformable est lui aussi prévu pour creuser les pièces les plus diverses. Il comporte trois parties :

▶ **le segment de maintien** : une poignée revolver assistée par une béquille d'avant-bras et, pour l'autre main, une poignée latérale amovible ;
▶ **les segments porteurs** : un droit et un contre-coudé ;
▶ **les organes de coupe** : bédane-coupoir en carbure pour le segment droit, pastille triangulaire en HSS, orientable et interchangeable pour le segment contre-coudé.

Le creusage

Veiller à introduire l'outil dans la cavité avec précision.

En cours de travail, avoir constamment à l'esprit la forme et la position de l'outil à l'intérieur de la pièce.

Le **bédane** permet les coupes plongeantes et profondes. La **pastille triangulaire** profile les parois comme les outils précédents, au niveau de l'axe et d'avant en arrière ou d'arrière en avant.

Les deux poignées permettent un bon contrôle. Secondée par la béquille d'avant-bras, la main droite dirige l'évolution du ciseau. La main gauche fermée sur la poignée latérale neutralise les velléités de basculement. Elle peut aussi saisir le segment porteur en avant de la poignée latérale en glissant l'avant-bras gauche sous la poignée. La conduite de cet outil demande une certaine habitude.

Le travail se divise schématiquement en trois phases :
- évidage central à la mèche à défoncer ;
- élargissement avec le segment droit ;
- profilage avec le segment contre-coudé.

Le profilage se décompose lui-même en deux séries de plusieurs passages qui affinent peu à peu la forme. Chaque passage se subdivise en évidages successifs de quelques centimètres de long, de l'ouverture vers le fond. D'un évidage à l'autre, latéralement, la profondeur reste constante, à peu près parallèle au profil à obtenir.

Le contrôle de l'épaisseur de la paroi nécessite plusieurs compas appropriés, car aucun ne convient pour toutes les formes. Cependant, il en existe à branches asymétriques comme le compas du canadien Martel, , qui s'adaptent à différentes formes.

L'outil Stewart.

Les phases successives de l'évidage au Stewart.
Mèche à défoncer :
1. trou central
Segment droit :
2. élargissement
Segment contre-coudé :
3. profilage de la cavité

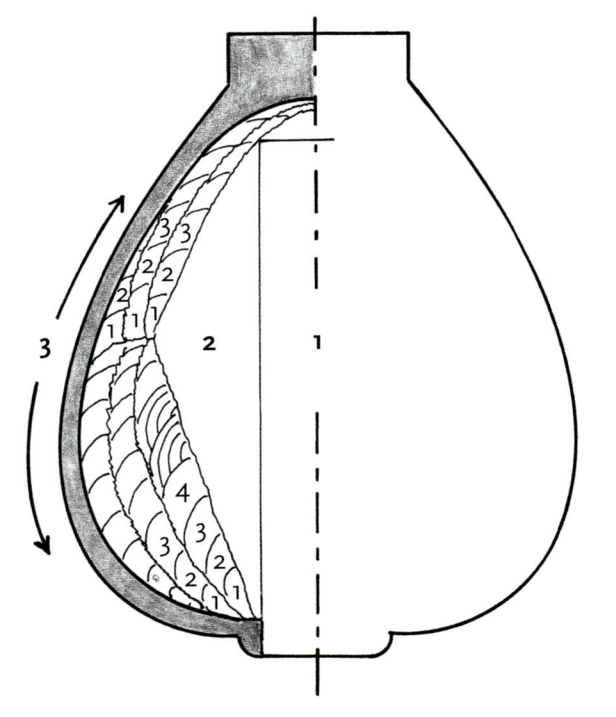

Pour les pièces difficiles, on utilise une pastille de petites dimensions afin de réduire les risques d'embardées.

Le tournage en l'air

Ce travail délicat (tournage radial d'un tronc creux) impose l'utilisation d'une petite pastille.

Le travail de creusage exige un éclairage adapté. Équipez votre tour d'une lampe articulée ou mieux, sur flexible, dotée d'une ampoule de 40 Watts.

Certains tourneurs équipent l'extrémité du Stewart avec une ampoule de tableau de bord automobile reliée par un fil à une batterie. Ce dispositif est particulièrement efficace dans les creusages très fins, de 1 à 3 mm. Par transparence, la lumière donne une indication précise sur l'épaisseur de la paroi. Rouge orangé d'abord, elle s'éclaircit au fur et à mesure de l'amincissement.
La paroi est réduite jusqu'à son épaisseur définitive à partir de l'ouverture et en direction du fond, par secteurs successifs de 10 à 20 mm sur lesquels il ne sera plus possible de revenir.

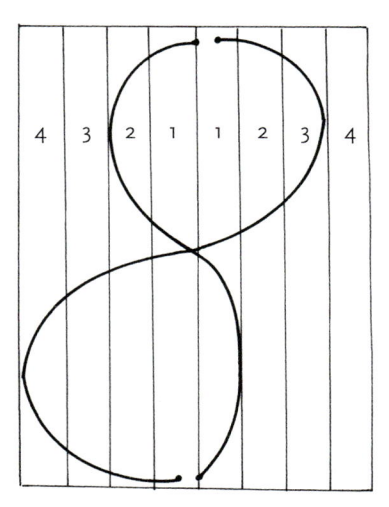

Le compas à quatre voies Martel. Les quatre branches ont des rayons de courbure différents

Le Chapman

Autre type de ciseau latéral, il a l'avantage d'être aussi simple qu'efficace. Il est constitué d'un barreau métallique au bout duquel est fraisée une fente axiale. Une petite pastille allongée en HSS, meulée en quart-de-rond, est insérée dans la fente et bloquée par une vis. La pastille est orientée aux alentours de 45° par rapport à l'axe du barreau. Parfois, elle est simplement collée à la colle époxy. Pour la changer, on chauffe la partie collée au chalumeau.

Le secteur qui travaille n'est pas dans l'axe du segment porteur, mais le porte-à-faux est faible. De plus, la petite taille de l'organe de coupe permet de contrôler sans trop de difficultés le risque d'engagement. En roulant légèrement l'outil sur l'éventail, on améliore l'angle de glisse et on réduit les risques de basculement. Certains tourneurs tiennent l'outil pratiquement à la verticale pour les neutraliser complètement, et creusent à 6 heures. Cet outil convient bien pour l'évidage des formes sphériques de petites ou moyennes dimensions.

Les ciseaux Ellworth

Spécialiste du creusage mondialement connu, David Ellworth a conçu et utilisé trois familles d'outils coudés, chacune en quatre dimensions. Chaque tranchant, de forme arrondie, présente trois rayons de courbure différents : moyen en 1, court en 2, long en 3, que l'on choisit en fonction du secteur travaillé. On dispose donc de 36 positions de coupe. Le déport entre le point de coupe et le point d'appui (le coude est de 40°) rend la conduite délicate et exige beaucoup de concentration et d'habitude. L'éventail pénètre à l'intérieur de la pièce et tout le corps accompagne le mouvement de l'outil.

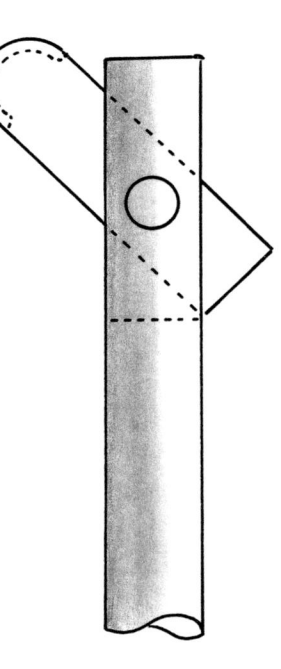

L'outil Chapman.

Évidage avec le ciseau Ellworth.

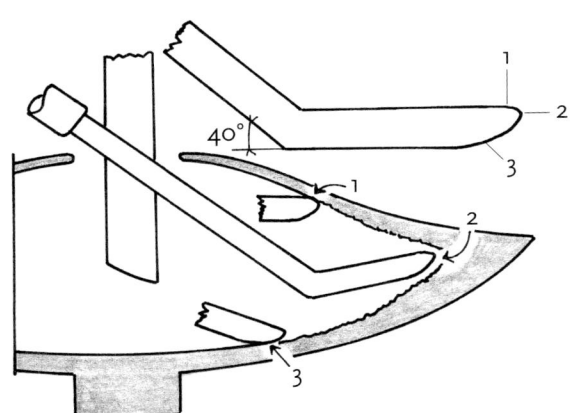

L'outil BCT

Cet outil récemment introduit sur le marché est lui aussi conçu pour les creusages larges et profonds à partir d'une ouverture de faible diamètre.

Son segment porteur présente une section carrée. L'extrémité est dotée d'un bras coudé articulé, bloqué par une vis Allen, qui lui permet de s'orienter sur le plan horizontal.

Le bras coudé reçoit un porte-outil qu'on peut orienter, lui, sur le plan vertical. Il est bloqué dans la position désirée par une autre vis Allen logée dans le bras.

Principe de l'outil BCT.

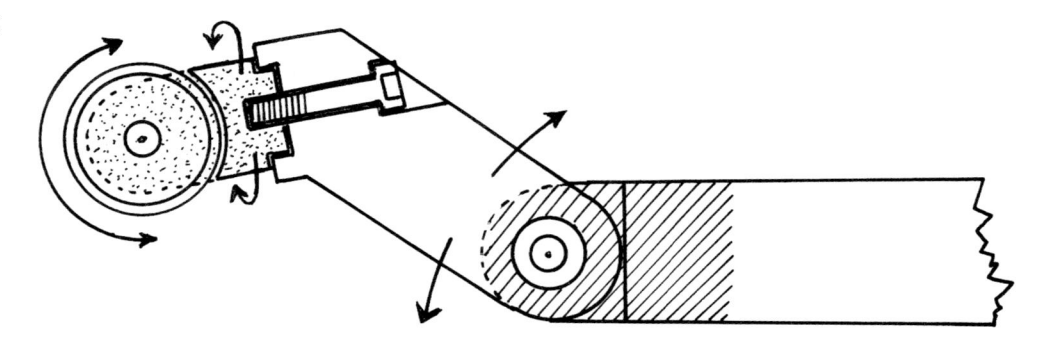

L'organe de coupe est une cuvette circulaire fixée sur le porte-outil par une troisième vis Allen. Elle est orientable sur son axe pour faire travailler n'importe quel secteur de son tranchant périphérique et donc d'égaliser son usure.

Cet outil constitue une avance technique notable. L'organe de coupe est plus proche d'une gouge que d'un ciseau. Son rendement est donc meilleur que celui des pastilles plates des autres ciseaux. Le travail est plus rapide et donne un meilleur état de surface.

D'autre part, en combinant l'orientation horizontale du bras et l'orientation verticale du porte-outil, la position de l'organe de coupe s'adapte parfaitement à toutes les configurations.

Enfin, la section carrée du segment porteur donne un appui sur l'éventail stable. En revanche, la double articulation nécessite des réglages fréquents pour garder une position optimale.

Exercices d'entraînement

Les exercices qui suivent ont été sélectionnés sur des critères pédagogiques. Avant d'ambitionner des réalisations complexes ou originales, le tourneur doit se sentir à l'aise avec l'outillage et les techniques de base. Ces exercices ont donc pour but d'apprendre à contrôler les outils, à observer leurs réactions et celles du bois, à acquérir une méthode, à travailler avec précision. L'important n'est pas d'aller vite, mais d'approcher le plus possible de la perfection.

Verre à pied

Cette pièce, agréable à réaliser, est un travail qui ne nécessite pas de dessin préalable. Une simple esquisse suffit. Elle allie un profilage en bois de fil et un creusage en bois de bout. Les verres sont en général tournés dans de jolis bois, de façon que forme et veinage soient mutuellement mis en valeur. Toutefois, exercez-vous d'abord sur des bois bon marché, mais appropriés au tournage, tels que le hêtre, le platane, le sycomore, ou des fruitiers qui sont mi-durs et à grain fin.

Quelques exemples de formes (zingana et noyer).

1. Prélevez l'ébauche dans un rondin ou dans un carrelet puis choisissez un mandrin-gobelet. C'est le mandrin qui convient le mieux pour ce type de travail, surtout si le verre doit être assez haut.

2. Prenez d'abord l'ébauche entre pointes, mettez-la au rond, puis calibrez-la en léger cône, côté contre-pointe, pour éviter de travailler dans le voisinage des griffes du mandrin d'entraînement (voir *Les mandrins de base,* page 99). Présentez le mandrin sur le calibrage et rectifiez éventuellement la pente du cône.

Évidage

3. Ébauche enfoncée dans le gobelet, installez celui-ci sur le nez du tour. À environ 1 200 tr/min, amenez la pièce à son diamètre maximal définitif. L'usinage commence par l'évidage, le profilage constituant la deuxième phase du tournage. En procédant à l'inverse, la réduction du diamètre au niveau du pied provoquerait une vibration parasite lors du creusage. Pour l'évidage en bois de bout, l'outil le mieux adapté est l'anneau.

4. Dressez d'abord la surface à creuser du centre vers l'extérieur à 9 heures, puis creusez une cuvette au centre. En passes successives, élargissez et creusez la cavité. Au fur et à mesure de la progression, faites des passes parallèles au profil à obtenir. L'outil est présenté verticalement, mais vous pouvez le rouler légèrement sur l'éventail pour trouver l'angle de glisse optimal. En même temps, talonnez plus ou moins pour régler l'angle d'attaque et la prise de copeau. Faites des passes lentes en observant et en analysant tout ce qui se passe lorsque vous modifiez la position de l'outil : un léger changement de l'angle d'attaque ou de l'angle de glisse peut provoquer ou neutraliser une vibration, étant entendu que la qualité de l'affûtage est primordiale.

Vous pouvez aussi travailler en *uppercut*. Avec la gouge, partez du fond de la cavité en talonnant sur sa surface et remontez à la verticale entre onze heures et une heure en baissant progressivement le manche. Le banc gêne parfois cette opération.

Poncez l'intérieur de la cavité, tour en rotation, avec une bande d'abrasif pliée sur l'index, sans trop appuyer, et à la même vitesse que pendant l'usinage. La dernière passe, au grain 320, se fait tour à l'arrêt en mouvements circulaires sur toute la surface pour effacer les moindres rayures concentriques.

À défaut d'anneau, vous pouvez utiliser une gouge à creuser ou une gouge à profiler. Progressant de l'ouverture vers le fond, elle travaille à contre-fil, mais donne quand même un excellent résultat. L'outil travaille à hauteur de l'axe. Pour amorcer la coupe au niveau du plan d'ouverture, présentez la gouge parfaitement sur le chant afin d'éviter une diagonale qui la rejetterait latéralement.

Exercices d'entraînement

Profilage

5   Reportez la mesure de profondeur de la cavité sur l'extérieur du cylindre et exécutez le profilage de la vasque avec une gouge à profiler ou, éventuellement, avec une gouge à creuser meulée sur ses chants et possédant un angle de biseau relativement fermé.

6   Commencez à ébaucher le profil (tulipe, verre à cognac ou autre) en passes parallèles, dans le sens du fil. Si l'ouverture doit être très fine, faites les dernières passes à l'extrémité de la vasque en direction de la périphérie. Même si vous êtes à contre-fil, vous évitez ainsi de briser le bord extrême de la vasque lors de l'attaque. Vous pouvez le faire en soutenant l'intérieur de la paroi avec l'index gauche. La main droite manœuvre la gouge en ciseau : l'outil ne talonne pas, le bord droit du biseau racle en dégageant un copeau très fin. Le pouce gauche cale et aide la progression de l'outil.

Profilage de l'extrémité, gouge tirée.

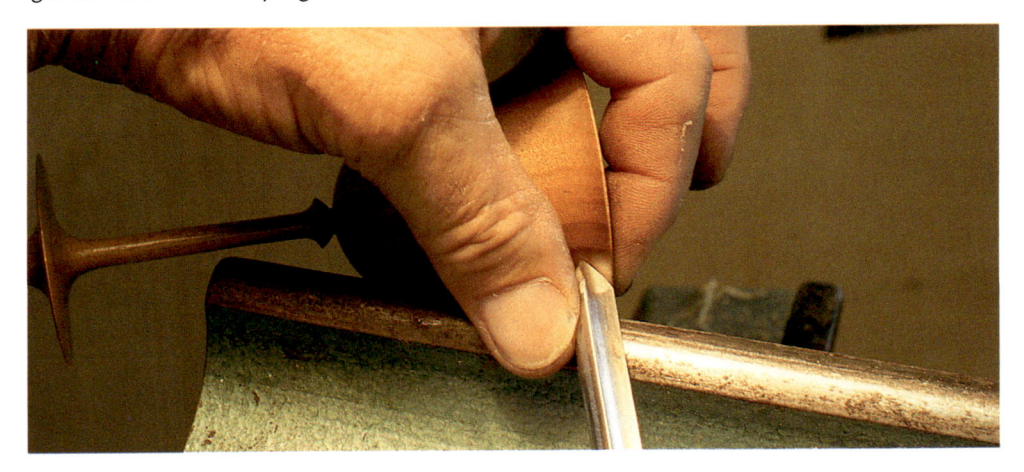

7   Le reste de la vasque est usiné normalement en passes parallèles à la forme définitive en allant du plus grand diamètre vers le plus petit afin de coucher le fil du bois.

Pour obtenir une vasque à paroi très fine, voire translucide, il est nécessaire de travailler avec le concours d'une lampe (croquis page suivante) : une ampoule *flamme* montée sur un rondin, enfilée sur l'arbre de la contre-pointe, éclaire l'intérieur de la vasque. La couleur du bois et le bruit vont vous permettre de contrôler votre travail. En effet d'abord rouge orangé, la paroi vire au jaune foncé, puis au jaune pâle quand on atteint l'extrême limite de finesse. Parallèlement, le son devient strident.

Faites des passes lentes, subtilement dosées, avec un outil parfaitement affûté. Étant donné la fragilité de la paroi après le dégrossissage, il faut la travailler secteur par secteur en direction du pied. Vous ne pourrez pas revenir sur un secteur si vous avez déjà tourné les suivants : l'élasticité du bois ferait rebondir l'outil lui enlevant toute sa précision. La pièce éclaterait.

Il est important de porter un casque antibruit.
Il arrive parfois que la pièce éclate c'est pourquoi il est recommandé de se munir de lunettes de protection.

133

Le tournage en l'air

Processus d'exécution du profilage extérieur.

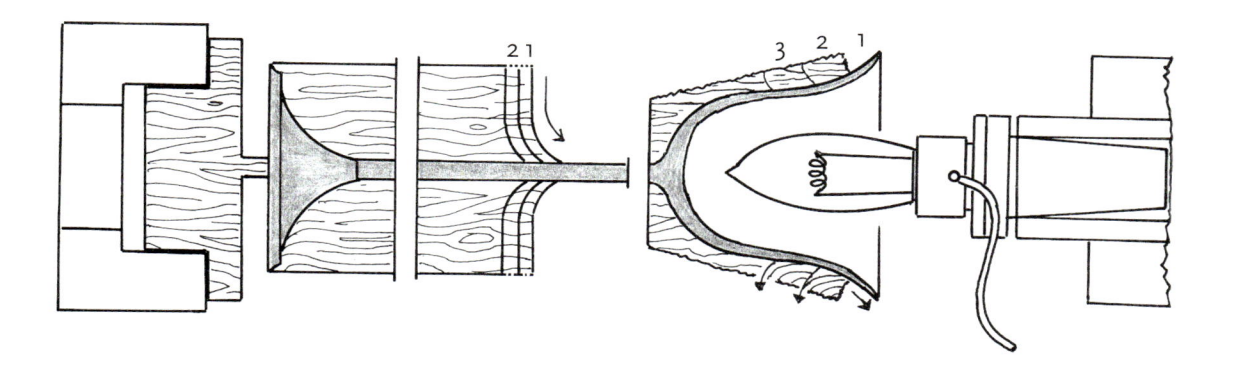

8. Lorsque la vasque est terminée et poncée, **appliquez la finition** avant de profiler le pied. En effet, si le pied est un peu long et fin, la vasque risque, sous l'effet de la force centrifuge, de tourner hors axe.

9. **Donnez au pied son diamètre définitif**, secteur après secteur, avec la gouge à profiler. S'il est nécessaire de revenir sur la partie du pied déjà tournée, vous pouvez le faire au bédane travaillant en plane, biseau vers le haut, tangentant le bois dans le secteur 4 du cylindre. De l'autre main, soutenez le bois à l'opposé de l'outil.

10. Dès que le pied s'allonge et s'affine, il devient flexible. Le poids de la vasque l'entraîne en rotation excentrée : il peut casser. Afin d'éviter ce risque, bourrez l'intérieur du verre avec de la mèche de coton et amenez la poupée mobile près de l'ouverture. Enfoncez la contre-pointe dans la mèche de coton sans toutefois toucher le fond de la cavité. La mèche fait office de matelas entre la paroi du verre et la contre-pointe. Elle limite l'amplitude de l'excentricité en laissant cependant une certaine souplesse comme la lunette à fil d'un trembleur. Vous pouvez poursuivre le tournage du pied en toute sécurité.

11. **À la fin du travail**, coupez le verre sur le tour au tronquoir, au bédane ou à la gouge. N'oubliez pas de donner du *maigre*, c'est-à-dire de dégager une surface légèrement concave pour garantir un appui périphérique à la

Verre du canadien Martel creusé au crochet. La paroi mesure moins de 1 mm d'épaisseur.

Exercices d'entraînement

pièce. La gouge convient très bien pour garantir un état de surface parfait. Si le verre est fragile, il vaut mieux vous arrêter avant de sectionner et couper ce qui reste (5 à 8 mm) à la scie, tour arrêté.

12 Rectifiez le centre de la section au ciseau de menuisier, puis poncez la surface à la main ou au tampon rotatif.

Bonbonnière

Appartenant à la famille des boîtes, objet des plus courants dans la création tournée, cette bonbonnière offre l'occasion de s'exercer à mettre en adéquation conception et réalisation d'une forme. L'harmonie d'une courbe n'a rien d'évident et si beaucoup de tourneurs travaillent *à l'œil*, tous ne réussissent pas à

Plan de travail de la bonbonnière à l'échelle.

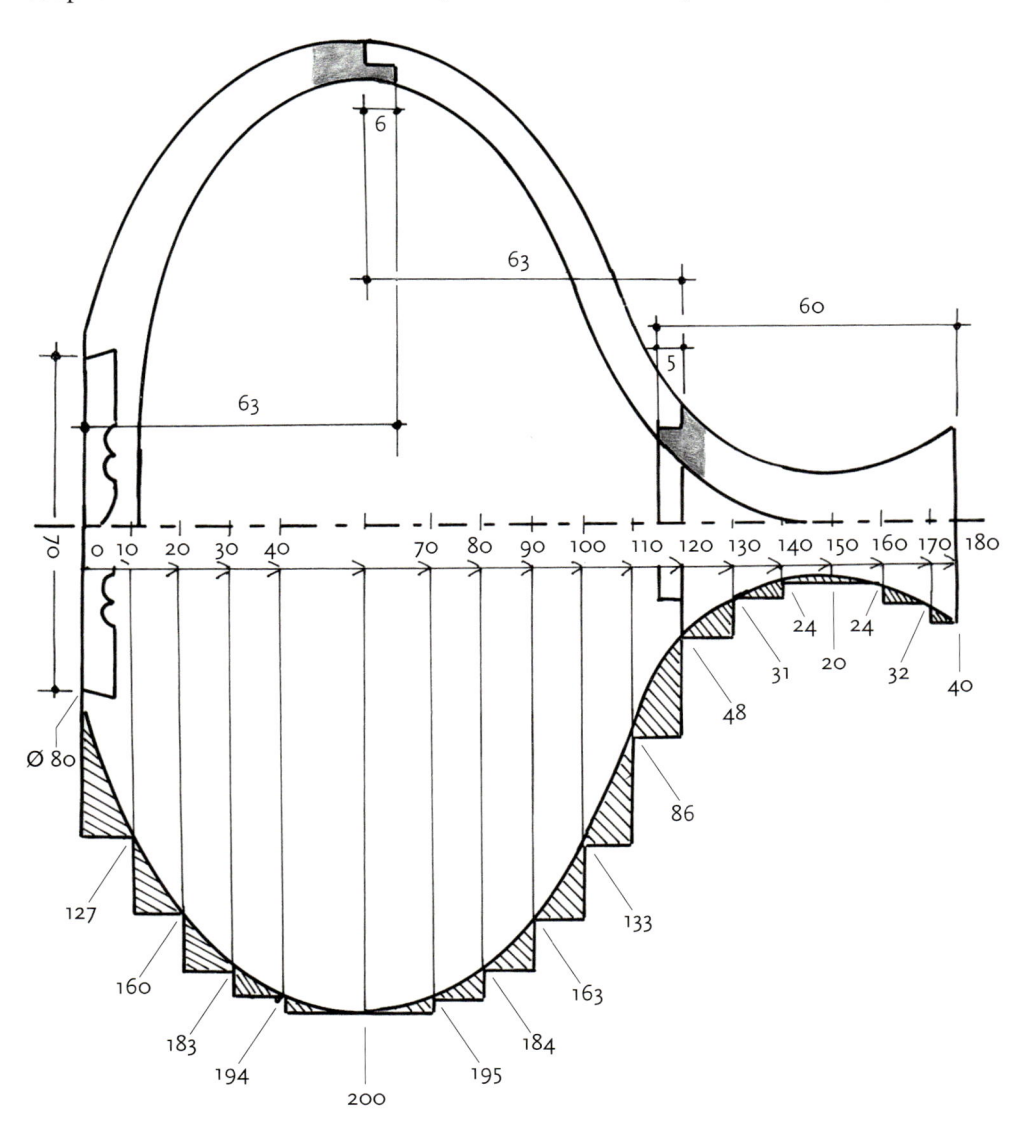

135

Le tournage en l'air

créer de cette façon un objet équilibré. Certes, le goût, le don inné de la forme, l'habitude, favorisent la réussite. Cependant, mieux vaut maîtriser certaines techniques qui permettent de concrétiser exactement sur le bois le dessin d'un modèle. Les méthodes de création de formes, un peu plus compliquées, s'apprennent en perfectionnement. Le tournage de cette bonbonnière montre simplement comment restituer sur le bois le profil prévu sur le plan.

L'ébauche

Lors de la conception d'une pièce, on se trouve devant l'alternative suivante : soit on privilégie couleur, forme, dimensions et le choix du bois en dépend ; soit le dessin tient avant tout compte du stock de bois disponible. Il est rare en effet, d'avoir à sa disposition tous les bois souhaités.

1. Prenez cette épaisseur comme point de départ lorsque vous dessinez la pièce, dont la forme s'inscrit dans une ellipse.

2. Trois ébauches circulaires intègrent le volume : 210 mm de diamètre pour le corps et le couvercle, 60 mm pour le fleuron. Vous les tracez au compas sur le plateau et les chantournez à la scie à ruban.

3. Avant de commencer le travail, examinez les ébauches. Si un défaut affecte l'une d'entre elles, flache ou autre, il devra disparaître lors du tournage : selon la forme de la pièce, vous le situerez dans un secteur où le bois sera éliminé. Ceci détermine la face par laquelle vous allez saisir l'ébauche sur le mandrin.

Le matériau utilisé pour cette pièce est du merisier en plateau de 70 mm d'épaisseur, débit de sciage courant.

Les ébauches ont été chantournées hors cœur dans un plateau de 70 mm. Le profilage éliminera les défauts repérés.

Il faut aussi considérer les ébauches l'une par rapport à l'autre pour harmoniser au mieux leurs veinages respectifs.

4. Le fleuron vient dans le prolongement du couvercle. Il faut assembler ces deux éléments par feuillure. Vous pouvez donc commencer par mettre entre pointes l'ébauche du fleuron et calibrer sa base aux dimensions prévues par le plan. Vous tournerez la feuillure de réception dans le couvercle plus tard.

Tournage extérieur de la boîte

5. L'ébauche, saisie sur queue de cochon bois de travers, par la face qui sera ensuite creusée, tourne aux environs de 1 200 tr/min. Mettez-la au rond à la gouge à dégrossir ou à creuser en passes parallèles à l'axe de rotation.

6. Placez ensuite l'éventail face à la pièce pour dresser la face au bédane : faites des passes successives profondes de 3 à 4 mm avec la moitié du tranchant si vous utilisez un bédane de 10 mm, de l'extérieur vers le centre.

7. Dressez ensuite la surface, bédane en *shear scraping* : posé sur son arête dos/chant gauche, le tranchant se présente en oblique avec un angle de glisse efficace, du centre vers l'extérieur.

8. Pour profiler l'extérieur de la boîte, utilisez la technique de *l'escalier*. Lors de la réalisation à l'échelle 1 du plan, tracez une série de lignes perpendiculaires à l'axe de la pièce. À l'intersection avec la courbe du profilage, elles déterminent le diamètre de la pièce à ce niveau. Régulièrement espacées (10 mm par exemple), elles donnent une série de points constituant le développement de la courbe. Notez la hauteur et le diamètre correspondant sur chaque ligne pour dessiner la série d'escaliers qui prépareront le profilage. Chaque escalier sera calibré à sa cote. Il suffira ensuite d'en réunir les angles rentrants pour obtenir la courbe.

La méthode de l'escalier est la façon la plus simple et la plus efficace de restituer sur le bois le profil extérieur dessiné sur le plan de travail.

Calibrage des escaliers au bédane.

9. Concrètement, amenez l'ébauche à son diamètre définitif, de 200 mm (+ 1 mm pour la rectification et le ponçage). Tracez sur la surface latérale les lignes prévues sur le plan, qui correspondent aux étages. Sur la face frontale, tracez la circonférence du premier calibrage (127 mm). Défoncez au bédane sur 10 mm de profondeur le bois situé entre cette circonférence et la périphérie de la pièce.

10 Cette nouvelle surface se présente sous la forme d'une feuillure. Pour y tracer le diamètre suivant, 160 mm à 20 mm de la base, vous ne pouvez pas utiliser le réglet en l'appuyant sur l'éventail et en le centrant sur l'axe de rotation : le décrochement de la feuillure empêcherait toute précision. Utilisez le pied à coulisse ou le compas d'épaisseur. Posez l'outil de mesure ouvert à 160 mm à plat sur l'éventail, au ras de la pièce, mais sans la toucher. Au crayon, tracez la circonférence. Vérifiez son exactitude et corrigez le cas échéant.

11 Calibrez ce deuxième escalier en dressant le bois entre sa circonférence et la périphérie de la pièce. Procédez ainsi jusqu'au dernier escalier.

Lors de chaque calibrage, contrôlez l'exactitude des cotes de diamètre et de profondeur de la feuillure qu'il dégage. La cote de profondeur est vérifiée avec le réglet. La cote de diamètre, dès qu'elle dépasse une dizaine de millimètres, ne peut plus être vérifiée avec un pied à coulisse ordinaire. Un pied à coulisse à longs becs (pied d'ajusteur), facilite grandement la mesure du calibrage des grands diamètres. Il est cependant assez onéreux. À défaut, vous pouvez utiliser un compas d'épaisseur.

Dans un cas comme dans l'autre, effectuez la vérification tour arrêté.

12 Il vous reste à relier les angles rentrants des escaliers. Tracez d'abord le périmètre de la base de la pièce (80 mm). Ensuite, écrêtez progressivement les angles saillants en passes parallèles au profil à obtenir dans le secteur situé entre deux angles rentrants. Le plan, placé sous les yeux, indique la forme du profil dans ce secteur. Utilisez pour cela une gouge à profiler. En fin de travail, les angles rentrants se résument à de petits sillons. Les passes de rectification, faites avec un tranchant rafraîchi à la pierre, les effacent et finissent de donner au profil la forme parfaite.

Plus les escaliers sont rapprochés, plus les repères de la courbe sont nombreux, plus grande sera la précision.

13 Tracez sur la base de la boîte la périphérie de l'alésage destiné à recevoir les mâchoires du mandrin qui permettra de tenir la pièce dans la suite du travail. Préparez l'alésage. Le dessous de la pièce doit être aussi soigné que le reste. Décorez-le (une pointe centrale et deux tores concentriques par exemple) et poncez ce petit usinage.

Ne jamais mesurer un calibrage avec un compas d'épaisseur sur un tour en rotation. Si des professionnels chevronnés peuvent à la rigueur se permettre une telle pratique, elle est, d'une façon générale très dangereuse : mal présenté, le compas peut être arraché de la main et violemment projeté dans l'atelier.

Évidage de la boîte

14 Prenez la boîte en expansion sur un mandrin à mâchoires. La technique du profilage extérieur en escaliers s'accompagne le plus souvent d'un évidage au gabarit. Il garantit un profilage intérieur parfait.

15 Calquez le gabarit sur le plan s'il est à l'échelle 1 ou faites une photocopie de ce dernier. Collez le calque ou la photocopie sur une chute de contreplaqué de 5 mm. Découpez le contreplaqué à la scie-fil en suivant le tracé du profil intérieur de la pièce. Sciez à l'intérieur du tracé. Il reste visible sur la partie restante du contreplaqué. Poncez le gabarit et superposez-le au plan. Il doit venir au ras du tracé du profil intérieur. Le gabarit doit obligatoirement porter un trait qui représente l'axe de rotation et, perpendiculairement, un trait qui correspond au plan d'ouverture de l'évidage. Le premier permet de centrer le gabarit, le second de contrôler la profondeur.

16 Commencez par dresser le plan d'ouverture en ramenant l'ébauche à sa hauteur définitive (63 mm). Évidez ensuite la boîte à la gouge à creuser ou, à défaut, à la gouge à profiler, en passes parallèles à la forme à obtenir.

17 À l'approche de la forme définitive, présentez le gabarit sans arrêter le tour, son trait d'axe pointé sur le centre de rotation. Le gabarit touche par endroits. Ce sont les points de contact qu'il faut reprendre en petites passes. Présentez le gabarit de plus en plus souvent. Rectifiez là où le gabarit touche. Surveillez simultanément la distance entre le trait figurant le plan d'ouverture et le plan d'ouverture lui-même. À la fin, la forme intérieure de la cavité épouse fidèlement le gabarit. Creusez la feuillure extérieure d'assemblage avec le couvercle.

Contrôle au gabarit (ici un demi-gabarit).

Il est possible de passer de la craie sur le gabarit. En se déposant sur la pièce, la craie matérialise les zones d'intervention de l'outil. L'utilisation d'un demi-gabarit est possible à condition qu'il ait son trait d'axe et que le trait figurant le plan d'ouverture puisse prendre appui sur le bord de la cavité en deux points opposés.

Évidage du couvercle

On évide avant de profiler : dans l'ordre inverse, il ne serait plus possible de tenir la pièce pour l'évider.

18 Montez le couvercle sur la queue de cochon par la face qui sera creusée. Mettez au rond et dressez la face.

19 Portez la mesure de l'alésage destiné à assembler le fleuron et le couvercle et creusez-le au bédane. Veillez à ce que les portées transversales et longitudinales des deux pièces se superposent exactement puis collez l'ébauche du fleuron sur celle du couvercle en alignant les veinages. Après séchage, usinez l'extrémité du fleuron pour qu'elle puisse être saisie en pression par les mâchoires du mandrin.

20 Enlevez la queue de cochon et serrez l'ensemble couvercle/fleuron dans le mandrin. Dressez le plan d'ouverture du couvercle, notez la circonférence de l'excavation et commencez à creuser comme la boîte. Un autre gabarit à la forme intérieure du couvercle vous permet de contrôler son profil intérieur.

21 Terminez le fond, en pointe, en présentant sur l'axe de la cavité un foret de 3 mm tenu par une pince ou un mandrin porte-mèche pourvu de son embase. Creusez la feuillure d'assemblage avec la boîte et contrôlez cet assemblage. Il doit se faire sans jeu, avec un très léger effort de traction et un bruit d'appel d'air.

Cette partie de la pièce ne sera plus accessible pendant la suite du travail. Il faut donc poncer et appliquer la finition immédiatement. Le tampon rotatif de grain 120 puis de 180 vient rapidement à bout des petites irrégularités laissées par la gouge. Terminez avec du grain 220 sur un tampon manuel souple, tour à l'arrêt. Décrivez avec votre main de petits mouvements circulaires ; vous obtiendrez une surface exempte de défauts.

Le travail au gabarit garantit un profilage intérieur conforme au plan. Technique de l'escalier et technique du gabarit sont complémentaires.

Ponçage au tampon rotatif sur perceuse. Placé juste en dessous, l'aspirateur absorbe la sciure.

Exercices d'entraînement

Examinez le travail en lumière rasante pour déceler les dernières traces qui pourraient rester et donnez un coup de laine d'acier 00 ou 000.

Il existe un grand choix de finitions. Dans le cas présent, la pièce reçoit deux couches de vernis fond dur pulvérisées à la bombe et égrenées avec un tampon abrasif à vernis.

Profilage extérieur

22 Replacez la boîte en expansion dans le mandrin à mâchoires. Emboîtez le couvercle. La contre-pointe vient le maintenir en appui pour le profilage extérieur. Préparez les escaliers du couvercle jusqu'à sa jonction avec le fleuron (diamètre de 48 mm). Si la contre-pointe gêne le maniement du bédane, travaillez outil perpendiculaire à l'axe de la pièce en calibrant les escaliers en passes latérales et non plus frontales En effet vous êtes en bois de bout et le fil du bois est face à l'outil. Raccordez les angles rentrants jusqu'à obtenir la forme.

Profilage de l'extérieur du couvercle. Notez le fond noir et le plan à portée du regard.

23 Finissez par le calibrage du fleuron et raccordez sa courbe avec celle du couvercle.

24 Poncez tout l'extérieur de la boîte. Terminez cette opération tour à l'arrêt. Enroulez l'abrasif sur une cale souple, et décrivez de petits cercles avec la main en appuyant modérément.

25 Le dessus du fleuron n'est pas plan mais légèrement concave pour s'adapter à l'arrondi du pouce quand on ouvre la boîte. Pour le façonner, il faut reculer la contre-pointe. Sans elle, le couvercle tient sur la boîte, mais il risque d'être éjecté lors de l'usinage. Pour maintenir les deux pièces, assemblez-les avec du ruban adhésif (adhésif d'emballage) collé à cheval sur le joint. Coupez l'excédent de longueur à la scie, reculez la poupée mobile à l'extrémité du banc. Enlevez la contre-pointe pour éviter que votre coude ne s'y blesse. Avec la gouge à profiler, creuser légèrement le fleuron.

*Avant le creusage du dessus du fleuron :
1. assemblage boîte/couvercle
2. section de la surlongueur.*

141

Le tournage en l'air

La bonbonnière terminée.

26 Enlevez l'adhésif, nettoyez. Enlevez le couvercle et exécutez la finition de l'intérieur de la boîte comme celle de l'intérieur du couvercle. Remettez ensuite le couvercle. Ramenez la contre-pointe en intercalant entre la pointe et le fleuron un petit cylindre en bois de fil creusé en cône côté pointe et revêtu de feutre côté pièce. Ce cylindre intermédiaire, appelé *simbleau*, évite à la contre-pointe de laisser sa trace ou permet de mieux répartir sa pression. Vous pouvez alors appliquer la finition extérieure. Semblable à la finition intérieure, elle est complétée par une application d'encaustique. Lustrez celle-ci avec une bonnette de coton rotative montée sur une perceuse. Le dernier travail consiste à finir le dessous de la pièce, hors tour, après l'avoir dégagée du mandrin.

Boîte à tiroirs

L'intérêt de cet exercice est de combiner diverses opérations courantes pour créer une pièce composée. Cette boîte à bijoux comporte une base avec deux tiroirs pour les bagues ou les broches, et une partie supérieure creusée en boîte pour recevoir colliers et bracelets.

Préparation des éléments

La préparation nécessite une scie à ruban et une dégauchisseuse-raboteuse. Prélevez les éléments dans des plots, sciez-les puis corroyez-les avant de les assembler pour le tournage.

Exercices d'entraînement

Plan de la boîte à tiroirs.

| soubassement | base et tiroirs | boîte | couvercle | fleuron |

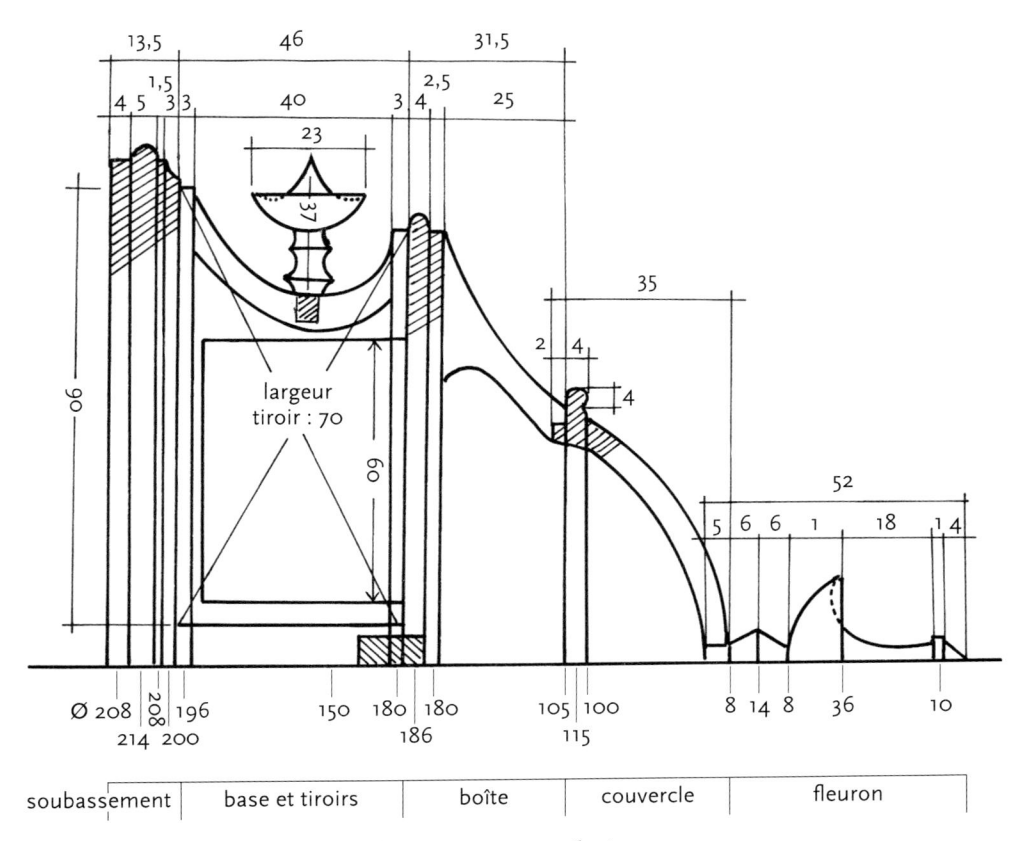

Les différents éléments qui composent cette boîte sont :

- **Le soubassement** : une planche circulaire de diamètre 220 mm corroyée à 13,5 mm d'épaisseur.
- **La base** : les éléments latéraux qui encadrent les tiroirs sont deux carrelets corroyés de 220 × 75 × 46 mm.
- **Les tiroirs** : un carrelet corroyé de 230 × 70 × 46 mm. Dans ce carrelet, on coupe les tiroirs, soit deux segments de 100 mm, et l'entretoise centrale d'une longueur de 16 mm. Coupez ce qui reste en deux longueurs égales. Elles serviront d'entretoises pendant le collage des éléments latéraux sur le soubassement.
- **La boîte** : un disque, de diamètre 200 mm, et de hauteur 34 à 35 mm, dégauchi sur une face.
- **Le couvercle** : un disque de diamètre 120 mm, et de hauteur 40 mm ; dégauchi sur une face.
- **Le fleuron du couvercle** : un carrelet de 70 × 40 × 40 mm.
- **Les fleurons des tiroirs** : deux carrelets de 55 × 30 × 30 mm.

Tournage du soubassement

1 Prenez le soubassement sur un plateau par la face sur laquelle sera collée la base afin d'en façonner le dessous. Il doit être légèrement concave et bordé par une portée annulaire plate de 10 à 15 mm. Au centre, préparez l'alésage destiné à la saisie en extension par le mandrin à mâchoires.

Le tournage en l'air

Le montage des éléments latéraux sur le soubassement.

Il est possible d'agrémenter le dessous du soubassement avec des moulures concentriques tores, gorges, doucines ou autres.

À défaut de mandrin à mâchoires, un plateau peut convenir mais les traces de vis resteront et il sera nécessaire de les oblitérer proprement (petits cabochons arrondis par exemple).

2   Montez le soubassement sur le mandrin par la face que vous venez d'usiner. Rectifiez le diamètre (214 mm). Tracez les limites du tore et calibrez de chaque côté au diamètre 208 mm. Façonnez le congé qui constitue la moulure supérieure du soubassement. Finissez par le façonnage du tore. Avant d'arrêter le tour, repérez le centre du soubassement avec la pointe d'un crayon. Enfoncez-y une petite pointe qui dépasse de 3 ou 4 mm et dont vous coupez la tête.

3   Sur l'établi, collez les éléments de la base : d'abord l'entretoise dont le centre, repéré par les diagonales, coïncide avec la petite pointe. Collez ensuite les éléments latéraux en intercalant les deux autres entretoises pour les garder parallèles. Pressez contre le soubassement et contre les entretoises. Enlevez la colle qui a pu couler dans l'espace réservé aux tiroirs avant qu'elle ne sèche. Pour protéger le dessous de la pièce, intercalez des cales de bois entre celui-ci et la tête du serre-joint.

Tournage de la base

4   Avant de profiler la base, introduisez les ébauches des tiroirs. Maintenez-les en appui sur l'entretoise centrale à l'aide d'un serre-joint. Préparez un disque en contreplaqué d'environ 160 mm de diamètre. Vissez-le sur les éléments latéraux et sur les ébauches des tiroirs. L'ensemble est maintenant solidaire. Épan-

Exercices d'entraînement

nelez-le à la scie à ruban en évitant soigneusement d'entamer le soubassement.

5. Remettez l'ensemble sur le tour et faites tourner aux environs de 1 000 t/min. Approchez la forme à la gouge à dégrossir puis calibrez au bédane au diamètre du listel inférieur (196 mm). Calibrez ensuite le listel supérieur (180 mm). Façonnez la scotie intermédiaire. Rectifiez, poncez, dévissez le disque de contreplaqué et enlevez les tiroirs.

Tournage de la boîte

6. Percez le centre de la face dégauchie au diamètre du tourillon de 12 ou 14 mm qui assure le centrage de la jonction avec la base. Percez l'entretoise de la base de la même façon et collez la boîte sur la base.

7. Montez l'assemblage sec sur le tour. Mettez la boîte au rond, dressez-la et amenez-la à sa hauteur (31,5 mm). Calibrez au diamètre du listel, tracez la limite de ce dernier, ainsi que le diamètre extérieur du haut de la boîte. Tournez le profil de la boîte. Vous pouvez éventuellement choisir un point à mi-hauteur, mesurer sur le plan le diamètre à cette hauteur et calibrer pour obtenir un escalier repère. Il est bon cependant de s'entraîner à traduire fidèlement sur la pièce ce que l'œil voit sur le plan.

Profilage de la scotie avec une gouge de 10 mm progressant du petit vers le grand diamètre (bois de bout).

8. Tracez le diamètre de l'ouverture de la boîte et défoncez au bédane à la profondeur prévue (25 mm). La cavité, peu profonde et s'évasant vers le fond, rend malaisé le profilage intérieur à la gouge. Un ciseau latéral spécifique n'est pas nécessaire, un simple ciseau doigt gauche suffit. Faites-le évoluer en passes droite/gauche gauche/droite sans appuyer.

Profilage intérieur avec un ciseau doigt et décoration du fond.

9. Avant de finir, vous pouvez décorer le fond de la boîte. Alésez un cercle dans lequel vous incluez une rondelle tournée dans un bois de couleur contrastée. Forez à la perceuse quatre trous équidistants que vous centrez sur la périphérie de

Le tournage en l'air

cette rondelle. Vous y collez quatre rondelles tronçonnées sur un cylindre que vous aurez tourné entre pointes. Vous pouvez rectifier au bédane le fond ainsi décoré immédiatement après le collage. Les rondelles serties dans leurs logements tiennent suffisamment bien.

10 Tournez au bédane la feuillure d'assemblage du couvercle, puis poncez et passez la finition à l'intérieur de la boîte.

Tournage du couvercle

11 Vous devez d'abord creuser le disque qui constitue l'ébauche. Saisissez-le sur un plateau. Les vis de maintien seront suffisamment éloignées du centre pour ne pas affecter la surface extérieure du couvercle. Mettez au rond, dressez la surface qui va être creusée, puis amenez au diamètre prévu (115 mm).

12 Tracez la périphérie de l'excavation. Creusez avec une gouge à creuser ou éventuellement avec une gouge à profiler. Il est recommandé d'utiliser un gabarit calqué sur le plan et découpé dans du carton fort pour garantir l'exactitude du profilage de l'évidage.

13 Taillez au bédane la contre-feuillure d'assemblage qui va s'accorder avec la feuillure de la boîte. Façonnez dès maintenant le tore qui entoure l'ouverture du couvercle, plus accessible maintenant qu'après l'assemblage du couvercle avec la boîte. Pour cela, tracez la limite de hauteur du tore (4 mm). Placez l'éventail parallèle à l'axe de rotation. Dégagez le bois au-dessus de la limite du tore en réduisant le diamètre du dôme (100 mm). Le bédane accepte mal le travail en bois de bout, vous pouvez donc effectuer cette opération à la gouge. Façonnez le tore et rectifiez-le parfaitement en utilisant votre bédane en racloir avec l'arête biseau/chant. Poncez et passez la finition. L'intérieur du couvercle est terminé. Enfoncez-le sur la boîte.

Profilage extérieur du couvercle avec appui de la contre-pointe.

14. Assurez la tenue en amenant la contre-pointe en appui. Façonnez la coupole à la gouge à profiler en ménageant éventuellement un escalier repère, comme pour le profilage de la boîte. Le tore périphérique se prolonge en tore annulaire en ménageant une saignée avec la pointe de la plane.
Poncez et passez la finition sur l'ensemble soubassement/base, boîte, couvercle.

Évidage des tiroirs

Pour creuser les tiroirs, il faut pouvoir les maintenir sur le tour sans laisser de trace.

15. Sur le dessus de chaque tiroir, tracez au compas le périmètre de la cavité (60 mm). Sur le dessous, collez un morceau de planche corroyée d'environ 20 mm d'épaisseur et de 50 mm de côté. On l'appelle le *martyr*. Montez un tiroir sur une queue de cochon par le dessus, au centre du périmètre tracé.
Faites tourner et repérez au crayon, à l'opposé, le centre de rotation sur le martyr. Dévissez et remontez le tiroir sur la queue de cochon sur le centre repéré du martyr. Vous garantissez ainsi le centrage de l'évidage.
Exécutez l'évidage au bédane puisque la cavité est cylindrique et se présente en bois de travers. Vous pouvez décorer le fond avec une rondelle comme vous l'avez fait pour la boîte. Rectifiez, poncez et finissez. Le martyr, qui a servi à absorber la vis de la queue de cochon, doit maintenant être éliminé.

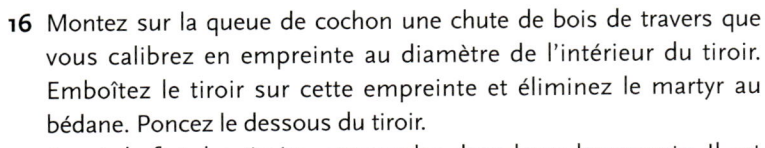

Mise en place des martyrs pour l'évidage des tiroirs.

16. Montez sur la queue de cochon une chute de bois de travers que vous calibrez en empreinte au diamètre de l'intérieur du tiroir. Emboîtez le tiroir sur cette empreinte et éliminez le martyr au bédane. Poncez le dessous du tiroir.
Avant de finir les tiroirs, essayez-les dans leurs logements. Il est normal qu'ils aient un peu de mal à coulisser. Poncez les surfaces de contact avec une cale plate et essayez-les jusqu'à ce qu'ils pénètrent sans jeu, mais sans forcer. L'air comprimé par la pénétration doit donner une sensation d'élasticité quand on les pousse, et de ventouse quand on les tire.

Fleurons

17. Saisissez les ébauches au gobelet et tournez-les comme des balustres ordinaires. Vous pouvez façonner le collet en gouttière à la gouge tirée ou à l'aide du ciseau doigt.

Le tournage en l'air

La boîte à tiroirs terminée.

18 Calibrez le tenon d'assemblage couvercle/fleuron à 8 mm ; ceux des tiroirs, à 6 mm. Forez les trous correspondants dans le couvercle et les tiroirs. Les fleurons seront fixés dans les trous de réception avec une goutte de colle Cyanolite ou Araldite. Il vaut mieux effectuer leur finition avant de les couper sur le tour.

Cette pièce composée ne présente aucune difficulté particulière. Elle requiert seulement méthode et rigueur. Comme toujours, essayez d'être aussi scrupuleux que possible dans le respect des cotes, dans le profilage des lignes et des moulures, dans la qualité du ponçage et de la finition, tout ceci sans vous presser.

Boule juste

Objet tourné par excellence, banal mais parfait, le volume sphérique est une des premières réalisations qu'entreprend le tourneur. Contrairement à ce que l'on pourrait penser, il est facile d'obtenir une boule juste sans expérience ni outillage particulier. L'opération se décompose en deux phases : tournage entre pointes d'abord, rectification sur empreinte ensuite.

Tournage entre pointes

1 Choisissez comme ébauche un carrelet ou un rondin dont la longueur est supérieure d'environ un tiers à la section. Mettez l'ébauche entre pointes et cylindrez jusqu'au diamètre voulu. Au crayon, tour en rotation, marquez le milieu du cylindre, puis, de part et d'autre de ce trait médian, deux traits équidistants. La distance qui les sépare est égale au diamètre du cylindre.

Tournage entre pointes.

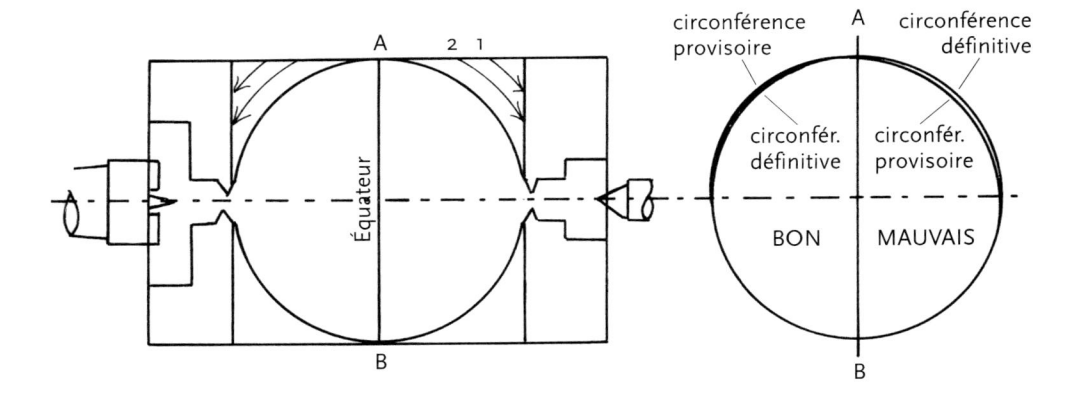

Au bédane, calibrez à l'extérieur des deux traits de façon à dégager le volume qui va devenir la sphère. À la gouge à profiler, arrondissez ce volume exactement comme si vous exécutiez un tore. Les premières passes écrêtent les angles, les suivantes profilent peu à peu l'arrondi, la dernière commence au ras du trait médian. À la fin, vous pouvez entamer les parties cylindriques qui relient la boule à ses points de fixation au niveau des pôles, mais sans les couper. Vous les sectionnerez à la scie, tour arrêté. Avant de couper, tracez à nouveau le trait médian, c'est-à-dire l'équateur AB, de façon qu'il soit bien visible. Il conditionne en effet la suite du travail.

Au cours de ce profilage, essayez d'obtenir un arrondi correct. Avec un peu d'habitude, on y parvient très bien. À défaut, vous pouvez utiliser un gabarit représentant le tiers de la circonférence ou pratiquer la méthode de l'escalier telle qu'elle est décrite page 137, étape 8. Vous pouvez sans inconvénient laisser un petit peu de bois en excédent. En revanche, il faut éviter les creux car ils seraient irrattrapables.

Tournage sur empreinte

2 Dans un gobelet, montez sur le tour une ébauche, en bois tendre de préférence, calibrée à un diamètre un peu supérieur à celui de la boule. Creusez une empreinte en cône à pente raide dont l'ouverture est légèrement inférieure au diamètre de la boule. Présentez la boule en l'enfonçant d'un coup de paume. Si elle ne tient pas, reprenez l'alésage de l'empreinte en augmentant la pente du cône, c'est-à-dire en le rapprochant d'un profil cylindrique. Lorsque la boule se bloque dans l'empreinte, son appui linéaire la maintient suffisamment pour la rectification.

3 La boule est d'abord emboîtée pôles alignés sur l'axe de rotation, comme elle l'était entre pointes. Gouge en appui sur son biseau, arasez le téton issu de la coupe sciée, afin d'arrondir le pôle. Procédez de la même façon pour le pôle opposé. Pour déboîter la boule, un coup sec sur le gobelet suffit.

4   Présentez maintenant la boule dans l'empreinte, son équateur AB aligné sur l'axe de rotation. Cet équateur, parfaitement rond, va servir de référence pour arrondir la boule à partir d'un deuxième équateur, CD, perpendiculaire au premier. Cet équateur, perpendiculaire à l'axe de rotation, sera forcement rond. En rotation, la boule présente des irrégularités au toucher. Elles matérialisent le surplus de bois issu du tournage entre pointes qu'il faut éliminer pour obtenir une circonférence parfaite. Cette rectification peut se faire en passes très légères à la gouge ou avec l'angle du bédane en passes latérales. Lorsque l'outil commence à effleurer le trait figurant l'équateur AB, la moitié de la boule dépassant de l'empreinte à droite de l'équateur CD est rectifiée. Vous rectifiez l'autre moitié en inversant la position de la boule dans l'empreinte. La boule est quasi parfaite. Pour finir, rectifiez éventuellement le raccord entre les deux phases du tournage en empreinte en alignant successivement, les points C et D sur l'axe de rotation puis sur les points d'intersection E et F des deux équateurs.

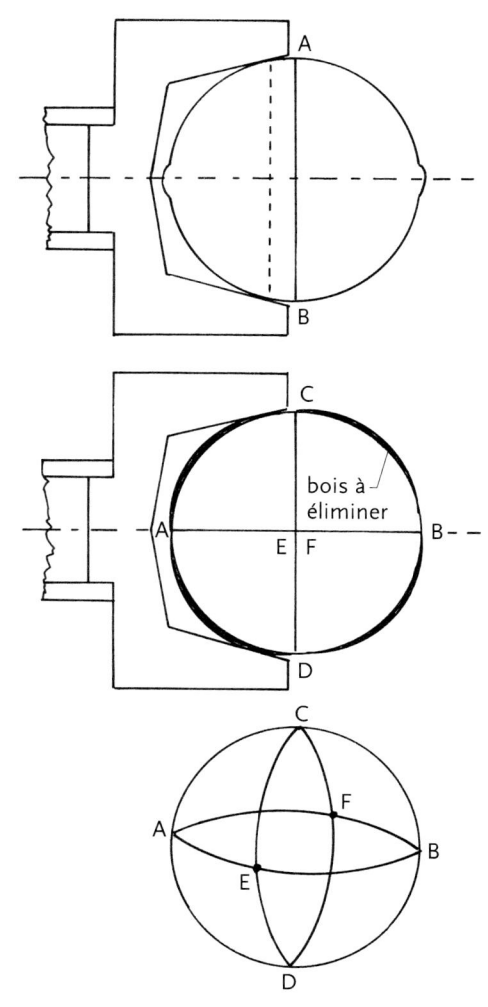

5   Achevez le travail par un ponçage de toute la surface de la boule. Placez-la dans l'empreinte sans l'enfoncer. Maintenez-la par deux doigts de la main gauche pour l'empêcher de sortir, la main droite tenant le morceau d'abrasif enveloppant une cale souple.
De temps en temps, les doigts de la main gauche font pivoter la boule dans l'empreinte en la prenant par dessous, de façon à présenter une autre partie de la surface à l'abrasif.
Contrôlez la régularité de la sphère avec un gobelet ou un verre dont la périphérie circulaire doit toucher la boule en n'importe quel secteur de sa surface.
Pour égrener et lustrer le vernis, la cire ou le produit de finition que vous avez choisi, utilisez l'empreinte tapissée d'un chiffon.

Rectification sur empreinte conique.

Creusage de la sphère

Les sphères se prêtent à de multiples possibilités de décoration pour leur surface. On peut les creuser pour y découper d'autres volumes : boules de tailles décroissantes (ou *boules de Canton*), polyèdres lisses ou à pointes, etc. Avant d'exécuter ces travaux, il est nécessaire de définir l'emplacement des centres d'intervention.

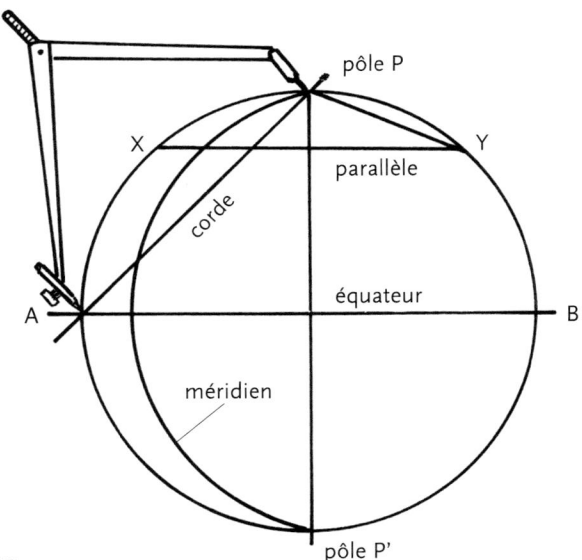

Traçage au compas sur la sphère.

Traçages sur la sphère

6 Tracez d'abord une épure sur le papier, représentez la sphère dont vous connaissez le diamètre par un cercle à l'échelle 1.

Pour obtenir un équateur, tracez le diamètre du cercle AB. La perpendiculaire à ce diamètre définit les pôles P et P'. Tracez une corde reliant le pôle P à l'extrémité A du diamètre. La longueur de la corde AP donne l'ouverture du compas.

Pour le traçage sur la sphère, utilisez un compas porte-crayon dont les extrémités sont orientables. Réglez l'ouverture en prenant la mesure de la corde PA sur l'épure, pointez le compas sur le pôle P que vous avez choisi. En tournant, le crayon du compas dessine l'équateur.

Pour tracer une deuxième circonférence perpendiculaire à l'équateur (*méridien*), pointez le compas sur un point quelconque de l'équateur avec la même ouverture.

Tracez une troisième circonférence perpendiculaire aux deux premières en pointant le compas à leur intersection. Vous déterminez ainsi six points équidistants sur la surface de la sphère qui est donc découpée en huit demi-fuseaux égaux.

Tous les méridiens sont tracés à partir de repères marqués sur l'équateur AB en pointant sur eux le compas ouvert selon la corde équateur-pôle. Ils se recoupent aux pôles.

Les *parallèles* sont des circonférences perpendiculaires à l'axe de la sphère, donc centrées sur le pôle. On les trace aussi sur le papier pour connaître la longueur de la corde qui détermine l'ouverture du compas. La corde PX détermine le parallèle XY.

Rappel

On obtient la longueur d'une circonférence par la formule :
L = 3,14 x diamètre.

On obtient la longueur d'un arc de cercle par la formule :
L = 3,14 x R x N /180 (N étant le nombre de degrés).

Rappelons qu'une circonférence se divise en 360°.

Le tournage en l'air

7 Pour situer des points, équidistants ou non, sur une des circonférences tracées sur la sphère, dessinez le cercle correspondant à cette circonférence sur le papier (épure). Une répartition symétrique ou asymétrique des rayons détermine, à leur intersection avec le cercle, les points recherchés. La distance d'un point d'intersection à l'autre (la corde) est mesurée au compas sur le papier et reportée sur la circonférence tracée sur la sphère.

On peut porter sur la sphère autant de centres d'intervention qu'on veut, symétriques ou asymétriques, et connaître exactement la distance qui les sépare.

Étoile à six branches, libre dans un cube, lui-même libre dans une sphère ajourée. Fabrice Micha.

Creusage

Les axes de toutes les interventions tournées convergent vers le centre de la sphère. Les alésages qu'on y pratique peuvent donc se recouper et détacher à l'intérieur de la sphère des volumes sphériques ou polyédriques. Sans chercher la difficulté, vous pouvez réaliser toutes sortes de travaux : transformer la boule en polyèdre en dressant la surface autour de points repères, les aires dressées se recoupent en formant des polygones ; inclure des rondelles ou des anneaux de toutes tailles, symétriques ou non, contigus, espacés, chevauchants, en mariant les essences ; tailler des cônes au centre de cavités réparties à votre gré sur la surface de la pièce ; guillocher la boule en y creusant des rainures s'entrecroisant, etc.
Pour travailler sur une sphère, il faut pouvoir présenter à l'outil n'importe quel point de sa surface. Le maintien de la pièce est assuré par un mandrin spécifique, le mandrin à cuvette, réservé aux tourneurs confirmés (Voir notre ouvrage *L'Art du tournage sur bois*, Eyrolles, 2001).

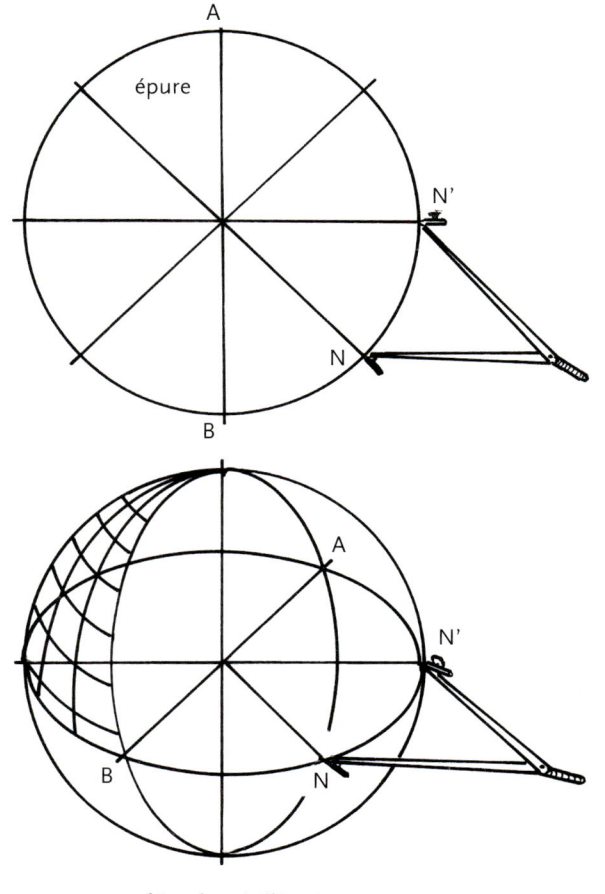

Report d'une mesure de l'épure à la sphère.

Exercices d'entraînement

Urne classique

Cette pièce est intéressante parce qu'elle met en œuvre toutes les techniques de base du tournage, il s'agit donc d'un exercice complet. La préparation des éléments, leur tournage, leur assemblage ne présentent pas de difficultés particulières, mais exigent rigueur et précision. Terminée, l'urne forme un bel objet décoratif et classique.

Plan de travail

On peut trouver des modèles d'urne dans les revues de décoration, les ouvrages anciens, les livres d'art, etc. On peut également dessiner son modèle selon ses goûts personnels et ses propres critères esthétiques en choisissant un style classique ou contemporain.

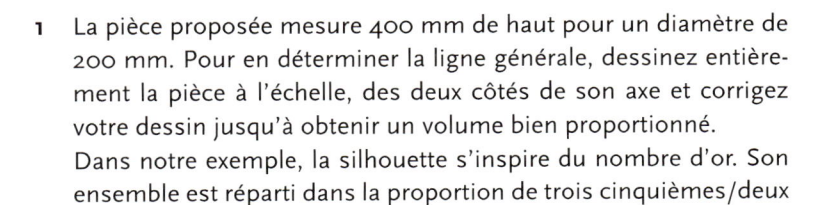

1. La pièce proposée mesure 400 mm de haut pour un diamètre de 200 mm. Pour en déterminer la ligne générale, dessinez entièrement la pièce à l'échelle, des deux côtés de son axe et corrigez votre dessin jusqu'à obtenir un volume bien proportionné.
Dans notre exemple, la silhouette s'inspire du nombre d'or. Son ensemble est réparti dans la proportion de trois cinquièmes/deux cinquièmes au niveau du diamètre maximal, c'est-à-dire à la ceinture soutenant les poignées.
La proportion du corps par rapport au col obéit à la même répartition trois cinquièmes/deux cinquièmes au niveau de la jonction courbe convexe/courbe concave.

Plan de travail.

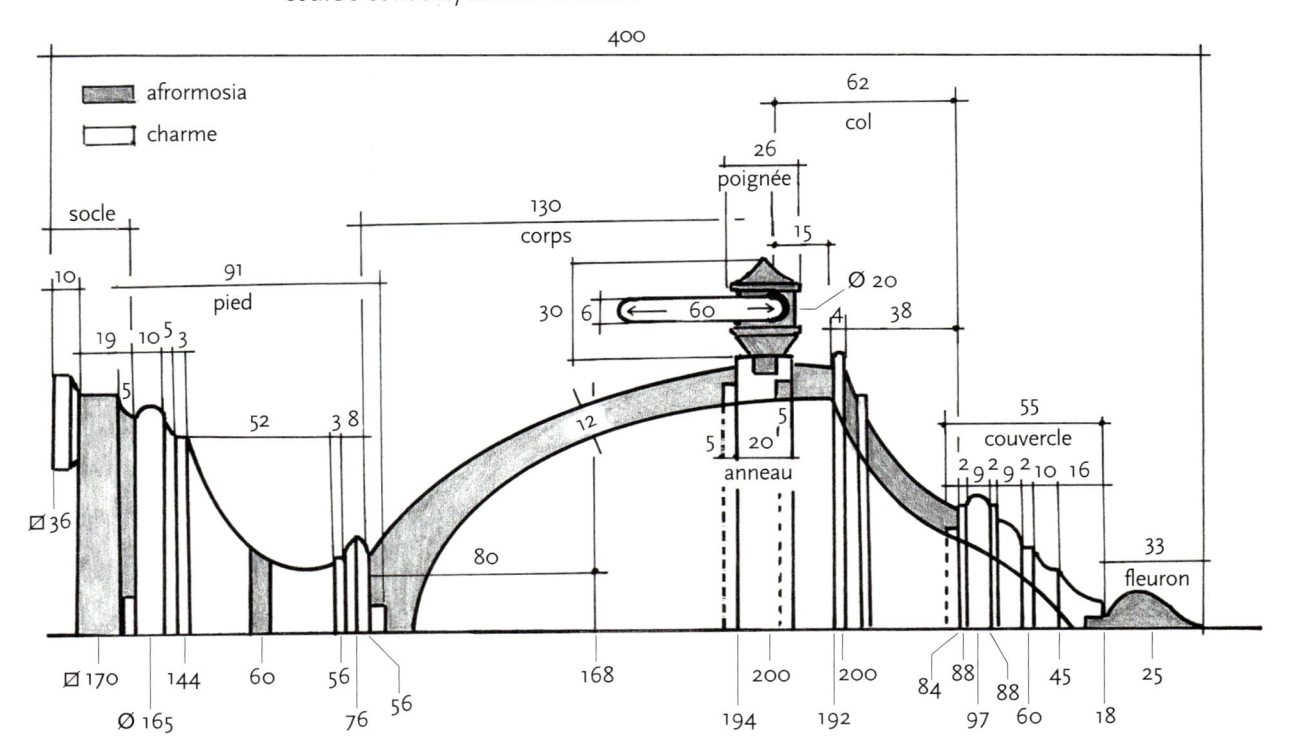

La même règle des trois cinquièmes est appliquée pour l'équilibre du corps par rapport au pied. Ceci n'est pas la seule façon de négocier la répartition des volumes, mais elle permet de construire facilement un dessin bien équilibré.

2. Choisissez des essences de bois contrastées (ici afrormosia et charme), notez et étudiez leur disposition dans l'ensemble. Pour avoir un plan lisible, l'échelle ne doit pas être inférieure à 1/2.

3. Calquez le dessin sur un seul côté de son axe afin de réaliser un plan de travail selon la méthode des traits parallèles. Le plan de la page précédente représente une vue en coupe de la pièce avec le profil intérieur et les divers tenons et feuillures d'assemblage.

4. Reportez sur le dessin les longueurs des différentes ébauches constituant la pièce. Veillez à tenir compte des épaulements d'assemblage et éventuellement des surlongueurs pour la saisie entre pointes. Il est indispensable de dessiner avec précision si l'on veut éviter les erreurs. Vous pouvez réaliser sur une autre feuille des schémas indiquant la façon dont vous allez procéder pour réaliser telle ou telle partie de la pièce.

Préparation des éléments constitutifs

Le corps

Dans notre exemple, il est constitué de trois planches d'égale épaisseur prises dans un plateau d'afrormosia, assemblées en collage longitudinal.

5. Sur l'ébauche collée, pointez le centre de tournage exactement au milieu de la planche centrale. Tracez au compas le diamètre définitif auquel vous ajoutez 10 mm. Épannelez l'ébauche à la scie à ruban.

Le col

6. Collez deux planches d'afrormosia bord à bord en veillant à bien harmoniser les veinages. Leur épaisseur doit tenir compte du tenon d'assemblage sur le corps et du corroyage.

7. Après collage, dégauchissez la face côté couvercle. Centrez exactement sur le joint, tracez le diamètre définitif auquel vous ajoutez 10 mm et épannelez l'ébauche.

Les anneaux du corps et du col

8. Préparez une planche circonscrivant le diamètre de l'anneau de ceinture et une autre planche dans laquelle vous tournerez les deux anneaux ornant le col. Dégauchissez une de leurs faces. Ces pièces sont en charme.

Exercices d'entraînement

Les ébauches prêtes pour le tournage.

9 Si leur diamètre nécessite un collage de deux éléments, centrez sur le joint et chantournez les ébauches.

Le pied

Comportant un liseré en son milieu, l'ébauche est faite de trois disques pris dans des planches corroyées de charme et d'afrormosia.

10 Assemblez les trois pièces avec un tourillon central, collez les à fil croisé. Pour calculer la hauteur du pied, vous devez tenir compte des tenons d'assemblage et des surlongueurs nécessaires pour la prise entre pointes.

Le socle

11 Collez trois planches d'afrormosia bord à bord. Corroyez et centrez au milieu de la planche centrale.

Le couvercle

12 Prélevez-le dans une planche de charme épaisse que vous présentez bois de travers sur le tour.

13 Servez-vous d'une chute d'afrormosia pour fabriquer le fleuron.

Les poignées latérales

14 Prélevez leurs ébauches dans un carrelet d'afrormosia en tenant compte des surlongueurs de prise sur le tour.

15 Prenez les anneaux dans deux planches de charme épaisses de 25 à 30 mm.

Tournage du corps

Évidage

16 L'ébauche cylindrique est saisie sur un plateau pour être creusée. Coupez la base parfaitement perpendiculaire aux joints de collage pour assurer leur symétrie par rapport à l'axe de la pièce. Vous pouvez le faire à la scie ou mieux, en prenant d'abord le bloc bien centré entre pointes, et en dressant la base au bédane. Si votre plateau est équipé d'un contre-plateau, sa pointe de centrage assure le centrage de l'ébauche.
Choisissez et positionnez les quatre vis de fixation de façon qu'elles se trouvent dans le bois qui disparaîtra lors du façonnage extérieur. Avant de tourner, vérifiez le centrage en amenant la contre-pointe : elle doit coïncider avec le centre de la planche centrale. Mettez l'ébauche au rond.

17 Découpez le gabarit de la forme intérieure dans du contreplaqué de 5 mm. Vous pouvez évider le centre avec une forte mèche à défoncer montée sur la poupée mobile. Une mèche de 50 ou 60 mm requiert une vitesse lente, 500 ou 600 tr/min.
Pour façonner la cavité en bois de bout, utilisez un anneau, un crochet ou encore une gouge à creuser. L'anneau convient parfaitement pour ce type de travail mené aux environs de 1 000 tr/min. Lorsque le gabarit épouse la forme intérieure, vous pouvez, si nécessaire, rectifier au ciseau et poncer.

18 Terminez l'évidage du corps par la feuillure de réception de l'anneau de ceinture que vous taillez au bédane.

Anneau de ceinture

19 Sur une queue de cochon, montez l'ébauche de l'anneau de ceinture, la face dégauchie en appui sur la plate-forme du mandrin. Au bédane, amenez l'anneau à l'épaisseur voulue (25 mm) et taillez la feuillure d'assemblage avec le corps.
Contrôlez en présentant le corps. L'assemblage ne doit ni forcer, ni présenter de jeu.

20 Creusez au bédane la partie centrale de l'anneau en vous tenant en deçà du diamètre définitif, et détachez-le.

21 Juste avant la rupture, plaquez contre le plan de rotation de la pièce une réglette, en maintenant celle-ci de la main gauche, et finissez de couper en tenant l'outil de l'autre main. La réglette empêche l'éjection de l'anneau hors du tour et l'oblige à venir s'immobiliser sur le nez de tour.

22 Collez l'anneau sur le corps. Le joint de collage des deux planches qui le constituent doit être parallèle ou perpendiculaire aux joints du bloc corps, jamais dans une position intermédiaire.

L'utilisation d'un éventail en T, qu'on peut introduire dans la cavité, réduit le porte-à-faux entre le tranchant et le point d'appui de l'outil.

23 Une fois l'assemblage sec, remontez sur le tour le plateau portant le corps avec son anneau. À la gouge, faites affleurer l'intérieur de l'anneau avec l'intérieur du corps. Taillez ensuite au bédane la feuillure destinée à recevoir le col. Cette feuillure servira d'empreinte pour profiler l'extérieur du corps. Poncez l'intérieur de la pièce et passez les produits de finition.

24 Démontez le plateau et dévissez le corps de l'urne. Vissez sur le plateau une chute de planche dans laquelle vous calibrez une feuillure mâle correspondant à la feuillure d'emboîtage du col.

25 Emboîtez le corps sur cette empreinte. Alésez au bédane la mortaise circulaire d'assemblage avec le tenon du pied. Puis, en amenant la contre-pointe en appui, calibrez les escaliers repères au bédane et profilez le corps à la gouge.
La rectification éventuelle du profilage (imperfections légères, sillons de gouge) peut être faite avec une gouge à profiler travaillant en ciseau.

Les réglettes

Il est utile de disposer d'une série de réglettes. Planchettes de bois étroites, ou carrelets corroyés, de toutes longueurs à partir de 20 mm, elles servent en maintes occasions. Leur longueur est inscrite dessus.

▶ **Contrôle de la longueur** d'une pièce ou d'un segment de pièce : aux extrémités de la longueur à contrôler, placez deux réglettes perpendiculaires à l'axe de rotation et mesurez au réglet la distance les séparant.

▶ **Mesure de la profondeur** d'une cavité : placez une réglette en travers de l'embouchure et mesurez au réglet la distance qui la sépare du fond.

▶ **Contrôle de la rectitude** d'une surface cylindrique, de la face d'un disque, d'une paroi d'alésage droit, du fond plat d'une excavation, etc. : utilisez une réglette de longueur appropriée.

Profilage du corps sur empreinte avec appui de la contre-pointe.

Tournage du col

26 Montez sur une queue de cochon la face dégauchie de l'ébauche qui recevra le couvercle. Amenez-la au diamètre et à l'épaisseur voulus. Taillez au bédane la feuillure d'assemblage avec le corps.

27 Creusez l'intérieur du col à la gouge, sans aller jusqu'au fond, en vous aidant d'un gabarit. Remplacez la pièce sur la queue de cochon par une chute dans laquelle vous façonnez une empreinte femelle correspondant à la feuillure de la base du col.

28 Emboîtez le col et profilez l'extérieur. Percez la pièce pour rejoindre l'évidage exécuté dans la phase précédente.

29 Poncez l'extérieur et déterminez au crayon les limites des deux anneaux toriques décoratifs prévus sur le col.
L'un viendra en feuillure à la jonction courbe/contre-courbe. Tracez son périmètre intérieur.
L'autre entrera dans une rainure au début de la courbe concave. Tracez ses périmètres intérieur et extérieur.

30 Sur une autre queue de cochon, montez la planche prévue pour les anneaux. Commencez par ébaucher le plus grand. La différence de diamètre entre les anneaux étant relativement faible, utilisez un bédane étroit. Calibrez le second. Leur hauteur n'a pas d'importance.

Le col et ses anneaux décoratifs.

31 Remontez sur le tour la queue de cochon portant le col. Creusez la feuillure de l'anneau périphérique. À l'approche du diamètre, présentez-le et rectifiez avec précaution pour obtenir un emboîtage exact, sans jeu et sans forcer.
Creusez ensuite la rainure du second anneau en rectifiant l'intérieur et l'extérieur jusqu'à emboîtage parfait. Collez les anneaux en les enfonçant à petits coups de maillet sur tout leur pourtour, puis façonnez ce qui dépasse en forme de tore.

Tournage du couvercle

32 Il est pris sur une queue de cochon par ce qui sera le sommet. Mettez l'ébauche au rond et rectifiez la base. Évidez-le comme le corps et le col.

33 Taillez sa feuillure d'assemblage avec le col. L'assemblage doit momentanément forcer, car le col va servir d'empreinte au couvercle pour être façonné extérieurement.

34 Après avoir repris la queue de cochon portant le col, emboîtez le couvercle et profilez l'extérieur en calibrant les changements de moulures au bédane et en profilant les courbes avec une gouge à profiler de 6 mm.

35 Pour fixer le fleuron, utilisez le trou laissé par la queue de cochon en le réalésant. L'ébauche du fleuron en bulbe peut être prise dans les mâchoires d'un mandrin à mors. Calibrez son tenon au diamètre d'une mèche à bois de 6 ou 8 mm.

Tournage du pied

Il se fait entre pointes. L'assemblage de ces éléments étant un collage transversal, l'ébauche se présente en bois de bout.

36 Après la mise au rond, calibrez d'abord les tenons d'assemblage aux deux extrémités puis les listels qui servent de repères.

37 Profilez la scotie en prévoyant des escaliers si cela vous paraît nécessaire.

38 Profilez le viret tranchant, le tore, puis le congé. Pour coucher le fil du bois, travaillez du petit vers le grand diamètre.

Tournage du socle

39 Coupez l'ébauche corroyée à la scie circulaire en un carré axé sur le point de centrage.

40 Montez le carré sur queue de cochon et alésez la mortaise de réception du pied. Le trou laissé par la queue de cochon sera bouché par un tampon à épaulement.

41 Une moulure en congé est prévue sur le pourtour supérieur du socle. Exécutez-la à la toupie, soit avec une fraise, en utilisant le guide de toupillage, soit avec un fer de forme si vous travaillez à l'arbre.
Commencer par un côté en bois de bout et finir en bois de fil pour éviter les éclats en sortie de coupe.

42 Quatre petits carrés constituant les pieds du socle sont corroyés et coupés dans une planchette de charme.
Ils sont également ornés d'un congé périphérique. Trop petits pour être toupillés manuellement, vous pouvez les saisir avec une pince multiprise de la main gauche, la droite tenant un poussoir. Appuyez les carrés contre la table et contre l'arbre. La prise de bois étant infime, l'opération ne présente pas de danger.
Si vous utilisez une fraise, insérez les quatre carrés dans une encoche taillée dans une planche de même épaisseur. Une seconde planche, plaquée sur la première, les maintient en place. Passez l'ensemble devant la fraise, en appui sur le guide de toupillage. Vous pouvez éventuellement substituer une défonceuse à la toupie. Quand les carrés sont terminés, collez-les avec une petite pointe de centrage, en débordant les angles du socle.

Tournage des poignées latérales

Il est nécessaire d'en établir le dessin à l'échelle. L'anneau doit pouvoir tourner à 180° dans son logement, sur un plan vertical.

43 Dessinez l'anneau. À partir d'un point quelconque de sa circonférence, tracez au compas celle de la partie qui reçoit l'anneau de la poignée. Le diamètre maximal de la poignée ne doit pas excéder de beaucoup le diamètre de la partie réceptrice afin de ne pas gêner le pivotement de l'anneau. Le rapport du diamètre de la poignée avec celui de l'anneau est d'environ un tiers. Vous avez deux possibilités : anneau rompu ou anneau complet.

Anneau rompu ou clipsé

44 Tracez la profondeur des trous de pénétration des extrémités de l'anneau dans la poignée, soit environ un cinquième du diamètre de la poignée.

45 Tracez deux perpendiculaires au fond encadrant la partie pénétrante de l'anneau pour obtenir le diamètre des trous.

46 Sur l'anneau tourné, supprimez un segment d'une longueur égale à la distance séparant les deux trous de la poignée. Profitez de l'élasticité du bois pour intégrer l'anneau. En l'écartant délicatement, vous le fixez sur la poignée, un trou d'abord, l'autre ensuite. La coupe du segment doit impérativement être perpendiculaire au fil du bois, sinon il y aura rupture.

Exercices d'entraînement

Poignées latérales : anneau rompu et anneau complet.

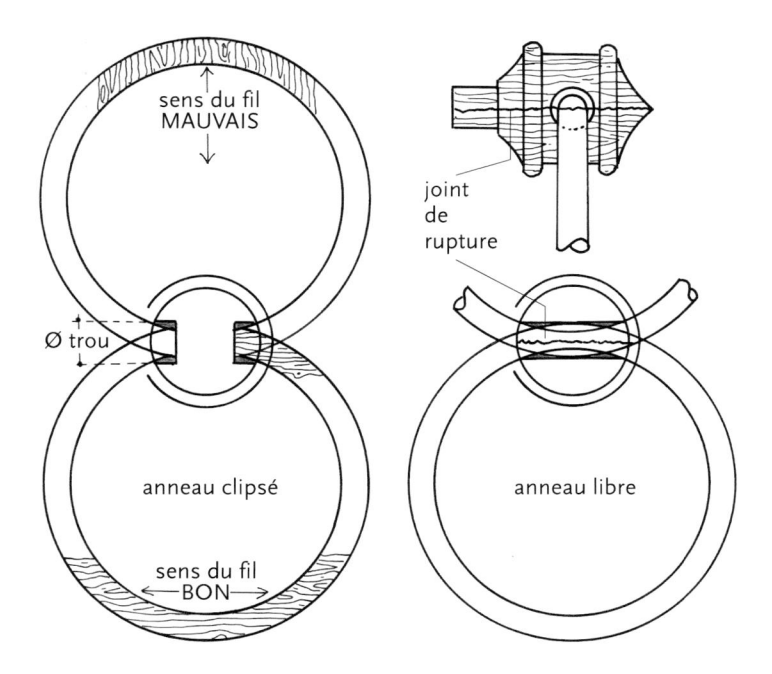

Anneau complet ou libre

47 Déterminez le diamètre du trou de passage dans la poignée en traçant les parallèles encadrant la partie de l'anneau incluse dans la poignée.

48 Choisissez pour la poignée un morceau de bois de fil parfaitement droit. Le tournage doit être bien parallèle à ce fil.

49 Après tournage, fendez-la poignée en deux, longitudinalement, d'un coup sec de ciseau à bois soigneusement positionné côté tourillon. Le plan de rupture doit passer par le milieu du trou.

50 Mettez l'anneau en place, puis réajustez et collez les deux parties de la pièce. Maintenez serré, éliminez les bavures de colle et poncez.

Les deux poignées peuvent être tournées dans un même carrelet d'aformosia pris entre pointes. Il est plus facile de forer les trous avant qu'après le tournage. On peut aussi les saisir individuellement dans un gobelet ou un mandrin à mâchoires. Les tourillons d'assemblage avec le corps ont un diamètre de 8 à 10 mm.

Tournage des anneaux

Le tournage d'un anneau de section circulaire se décompose en deux phases : sur queue de cochon, puis sur empreinte.

51 Montez l'ébauche sur queue de cochon, fil perpendiculaire à l'axe. Calibrez au diamètre de l'anneau et dressez la face.

Le tournage en l'air

52 Marquez au crayon les limites de la section de l'anneau sur la surface latérale et sur la face dressée et puis un trait médian entre ces limites. La chronologie des opérations est la suivante :

Procédure de tournage d'un anneau de section circulaire.

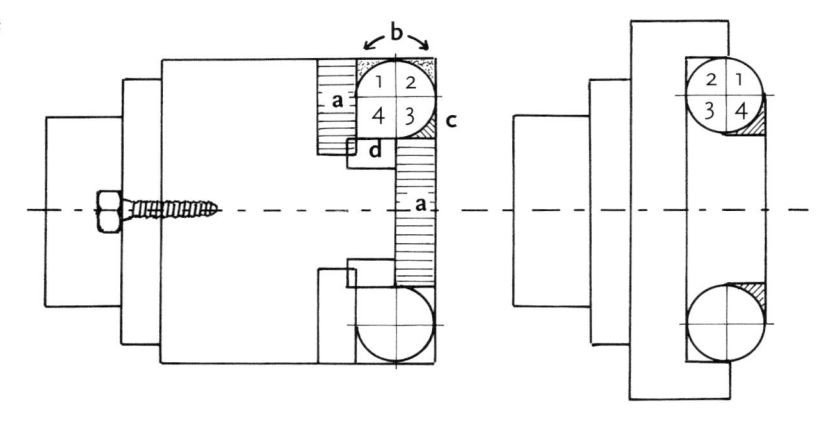

- **a** Effectuez au bédane le calibrage et le défonçage ;
- **b** À la gouge à profiler, tournez le demi-cercle de la section extérieure comme un tore ;
- **c** Profilez le 3e quart de cercle ;
- **d** Détachez l'anneau en approfondissant l'alésage jusqu'à sa rencontre avec le calibrage.

53 Montez ensuite sur la queue de cochon une empreinte que vous alésez au diamètre extérieur de l'anneau. Encastrez l'anneau et profilez le dernier quart-de-rond. Poncez tout l'anneau en le retournant dans son empreinte.

Quelques réalisations similaires.

Exercices d'entraînement

L'urne

Glossaire

Abouter : joindre deux volumes, deux planches ou deux carrelets par leurs extrémités.
Affleurer : amener la surface d'une pièce exactement au même niveau que celle de la pièce contiguë.
Affranchir : couper net l'extrémité d'une pièce, perpendiculairement à son axe.
Aléser : creuser une cavité ou un trou dont le périmètre est circulaire.
Angle rentrant : dans un profil, angle dont les deux côtés convergent vers l'intérieur de la pièce.
Angle saillant : les deux côtés de l'angle convergent vers l'extérieur de la pièce.
Angle trièdre : angle à trois côtés.
Anneau : outil de creusage à tranchant annulaire.
Arête : angle saillant plus ou moins aigu.
Aubier : partie du bois comprise entre l'écorce et le bois de cœur ou *bois fait*. Son aspect peut être semblable au bois de cœur ou au contraire très différencié.

Balustre : pièce en forme de colonne de section circulaire ou polygonale, tournée en bois de fil.
Bédane : outil de section rectangulaire ou trapézoïdale à tranchant droit. Sert à calibrer, défoncer, ou à profiler les surfaces droites et convexes.
Bille : segment de tronc d'arbre.
Bois de bout : on parle de bois de bout quand l'outil est face aux fibres du bois.
Bois de fil : on parle de bois de fil quand l'outil est perpendiculaire aux fibres, elles-mêmes parallèles à l'axe de rotation.
Bois de travers : on parle de bois de travers quand l'outil est perpendiculaire aux fibres, elles-mêmes perpendiculaires à l'axe de rotation.

Calibrer : cylindrer une pièce ou une partie de pièce à un diamètre donné.
Carrelet : pièce de bois de section généralement carrée, plus ou moins longue, en bois de fil.

Chant : côté d'un outil, d'une planche, perpendiculaire aux faces.
Chantourner : découper en suivant un tracé courbe.
Ciseau : outil plat à un seul biseau servant à racler. Son tranchant peut avoir de multiples formes.
Comparateur : outil qui, appliqué sur la surface d'une pièce, en épouse le profil et donne sa contre-forme.
Contre-parement : envers du parement.
Corroyer : dégauchir et raboter. Une pièce est corroyée quand toutes ses faces sont planes et que sa section est aux dimensions définitives.
Cote : dimension portée sur une pièce : cote de longueur, de diamètre, d'épaisseur, etc. Les cotes sont toujours exprimées en millimètres.
Coup de maître : fausse manœuvre provoquant l'engagement de l'outil dans le bois qui occasionne des dégâts à la pièce.
Crochet : 1 - outil en fourchette maintenant les pièces susceptibles de fouetter.
2 - outil d'évidage en bois de bout à fort rendement.

Débit : morceau de bois constituant ou participant à la constitution d'une ébauche.
Défoncer : creuser, évider en éliminant rapidement le bois.
Dégauchir : enlever le gauche d'une face d'une pièce de bois et la rendre plane.
Dégraisser : creuser légèrement concave le dessous d'une pièce ou l'épaulement d'un joint pour mieux faire porter sa périphérie.
Déligner : éliminer la flache bordant une planche ou un plateau en sciant ses rives rectilignes et parallèles.
Détourer : découper la périphérie d'une pièce.
Dresser : mettre plane et nette la surface d'une pièce.

Ébauche : pièce monobloc ou collée prête à être tournée.

Glossaire

Échelle : dessin à l'échelle : présentation en dimensions proportionnelles à celles de la pièce réelle. Échelle 1 = grandeur nature ; échelle 1/2 = demi-grandeur.

Égrainer : poncer une surface vernie pendant la finition.

Égréner : ébrécher une arête.

Emmandriner : mettre une pièce sur un mandrin.

Empreinte : ou emprunt. Système de maintien d'une pièce sur le tour par emboîtage d'une partie mâle et d'une partie femelle circulaires.

Engager : l'outil engage lorsqu'il accroche accidentellement le bois.

Épanneler : donner, avec une scie, une forme à peu près circulaire à une ébauche.

Épaulement : consolidation d'un assemblage qui consiste à jumeler une portée longitudinale et une portée transversale sur chaque élément.

Éventail : partie du porte-outil sur laquelle s'appuie l'outil.

Excavation : cavité d'une forme quelconque.

Façonner : voir Profiler.

Feuillure : décrochement à la périphérie d'un calibrage ou d'un alésage.

Fil du bois : sens des fibres du bois, donc du veinage.

Finition : opération donnant son aspect définitif à la pièce après le ponçage.

Flache : bordure irrégulière formée par l'écorce sur un plateau ou une planche issue d'une bille ou d'une branche, plus ou moins décollée du bois.

Fouetter : se dit d'une pièce de faible section en rotation qui se décentre sous l'effet de la force centrifuge.

Génératrice : ligne définissant le profil d'une pièce et déterminant sa surface latérale.

Godron : tore longitudinal sur la surface latérale d'une pièce tournée.

Gouge : outil à tranchant courbe, à dos convexe et planche cannelée. Les gouges servent à dégrossir, profiler, moulurer et creuser.

Gouttière : profil creux arrondi en retrait par rapport à l'arête d'une moulure (en principe un collet).

Lobes : découpes en arcs de cercle concaves ou convexes sur le périmètre d'un alésage ou d'un calibrage.

Loupe : excroissance accidentelle sur un tronc. Le fil du bois, enchevêtré, présente un très bel aspect.

Mandrin : organe de maintien d'une pièce sur le tour.

Martyr : pièce de bois collée sur la pièce tournée pour la saisir sur le tour ou pour servir de pare-éclats. Eliminée ensuite.

Masses carrées : extrémités laissées carrées sur un parallélépipède tourné.

Matrice : bloc de bois encadrant la pièce à tourner, façonné à la forme à lui donner, et servant de gabarit de profilage.

Médium : bois aggloméré dense et homogène.

Méplat : légèrement bombé ou creux.

Mordaches : cales douces sur les mâchoires d'un étau ou d'un mandrin à mors pour protéger la pièce saisie.

Mortaise : partie femelle d'un assemblage.

Moulure : profil en creux ou en relief ornant la surface latérale ou frontale d'une pièce.

Parement : surface apparente d'un élément de pièce (devant d'un tiroir par exemple).

Plan : dessin représentant la pièce cotée et portant toutes les indications nécessaires à l'exécution.

Plane : outil plat dont le tranchant à deux biseaux tranche le bois. Ses angles assurent les jonctions de moulures profondes.

Plateau : 1 - planche sciée longitudinalement dans une bille ; on l'appelle aussi *plot* ;
2 - organe de maintien d'une pièce sur le tour.
3 - pièce tournée en l'air, plate.

Portée : surface d'appui circulaire, annulaire, cylindrique ou plane.

Portée annulaire : appui périphérique du dessous d'une pièce.

Profil : contour de la pièce de part et d'autre de son axe.

Profiler : exécuter le travail de mise en forme d'une pièce sur le tour.

Raboter : enlever le gauche (défauts) de la face opposée à celle qui a été dégauchie, tout en amenant la pièce à l'épaisseur désirée.

Radial : relatif au rayon d'un volume, perpendiculaire à son axe.

Rainure : tranchée creusée sur la surface d'une pièce.

Rectifier : enlever les petits défauts d'usinage et parfaire la surface d'une pièce.

Riper : Deux pièces ripent quand elles glissent l'une par rapport à l'autre.

Rive : bord ou chant d'une planche.

Ronce : structure enchevêtrée du veinage du bois au niveau de la souche.

Saisir : fixer et maintenir une pièce sur un mandrin.

Sinusoïde : profil alternant des courbes concaves et convexes.

Surbille : partie supérieure d'un tronc d'arbre à partir du départ des branches.

Tangentes : lignes ou surfaces se touchant en un seul point, sans se couper.

Tenon : partie mâle d'un assemblage.

Torique : en forme de tore.

Tourillon : segment cylindrique d'assemblage.

Tournage en l'air : la pièce est saisie sur un mandrin sans utilisation de la contre-pointe.

Tournage entre pointes : la pièce est saisie entre un mandrin fixé sur la broche du tour (en général la griffe), et la contre-pointe fixée sur la poupée mobile.

Tronquoir : outil étroit et rigide destiné à couper une pièce sur le tour en rotation.

Usiner : voir Profiler.

Veinage : dessins que présente le fil du bois, variable selon les plans de section du morceau : en bout, en dosse, en quartier.

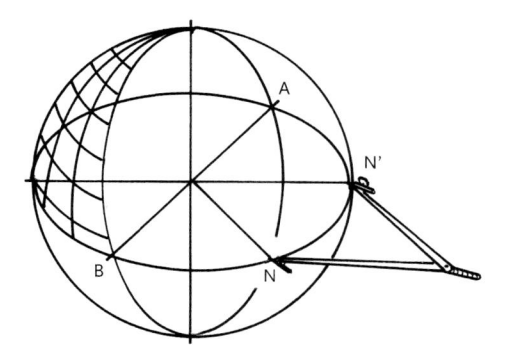

Table des matières

1	*Avant-propos*
3	*Conseils de sécurité*

Le tournage entre pointes

L'outillage

9	Le tour
9	*La machine*
11	*La poupée fixe ou tête de tour*
12	*Le banc*
13	*La poupée mobile*
13	*La contre-pointe*
13	*Le porte-outil*
14	*Le support ou piètement*
14	Les machines accessoires
14	*Le touret à meuler*
15	*Les pierres à démorfiler*
15	*Les feutres à polir*
16	*La scie circulaire*
16	*La tronçonneuse*
16	*La scie à ruban*
17	*La dégauchisseuse raboteuse*
17	*La toupie*
17	*La défonceuse*
17	*Les perceuses*
18	*La ponceuse orbitale*
18	*La scie sauteuse*
18	Les outils de tournage
18	*Les outils de façonnage*
20	*Les instruments de mesure*
22	La préparation de l'ébauche
22	*Le mandrin à griffes*
23	*L'ébauche*
25	Les gouges à dégrossir
25	*Description*
26	*Affûtage*
27	*Principes d'utilisation*
27	*Le point de talonnage*
27	*L'angle d'attaque*
27	*L'angle de coupe*
28	*L'angle de glisse*
28	*La diagonale*
28	*Exercices*
29	*Cylindre droit*
29	*Cylindre convexe*
30	*Cylindre concave*
30	Les bédanes
30	*Description*
31	*Affûtage*
31	*Principes d'utilisation*
31	*Biseau en bas*
33	*Biseau en haut*
34	*Bédane en plane*
34	*Bédane en ciseau*
35	*Exercices*
35	*Cylindre à cannelures droites*
36	*Cylindres à chanfreins et à tores*
36	*Le tronquoir*
37	Les gouges à profiler
37	*Description*
38	*Affûtage*
38	*Gouge en U*
38	*Gouge ronde*
39	*Principes d'utilisation*
40	*Exercices*
40	*Cylindre à tores*
40	*Cylindre à gorges*
41	*Cylindre à cannelures mixtes*
42	Les planes
42	*Description*
42	*Affûtage*
43	*Principes d'utilisation*
43	*Le tranchant*
44	*Les angles*

167

45	Les ciseaux	73	Les mèches longues
45	*Description*	73	*Les mèches à bouchon*
46	*Les ciseaux demi-ronds*	74	*Les scies cloches*
46	*Le grain d'orge*	74	*Les mèches cuillères*
46	*Les ciseaux quarts-de-rond*	74	*Les gouges à profiler*
46	*Le ciseau rond échancré*	74	**Les machines**
47	*Les ciseaux doigts*	74	*La perceuse portative*
47	*Affûtage*	74	*La perceuse à colonne*
47	*Principes d'utilisation*	75	*Le flexible*
		75	*Le tour*
	## *Travaux courants*	75	*Perçage pièce en rotation*
49	Le dessin coté. La terminologie des profils	76	*Perçage mèche en rotation*
49	*Le dessin de la forme*	78	Les cannelures longitudinales
50	*Le plan de travail*	78	*Principe*
52	*Les principaux profils*	80	*Boîte à canneler polyvalente*
53	Exercices d'entraînement	81	*Le guide de profondeur*
53	*Balustre-pilon*	82	*Le dessin en coupe*
55	*Rouleau à pâtisserie*	83	*Les cannelures homothétiques*
55	*Colonnette à profil sinusoïdal*	85	**Autres procédés de cannelage**
56	*Balustres à doucines opposées*	85	*À la défonceuse fixe*
57	*Corolles*	85	*Au tour*
59	Les masses carrées	85	*À la main*
60	*Décolletage au bédane*	85	*Au chariot*
60	*Décolletage à la plane*	86	*Le guillochis*
61	*Profilage*	87	Le ponçage
63	Le travail répétitif	87	*Le ponçage manuel*
63	*Processus de travail*	89	*Les outils de ponçage*
64	*Saisie de la pièce, tour en rotation*	89	*Les ponceuses*
65	*Exercices*	90	*Les tampons rotatifs*
65	*Jeu de quilles*	90	*Les rouleaux ponceurs*
66	*Pieds de table Louis-Philippe*	90	*Le lapidaire*
66	Le tournage d'une pièce longue de faible section	91	*Le polissoir*
67	*Le crochet*	92	Bois de fil, bois de bout
68	*Les lunettes*		# Le tournage en l'air
68	*La lunette à bras radiaux*		## *Les mandrins de base*
69	*La lunette à guillotine*	99	La queue de cochon
70	*Les lunettes à fil*	99	*Description*
71	*Profilage « d'une seule main »*	100	*Utilisation*
72	Les perçages	101	Le gobelet
72	*Les mèches*	101	*Description*
72	*Les mèches à bois*	102	*Utilisation*
72	*Les forets*		
72	*Les mèches à défoncer*		

Table des matières

103	**Le plateau**	133	*Profilage*
103	*Description*	135	**Bonbonnière**
105	*Utilisation*	136	*L'ébauche*
106	**L'empreinte**	137	*Tournage extérieur de la boîte*
106	*Description*	139	*Évidage de la boîte*
106	*Utilisation*	140	*Évidage du couvercle*
108	*Empreinte de centrage*	141	*Profilage extérieur*
108	**Les mandrins multifonctions**	142	**Boîte à tiroirs**
110	*Les mandrins à mâchoires*	142	*Préparation des éléments*
112	*Les mandrins à mors*	143	*Tournage du soubassement*
		144	*Tournage de la base*
	Le creusage	145	*Tournage de la boîte*
		146	*Tournage du couvercle*
113	**Les gouges à creuser**	147	*Évidage des tiroirs*
113	*Description*	147	*Fleurons*
114	*Affûtage*	148	**Boule juste**
114	*Biseau court*	148	*Tournage entre pointes*
114	*Biseau intermédiaire*	149	*Tournage sur empreinte*
114	*Biseau long*	150	*Creusage de la sphère*
115	*Utilisation*	151	*Traçages sur la sphère*
115	*Biseau court*	152	*Creusage*
116	*Biseau intermédiaire et biseau long*	153	**Urne classique**
117	*Creusage à la gouge à profiler*	153	*Plan de travail*
118	**Les anneaux**	154	*Préparation des éléments constitutifs*
118	*Description*	154	*Le corps*
119	*Affûtage*	154	*Le col*
119	*Biseau extérieur*	154	*Les anneaux du corps et du col*
120	*Biseau intérieur*	155	*Le pied*
120	*Utilisation*	155	*Le socle*
122	**Les crochets**	155	*Le couvercle*
122	*Le crochet traditionnel*	155	*Les poignées latérales*
123	*Les crochets modernes*	156	*Tournage du corps*
123	*Le crochet Moulthrop*	156	*Évidage*
123	*Le crochet Martel*	156	*Anneau de ceinture*
124	**Les ciseaux latéraux**	158	*Tournage du col*
124	*Les ciseaux contre-coudés*	159	*Tournage du couvercle*
125	*L'Exocet*	159	*Tournage du pied*
126	*L'outil Stewart ou RS 2000*	159	*Tournage du socle*
128	*Le Chapman*	160	*Tournage des poignées latérales*
129	*Les ciseaux Ellworth*	160	*Anneau rompu ou clipsé*
129	*L'outil BCT*	161	*Anneau complet ou libre*
		161	*Tournage des anneaux*
	Exercices d'entraînement	164	**Glossaire**
131	**Verre à pied**	170	**Adresses utiles**
132	*Évidage*		

169

Adresses utiles

Pour trouver des adresses de magasins spécialisés dans la vente de bois et d'outils pour le tournage, vous pouvez :
- consulter les Pages Jaunes de France Télécom de votre département,
- consulter les Pages Jaunes sur Internet http://www.pagesjaunes.fr,
- consulter le Minitel, en composant le 3611, pour étendre votre recherche aux départements voisins.

Les magasins spécialisés sont regroupés sous les rubriques « machines-outils à bois », « tourneurs sur bois », « bois de placage », « ébénistes d'art, restauration de meubles » et « quincaillerie (détail) ».

Organismes

A. F. T. A. B.
Association Française de Tournage d'Art sur Bois
http://www.aftab-asso.com
http://www.aftab-asso.com/html/formation.html

C. T. B. A.
Centre Technique du Bois et de l'Ameublement
10, avenue de Saint-Mandé
75012 Paris
tél. : 01 40 19 49 19
fax : 01 43 40 85 65
http://www.ctba.fr

S.E.M.A.
Société d'encouragement aux Métiers d'Art
23, rue Daumesnil
75012 Paris
tél. : 01 55 78 85 85
fax : 01 55 78 86 15
http://www.metiersdart-artisanat.com

Le bois aux Éditions Eyrolles

Des livres pour les amateurs et pour les professionnels

POUR VOUS PERFECTIONNER DANS LE TOURNAGE SUR BOIS

G. BIDOU, L'Art du tournage sur bois
2001 – G02723

Cet ouvrage fait suite aux *Bases du tournage sur bois* et aborde des techniques plus sophistiquées qui permettront au tourneur créatif de tirer le meilleur parti de son matériau pour des réalisations originales. Une large place est donnée à la création contemporaine où la beauté des formes, l'inventivité et l'humour font merveille.

Mandrins spécifiques : Le mandrin à taquets - Le mandrin cruciforme à taquets - Le mandrin à taquets et lunette - Le mandrin à cuvette - Le mandrin radial à sangles - Mandrins divers

Tournages spéciaux : Les torses - Les excentriques entre pointes - Les excentriques en l'air - Les assemblages dissociables - Les mandrins-matrices entre pointes - Les mandrins-matrices en l'air - Les tournages fractionnés

Données complémentaires : Le bois - Les collages - Les finitions

Le tournage d'art contemporain : L'étude des formes - La mise en valeur du bois - Les traitements hors tour - Les thèmes d'inspiration

T. BOASE, Bois tourné : bols et grands plats
2001 – G02707

Traduit de l'anglais par Y. Coleman, avec la collaboration de Gérard Bidou.
Destiné aux tourneurs confirmés, cet ouvrage présente de grands objets creux (saladiers, bols, coupes…) réalisés par des tourneurs de renom international. Les explications vont de la coupe de l'arbre aux finitions fines. Le travail de ces pièces tournées à l'extérieur comme à l'intérieur demande une bonne maîtrise du tournage. De taille impressionnante, elles utilisent des techniques très spécifiques : tournage de bois vert, parois translucides, tour à perche, base carrée, bois à particularités (loupes, nœuds prononcés…). Un régal pour les connaisseurs.

M O'DONNELL, Tournage du bois vert
2003 – G11298

Traduit de l'anglais par Jean-Sarane Fusi avec la collaboration de Gérard Bidou.
Se servir de bois vert offre l'intérêt de pouvoir choisir et couper son propre bois pour le tourner sans attendre. On peut obtenir ainsi des pièces si fines qu'elles en deviennent translucides. Michael O'Donnell, l'un des meilleurs spécialistes de cette technique, explique comment trouver, débiter et stocker du bois, puis valoriser au mieux ses particularités et les motifs de son fil. Six superbes projets sont décrits et illustrés en détail. Par ses explications claires et ses illustrations, cet ouvrage met à la portée de tous une des techniques les plus admirées des tourneurs contemporains.

H. BOWEN, Bijoux en bois tourné
2002 – G11065

Traduit de l'anglais par J.-S. Fusi et S. Léchauguette avec la collaboration de Gérard Bidou.
Simples et rapides à réaliser, les bijoux nécessitent de faibles quantités de bois et offrent donc l'occasion de travailler des essences pré-

cieuses. Les techniques décoratives et de finition sont expliquées pas à pas, photos et croquis à l'appui. L'auteur vous fait aussi découvrir d'autres matériaux pouvant se tourner comme le bois : l'os, la corne, l'ivoire végétal, les métaux, les résines, le Plexiglas et les lamellés composites.

D. WELDON, 580 profils de tournage : bois, plâtre, terre 2002 – G11136

Traduit de l'anglais par Y. Coleman avec la collaboration de Gérard Bidou.

Cet ouvrage propose 580 modèles d'objets tournés, des plus simples aux plus élaborés : bouteilles, flacons, boîtes, soupières, vases, mortiers, amphores, verres, coupes, chopes, coquetiers, théières… La variété des motifs et la diversité des styles en font une référence et une véritable source d'inspiration pour les professionnels et les amateurs. Conçus par un tourneur sur bois, les modèles de cet ouvrage intéresseront également les professionnels du plâtre et les potiers.

Ph. IRONS, Tournage sur bois
2000 – G02555

Traduit de l'anglais par David Fedullo.

Grâce aux 22 fiches techniques, le tourneur débutant apprend à choisir l'essence de bois la mieux adaptée, à affûter ses outils sur des tourets à haute vitesse ou à eau, à préparer ses ébauches, à utiliser les gouges (à dégrossir, à profiler ou à creuser), à réaliser des cannelures, des motifs décoratifs et des textures, à utiliser les outils de creusage, à réaliser les finitions.

22 projets sont décrits étape par étape : ustensiles de cuisine, petites boîtes à couvercle, jattes et saladiers, cuillers, toupie, fleurs décoratives…

V. GIBERT & J. LOPEZ, Le tourneur sur bois
2000-2004, G11421

Traduit de l'espagnol par Y. Coleman avec la collaboration de Gérard Bidou.

Un artisan tourneur sur bois ouvre les portes de son atelier et explique, photo après photo, les bases de son métier. Après une découverte du tour, des différentes essences de bois et des produits de finition, le débutant apprend toutes les étapes du tournage entre pointes et du tournage en l'air, les deux procédés indispensables pour pratiquer cet artisanat.

Réalisation pas à pas de six projets séduisants et de difficulté progressive : un cadre circulaire, une boîte, un guéridon, une sphère, un vase Médicis et un tabouret.

SCULPTURE

A. & G. BRIDGEWATER, La Sculpture sur bois, 1991-2003 – G11320

J. CROCHEMORE, Meubles sculptés : motifs traditionnels, 2001 – G02649

A. DENNING, Sculpture sur bois, 2000 – G02656

F. FOX-WILSON, Sculpter le bois : animaux, feuilles et fleurs, 2001- G02687

J.-P. GRIMAUX, L'Art de la Sculpture sur pierre, 2004 – G11266

J. PLOWMAN, Sculpture, techniques et création, 2002 - G11102

C. PYE, Gravure de lettres sur bois, creux et relief, 2002 – G11064

LES ESSENCES DE BOIS

Y. BENOIT, Le Guide de reconnaissance des bois de France, 1999 – G11841

Y. BENOIT, Le Coffret de reconnaissance des bois de France, 1999 – G11840

Y. BENOIT, Le Guide des essences de bois, 1997 – G11821

J.-L. ANSEL, Les Arbres parfumeurs, 2003 – G11293

J.-L. ANSEL, Les Arbres guérisseurs, 2002 – G11112

J.-L. ANSEL, Les Arbres bâtisseurs, 2004 – G11511

MENUISERIE

M. RAMUZ, L'Encyclopédie du travail du bois, 2003 – G11191

Y. Benoit, Travailler le bois avec une machine combinée, 2001 – G02719

Y. Benoit, Mieux utiliser sa machine à bois combinée, 2004 – G11384

T. Gallauziaux & D. Fedullo, La menuiserie comme un pro, 2000 – G06819

T. Noll, Assemblages en bois, 2004 – G11446

M. Burton, Placage et frisage, 2002 – G02643

C. Simpson, Mobilier pour enfants et jeux en bois, 2002 – G11014

C. Matthews & A. Morrison, Tout en bois, 23 objets simples et pratiques, 2002 – G11062

P. et K. Haxell, Petits meubles sympas, 2002 – G11063

R. Horwood, Bien commencer la menuiserie, 2000 – G02554

N. Lofthouse, Le nuancier des finitions de bois, 1993 – G02650

R. Roy, Escaliers en bois, épures, 1989-2004 – G11486

ÉBÉNISTERIE, RESTAURATION

X. Dyèvre, Vos meubles : entretien, restauration, 2002 – G02702

V. Gibert & J. Lopez, L'ébéniste, 2000 – G02681

V. Gibert & J. Lopez, Le restaurateur de meubles, 2000 – G02685

V. Gibert & J. Lopez, Le tapissier de sièges, 2000-2004 – G11422

V. Gibert & J. Lopez, L'artisan marqueteur, 2000 – G02684

P. Diaz, Rénovation d'objets de brocante, 2000 – G02693

E. Rettelsbuch, Les styles du mobilier, ornementation et décoration, de l'Antiquité au xxe siècle, 2000 – G02673

W. A. Lincoln, La Marqueterie, techniques et création, 1993-2004 – G11321

H. Burns, Tressage, cannage et rempaillage, 2002 – G02706

Photos et croquis de Gérard Bidou
Dépôt légal : mars 2005
n° d'éditeur : 6132
Imprimé en Italie

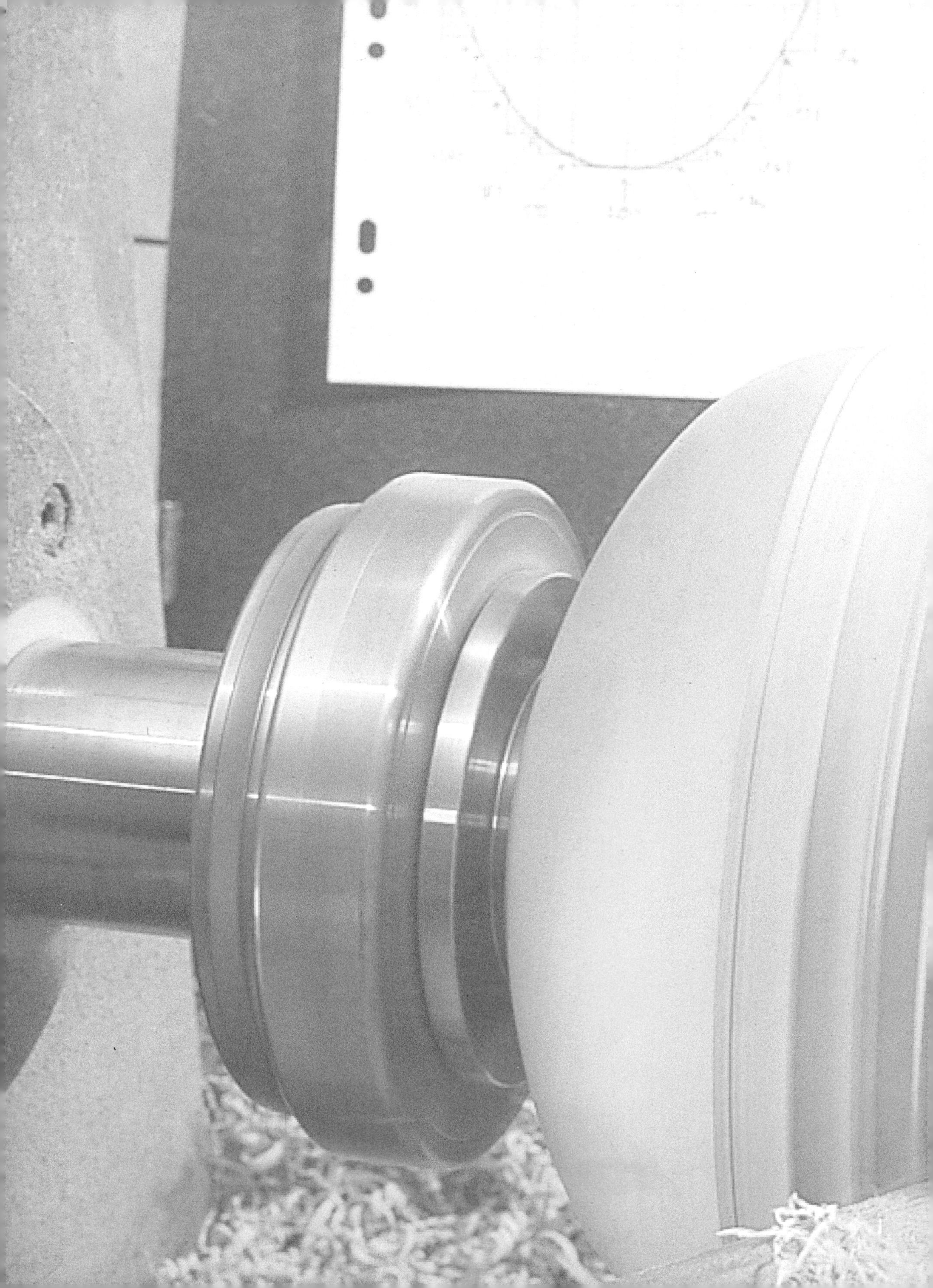